Helmut Spiegel

Ich schäbiges
Frikadellchen

LitRevier 8
herausgegeben von
Werner Boschmann

HENSELOWSKY
BOSCHMANN

Helmut Spiegel wurde 1932 in Essen geboren. Seine Kinder- und Jugendjahre verbracht er in einer Arbeitersiedlung im Essener Norden. Sein Vater, ein Kruppscher Automobil- und Lokomotivschlosser, hätte es gerne gesehen, wenn der Sohn Ingenieur geworden wäre. Dieser stellte jedoch bald fest, daß er Technik besser beschreiben als betreiben konnte. Über die Mitarbeit an einer technischen Zeitschrift bekam er Kontakt zu Essener Tageszeitungen. 1955 begann er eine Ausbildung zum Redakteur bei der Neuen Ruhr Zeitung. Hier arbeitete er sieben Jahre in verschiedenen Ressorts und wechselte dann zur Westdeutschen Allgemeinen Zeitung. 30 Jahre war er für diese Zeitung tätig, unter anderem zehn Jahre als Redaktionsleiter in Witten, wo er seit 1962 mit seiner Familie wohnt. Auf Grund seiner Herkunft und seiner langjährigen Arbeit als Journalist ist er mit den Menschen des Reviers bestens vertraut.

©Verlag Henselowsky Boschmann
Kiek ut 20, 45359 Essen
1. Auflage, September 1993
ISBN 3-922750-20-6
Druck: Offizin Andersen Nexö, Leipzig
Titelfoto: Privatfoto Kurt Wohlgemuth

meiner Frau, der Katze

»Es ist Krieg.«

»Komm schnell rein und sei leise! Der Führer spricht gleich.«
Meine Mutter hat mir die Haustür geöffnet. Dazu mußte sie die
drei Stufen im Treppenflur hinunter. Einen elektrischen Türöff-
ner gibt es nicht. Nur zwei Stunden Schule haben wir an diesem
Morgen gehabt. Ich lege meinen Tornister im Kinderzimmer ab
und gehe hinüber in die Wohnküche. Aus dem schwarzen kleinen
Volksempfänger auf der Holzkonsole an der Wand tönt die
unverwechselbare Stimme: »Seit 5.45 Uhr wird jetzt zurückgeschossen. Und von jetzt ab wird Bombe um Bombe vergolten.«
»Es ist Krieg«, sagt meine Mutter. Sie nimmt mich in die Arme,
drückt mich an sich, und die Tränen laufen ihr die Wangen
herunter. Es klingelt an der Wohnungstür. Tante Minchen, die
ältere Schwester meines Vaters, die über uns wohnt, kommt zu
uns herunter. »Krieg«, sagt sie und weint auch.
Krieg? Kommt es jetzt so, wie meine Mutter es immer vom
Weltkrieg erzählt hat? Als sie Steckrüben in der Pfanne gebraten
haben. Als es in der Volksküche Erbsensuppe gab und meine
Mutter und ihre Schwestern Hilde und Agnes sich noch einen
Vorrat davon in die Taschen ihrer Wachstuchschürzen gescheppt
haben. Als ihr Vater im Feld war und die Spitzbuben ihm nachts
die Schuhmacherwerkstatt ausgeräumt haben.
Es ist der 1. September 1939. In gut einem Monat werde ich sieben
Jahre alt.
Zwei Tage später, an einem Sonntag, spiele ich vormittags auf
dem Balkon mit meinen Kasperpuppen. Da heulen in Essen, der
Stadt an der Ruhr, die sie die Waffenschmiede des Reiches
nennen, die Sirenen. Meine Mutter sitzt auf dem Balkon an dem
kleinen runden Tisch und schält Kartoffeln. Mein Vater ist mit
Nachbarn zum Frühschoppen. Der Ton fährt mir in den Magen,
und ich flüchte mich zwischen die Knie meiner Mutter. Klingt die
Sirene nicht ganz anders als vorher bei den Übungsalarmen!
Müssen wir jetzt in den Luftschutzkeller und die essiggetränkten
Lappen vor Mund und Nase halten, weil wir noch keine Gasmasken haben? Der Tip stammt von Oma Meier. »Wenn die Engländer mal Gasbomben werfen!«
Wir müssen nicht in den Keller. Kurze Zeit nach dem Alarm
geben die Sirenen wieder Entwarnung.

»Wenn auch nur ein feindliches Flugzeug über das Reichsgebiet fliegt, will ich Meier heißen.« Hermann Göring, der Dicke, soll das gesagt haben. Das erfahren wir aber erst später und damit auch, daß er seit dem 3. September 1939 wohl einen neuen Namen hatte. Doch mehr als diesen Schaden richten die Engländer vorerst nicht an. Wir lernen, mit den ersten harmlosen Fliegeralarmen zu leben. Es passiert ja doch nichts, war die einhellige Meinung.

Und wenn die englischen Flieger wirklich mit Bomben kommen, sind wir dann nicht gut gerüstet! Die Männer in unserer großen Arbeitersiedlung in Altenessen, im Norden der Stadt, hatten die Gemeinschaftstrockenräume in den Kellern zu Schutzräumen hergerichtet. Davon verstanden vor allem die Kumpel was. Mit Holzstempeln, wie in der Grube, hatten sie die Decke abgestützt. »Komm, Junge, halt mal den Sack auf!« Sand hatten die Männer in Säcke geschaufelt und diese in die Nischen der Kellerfenster gestopft. »Wegen des Luftdrucks, und damit die Bombensplitter nicht reinkommen!«

Einen imposanten Splitterschutz hatte das Fenster der kleinen Waschküche erhalten. Eine große, mit Sand gefüllte Holzkiste war vor das Fenster auf der Hofseite gewuchtet worden. Niemand hat sich jemals während der späteren Luftangriffe in dieser Waschküche aufgehalten. Mir hat die Kiste im Verlauf des Krieges dennoch gute Dienste getan. Ich klettere über sie auf den Balkon unserer Parterrewohnung und benutze auf diese Weise im Sommer, wenn die Balkontür ständig offenstand, oft wochenlang die Haustür nicht. »Du sollst doch nicht reinkommen, ohne dir die Füße abzuputzen«, sagte meine Mutter jedesmal.

Einbrecher hätten auch über die Kiste in unsere Wohnung gelangen können. Konnten sie aber nicht, weil es keine gab. »Der Führer hat nämlich das Gesindel von der Straße geholt.«

Die erste Begegnung mit einer Bombe hatten wir schon vor dem Krieg. Es war eine Stabbrandbombe, die ein Luftschutzmann auf der Straße für eine Löschübung vorführte. Die Bombe wurde gezündet und versprühte zischend Funken. »Jetzt wird die Handspritze eingesetzt«, sagte der Luftschutzmann, »und so nahe wie möglich rangehen. Pumpen! Pumpen!« Die Handspritze saugte ihr Wasser aus einem Eimer. Meine Mutter pumpte so kräftig mit beiden Händen, daß sie anschließend zur Luftschutzhauswartin ernannt wurde. »Gut so, den Rest erledigen wir mit der Feuerpatsche«, sagte der Luftschutzmann.

Meine Mutter hatte dafür zu sorgen, daß ein gefüllter Eimer, die Handspritze und die Feuerpatsche, die so lustig aussah wie ein Wischlappen an einem Besenstiel, immer griffbereit auf dem obersten Treppenabsatz gleich unter dem flachen Häuserdach standen. Viel Vertrauen hatte sie in diese kriegerischen Utensilien aber wohl nicht. »Wenn hier mal richtig Bomben fallen, dann werden unsere leichten Häuser weggepustet wie Pappschachteln!« Sie wußte, wovon sie sprach. Zwei Jahre zuvor hatte ein Herbststurm das Flachdach des gegenüberliegenden Häuserblocks abgehoben und in die Grünanlagen geweht.

Sechzehn Häuserblocks hat die Siedlung. Sie gleichen sich wie ein Ei dem anderen. Wegen der flachen Dächer und der geweißten Fassaden zu den Straßenseiten hin nennt man die modern konzipierte Siedlung im Essener Norden »Klein-Jerusalem«. Sie wurde für die »kleinen Leute« gebaut. Ende der zwanziger Jahre hatte man mit dem Bau begonnen. Von fünf Zechen ist sie umgeben. Die Bergleute, die dort einzogen, waren dennoch in der Minderzahl. So ohne Garten und Ställe für das Kleinvieh gefiel sie wohl mancher Bergarbeiterfamilie nicht.

Und wie klein die Wohnungen sind. Knapp fünfzig Quadratmeter groß. Auch sie gleichen einander wie ein Ei dem anderen. Aber geschickt aufgeteilt sind sie mit Elternschlafzimmer, Kinderzimmer, Wohnküche mit Kochnische, voll eingerichtetem Badezimmer und einem Balkon. In Reih und Glied stehen die Häuserblocks, mit je 18 Wohnungen in einem Block und jeweils sechs Wohnungen in einem »Haus«. Die Balkone liegen auf den jeweils drei Geschossen unmittelbar nebeneinander, zum Nachbarn hin getrennt durch eine brusthohe Mauer mit einer Industrieglasscheibe darauf. Zwischen den Balkonen rankt wilder Wein an einer langen Stange bis zum Dach hinauf.

Zwischen den Blocks liegen gepflegte Grünanlagen. Die Haustüren gehen auf eine schmale Straße hinaus, die noch durch Vorgärten von der Fassade getrennt ist. Von den Balkonen auf der Rückseite schaut man auf einen schmalen Hof hinunter, an den sich eine Bleiche anschließt, auf die die Hausfrauen im Sommer ihre Wäsche legen. Wie schön die hohen Trauerweiden mit ihren

7

dichten Kronen auf unserer Bleiche an den Enden des Straßenzuges sind, der jeweils zwei Häuserblocks umfaßt! Über die Grünanlagen und vor allem die Bleichen wacht ein Aufseher, wegen seines dürren langen Halses und seines lebhaften Adamsapfels von uns Kindern nach Struwwelpeter-Vorbild Suppenkasper genannt. Die Bleichen sind nämlich nicht zum Spielen da. Auch einbetonierte Wäschepfähle hat die Bleiche, an denen man so schön hochklettern kann. Aber dabei darf man sich ebenso wie beim Ballspielen auf der Bleiche nicht vom Suppenkasper erwischen lassen. Das kostet nämlich die Eltern fünf Mark und zu Hause den Hintern voll.

408 Wohnungen hat die Siedlung. Da gab es für den Brötchenjungen am frühen Morgen in Friedenszeiten allerhand zu tun. »Frische Brrätchen, frische Brrätchen!« - »Der stammt bestimmt von Polen ab«, sagte meine Mutter.

Wenn der Ruf unter dem Balkon ertönte, fuhr sie aus dem Bett, in das sie sich wieder gelegt hatte, nachdem sie meinen Vater in die kruppsche Fabrik »gemacht« hatte. Im Nachthemd eilte sie an die Anrichte in der Wohnküche, wo im Schössken das Kleingeld lag. Dann raus auf den Balkon.

Der Brötchenjunge war gekommen wie immer in der warmen Jahreszeit. Mit diesem komischen Fahrrad, das vorne so ein kleines Rad hatte mit dem großen Gepäckträger darauf. Die frischen Brötchen lagen in einem Wäschekorb, sorgfältig mit sauberen Leinentüchern abgedeckt.

»Drei Stück.« Meine Mutter lehnte sich über die Balkonbrüstung. Von den Balkonen über ihr wurden Taschen und kleine Körbe abgeseilt. Daraus nahm der Brötchenjunge das abgezählte Geld und legte die Brötchen hinein. Dann wanderten Taschen und Körbchen wieder lautlos nach oben. »Guten Morgen, guten Morgen.« Begrüßung von Balkon zu Balkon. »Guten Morgen, Minchen. Paß auf, daß du mit dem Korb nicht in die Ranke kommst, dann fallen dir da Ohrenkneifer rein«, sagte meine Mutter.

»Mutti, warum kommt denn der Brötchenjunge nicht mehr?« - »Ist doch Krieg. Wie soll der Junge das denn machen mit den Brotmarken. Das wäre doch 'ne schreckliche Fummelei!«

Ab jetzt gibt es keine frischen Brötchen mehr mit in die Schule. Dafür gibt es andere Dinge in einem Krieg. Abends müssen die

Fenster verdunkelt werden. »Helmut, zieh mal das Rollo runter«, sagt meine Mutter, »aber reiß nicht so an der Schnur!« Weiße Pfeile an den Häuserwänden: Schutzraum. Weiße Ringe um Laternenpfähle und Bäume. Damit man im Dunkeln nicht davorläuft. Pappblenden mit schmalen Schlitzen vor den Lampen der Straßenbahn und der Autos auf der Chaussee. Und die putzigen runden Leuchtplaketten zum Anstecken an die Kleidung. »Wenn man sie erst unter die Lampe hält, leuchten sie noch besser«, sagt Heinz Greiler aus dem Nebenhaus. Licht an, rauf auf den Stuhl, Plakette unter die Lampe gehalten. Runter vom Stuhl, Licht aus. Tatsächlich! Plakate an der Wand: Feind hört mit. Ein ganz großes Ohr hat der Feind. Und: Licht aus! Hämisch grinst der Totenkopf. Die Knochenhand hält eine Bombe umkrallt.

»Winfried, mach mal wie der Kohlenklau!« Winfried, Fünfjähriger aus dem anderen Nachbarhaus, legt die Fäuste über die Schulter, als trage er einen Sack und kneift listig ein Auge zu. Zum Totlachen sieht er der bekannten Propagandafigur auf den großen Plakaten ähnlich.

Und die Sondermeldungen im Radio. Die U-Boote versenken Bruttoregistertonnen. »Papa, was sind Bruttoregistertonnen?« - »Stör' jetzt den Papa nicht«, sagt meine Mutter, »du siehst doch, daß er rechnen muß.«

Mein Vater sitzt über seinen Akkordkarten und rechnet seinen Stundenlohn aus. Auf dem Ledersofa - eigentlich ist es ja ein Wachstuchsofa - sieht die untersetzte Gestalt noch kleiner aus. Auf dem großen Küchentisch schreibt er mit einem Kopierstift Zahlen auf grüne Karten. Die Halbglatze leuchtet im Schein der einfachen Deckenlampe. Der Kopierstift paßt gar nicht so recht in die schwere Hand mit den schwieligen Fingern. Vom ewigen Feilen. Lenkungen für Militärlastwagen. Und dann aus Kruppstahl. »Da kannst du ganz schön schrubben, ehe da was runterkommt«, hat er gesagt.

Stumm schauen die beiden Lachtauben meinem Vater bei seiner Schreibarbeit zu. Die Vögel hängen über ihm an der Wand in einem hölzernen Käfig, den er selbst gebaut hat. Onkel Franz, Vaters älterer Bruder, hatte sie beim Kegeln gewonnen, die Tiere aber nicht behalten wollen. »Ich kann die Viecher nicht leiden«, sagt meine Mutter, »die kacken ja nur. Das sollen Lachtauben sein? Lächerlich, die lachen ja gar nicht!« Da lobe sie sich doch

9

Meiers Wellensittich. Der spreche wenigstens. »Papa, komm zu Bubi. Bubi macht Kusselköppken.«

Obwohl mein Vater hart arbeiten muß, klagt er nicht. Er ist froh, daß er 1934 bei Krupp anfangen konnte. »Was sind Sie, Automobilschlosser?« hatte der Meister gefragt. »Wir stellen Sie zunächst auf Probe ein.« - »Der Führer hat dem Papa wieder Arbeit gegeben«, sagt meine Mutter.

Als mein Vater nach dreijähriger Arbeitslosigkeit die erste Lohntüte nach Hause brachte, haben sie mich auf den Küchentisch gesetzt, mir die Beine ausgebreitet und die Lohntüte dazwischen umgestülpt. »Dürfen wir das jetzt alles behalten? hast du gefragt«, erzählt meine Mutter, »da habe ich Rotze und Wasser gebrüllt!«

»Du lernst den Kleinen aber schon früh an«, hatten die arbeitslosen Kollegen meinen Vater gefrozzelt, wenn er sich mit mir auf der Schulter vor dem Arbeitsamt in die Schlange einreihte. »Da bin ich stempeln gegangen«, erzählte mein Vater später. Und ich wußte lange nicht, was das bedeutete.

Die Freude über die neue Arbeit hatte bei meinem Vater keinen Raum gelassen für den Gedanken, daß er nur für eine Rüstung arbeitete, die irgendwann in den Krieg führen mußte. Politik ist nur, wenn Länder Krieg gegeneinander führen. Also war mein Vater bis zum Kriegsbeginn völlig unpolitisch. Politik hatte mit Partei ebenfalls nichts zu tun. Er ist nie in die Partei eingetreten.

Als Sohn eines Schuhmachermeisters - welcher Zufall: Auch der Vater meiner Mutter war Schuhmachermeister - wurde er in einem winzigen Dorf in der Soester Börde geboren. Schmalhans war Küchenmeister. Und als der Vater starb, hinterließ er acht Kinder. Und als auch fünf Jahre danach die Mutter starb, war mein Vater elf Jahre alt. Als zweitjüngstes Kind kam er zur Schwester seiner Mutter. Von Kind an war er daran gewöhnt, bescheiden zu sein, seine Pflicht zu tun und zu gehorchen.

Und seine Pflicht tut er jetzt. Nie wäre er auf die Idee gekommen, die durch die Rüstung erschwerten Arbeitsbedingungen, die nun im Krieg härter und härter werden, dem Nazi-Regime anzukreiden. Krieg ist eben Krieg. Und ist er nicht u.k. gestellt, unabkömmlich! Da hat er es immer noch besser als die Männer, die an die Front müssen. Und außerdem sagt er mit Blick auf die Kumpel in unserer Siedlung: »Lieber stehe ich zehn Stunden am Schraubstock, als daß ich auf der Zeche unter Tage einfahre.«

In unserer Siedlung wohnen viele Männer, die das müssen. Dabei sieht sie gar nicht so aus wie jene grauen Häuschen-Ensembles im Schatten der Fördertürme. Und unsere Straße ist überhaupt die schönste. Wir haben auf der Hofseite keine gegenüberliegende Häuserzeile. Hinter der Weißdornhecke, die die Bleiche begrenzt, sind das Land einer Gärtnerei und der Park der Villa. In der großen Villa mit den klassizistischen Säulen und Kapitellen wohnt der Herr Assessor. Das ist der Bergwerksdirektor. Einen Ententeich hat der, und ein Pferd ist auch da, das im Sommer auf der Wiese frißt. Sitzt man bei uns auf dem Balkon, glaubt man nicht, im kohlenschwarzen Norden der Stadt zu sein. Doch der Villenpark ist für uns unerreichbar. Da ist nicht nur die soziale Barriere. Da ist auch die dichte, hohe Weißdornhecke.

Die Siedlung ist eine gepflegte Oase in dem Stadtteil mit den vielen Zechen, durch den die Berne fließt, einst ein idyllischer Bach, den die Industrie längst in eine stinkende Kloake verwandelt hat.

36 Kinder wohnen in den beiden Häuserblocks unserer Straßenzeile. Ich bin ein Einzelkind, aber nur in meiner Familie. Das kindliche Leben spielt sich tagsüber nur dann in den vier Wänden ab, wenn es Backsteine regnet oder bitterkalt ist. Nur zu den Mahlzeiten geht man ins Haus, oder wenn man Schularbeiten machen muß. Bekommt man beim Spielen Hunger, stellt man sich unter den Balkon und ruft: »Mutter, werf mich 'n Butter!«

Die jüngeren Kinder wie ich kommen nur aus dieser Oase heraus, wenn sie zu den nahen Schulen oder den nahen Kirchen oder mit der Mutter auf die »Chaussee« zum Einkaufen gehen. Chaussee heißt bei uns der Altenessener Teil jener langen Straße, die von Süden nach Norden durch die ganze Stadt und weiter nach Gelsenkirchen führt. Oder die großen Mädchen nehmen einen mal im Sommer zu Gudellas Eisbude mit. - »Erst nach links und dann nach rechts gucken, bevor ihr die Chaussee überquert!«

Die Mädchen sind in der Überzahl in unserer Straße. So spielen Heinz, Männe und ich oft mit älteren Mädchen. Sie brauchen uns, wenn sie Mutter und Kind spielen. Die großen Trauerweiden, deren lange Zweige bis auf die Wiese hängen, sind unsere Wohnungen. »Klingelingeling!« - »Auf!« - »Tag, Frau Müller, ich wollt sie mal mit meinem Kleinen besuchen!«

Der Kleine bin ich. Damit ich auch wirklich klein bin, muß ich so albern in der Hocke laufen. Das ist sehr anstrengend.

Oder wir spielen auf der Bleiche Ringelspiele. Aber erst gucken, ob der Suppenkasper nicht im Anmarsch ist.

»Dreh dich nicht um.
Der Plumpssack, der geht um.
Wer sich umdreht oder lacht,
kriegt den Buckel vollgemacht.«

Im Winter, im Schnee, ist es dem Suppenkasper egal, wenn wir auf der Bleiche spielen. Dann rollen wir dicke Schneebälle, die, wenn sie schwerer und schwerer werden, den Rasen aus dem Boden reißen.

Nur selten besuchen meine Eltern und ich Verwandte. Zu besonderen Gelegenheiten gehen meine Mutter und ich zu Onkel Josef, Mutters Bruder, der mit der schönen Tante Cläre und den beiden kleinen Kusinen Marita und Inge auch in unserem Stadtteil wohnt. Sie wohnen nicht in einer Siedlung. Josef Eschen hat es inzwischen zu etwas gebracht. Mein Vater geht dort nicht gerne hin. »Die sind meinem Fritz zu etepetete«, sagt meine Mutter. Lieber geht mein Vater zu seinem Bruder, Onkel Franz, um mit ihm und mit Tante Emma Skat zu spielen. Sie wohnen in der Innenstadt, am Rande des sehr verrufenen Segerothviertels. »Die Emma kann vielleicht Skat spielen! Wenn du da einen Fehler machst, wirft sie dir die Karten ins Gesicht.«

Als Mutters Vater, Opa Eschen, noch lebte, besuchten wir regelmäßig Opa und Oma. Ich war immer sehr gerne dort, im Geburtshaus meiner Mutter, in der Innenstadt nahe dem »Polnischen Stadtgarten«.

Oma hatte so ein schönes großes Buch. Darin waren bunte, glänzende Bilder von den Heiligen, wie sie gekreuzigt, verbrannt oder mit Pfeilen durchbohrt werden. Vor allem war da aber das große Grammophon, das auf Füßen stand wie ein kleiner Schrank. »Schlösser, die im Monde liegen ...« - »Mensch, Helmut, kannst du nicht mal 'ne andere Platte auflegen. Da wird man ja rammdösig von!«

Es ging mir gar nicht um die Musik. Viel schöner war die große Kurbel, mit der man das Grammophon immer wieder aufziehen mußte. Hatten meine Oma und meine Mutter die Ohren und die

Nase voll von meiner Kurbelei, dann hieß es meistens: »Geh, besuch mal den Opa in der Werkstatt!«

Mein Opa saß zu jener Zeit längst allein in seiner Werkstatt. Der Schuhmachermeister hatte keine Gesellen und keine Lehrlinge mehr. Die Werkstatt lag im Erdgeschoß des großen Mietshauses, dessen Verwalter mein Großvater war.

»Da kommt ja mein Bübchen.« Ich war das erste und damals einzige Enkelkind. »Setz dich hier auf den Schemel!«

Es roch nach Schusterleim, Pechdraht und Leder. Opa, untersetzt, mit Schnauzbart und krummem Rücken, wußte schon, was ich wollte. Er rückte mir einen aufgebockten Dreifuß zwischen die Knie und zog einen alten Schuh darüber. Dann gab er mir diesen geschwungenen Hammer mit der runden Schlagfläche. Wie Opa langte ich in eines der Holzfächer, die rund um den niedrigen Schustertisch angebracht waren. Darin lagen die Holzpinne. Doch ich schaffte es nie, den Pinn unversehrt in die alte Schuhsohle zu befördern. Ständig brach das Ding ab, wenn ich mit dem Hammer draufhaute. Opa lachte dann: »So mußt du es machen!« Er drückte mit seinem breiten, gebogenen Daumen, der hart war wie Leder, den Pinn in das vorgestochene Loch. Pack! Ein trockener Schlag mit dem Hammer, und der Pinn verschwand in der Sohle. Ich versuchte es auch mit meinem Daumen. »Opa, das piekt aber.« Nach einiger Zeit langweilte mich meistens die ergebnislose Hämmerei. »Opa, ich hab keine Lust mehr.« - »Dann geh auf den Hoff spielen!«

Der Hoff war ein kleiner Hinterhof, der seitlich von Zäunen und nach hinten heraus von einer hohen Bruchsteinmauer begrenzt wurde. In den schmalen Blumenbeeten wollte so recht nichts wachsen. Immer war der Boden etwas feucht. Es kam zuwenig Sonne auf den Hoff. Den Schusterhammer nahm ich mit. Damit klopfte ich an die schräg eingelassenen Ziegelsteine, mit denen die Blumenbeete und die kleine Wiese mit den Wäschepfählen eingefaßt waren. Kamen Ameisen zum Vorschein, haute ich sie mit dem Schusterhammer platt. Wurde auch das zu langweilig, suchte ich mir aus den Aschentonnen an der Hausrückwand eine Konservendose. Ich tat Erde aus einem Beet hinein und ging damit in die Spalierlaube, die mein Vater an die Bruchsteinmauer gebaut hatte, als er jung verheiratet mit meiner Mutter in diesem Haus auf zwei Zimmern wohnte. In der Laube pinkelte ich in die

Dose, rührte den Brei mit einem Stöckchen um und besserte mit meinem Mörtel die schadhaften Fugen an der großen Mauer aus. Hinter der Mauer rumorte es Tag und Nacht. Dort lag der riesige Verschiebebahnhof. Oft habe ich oben bei Oma aus dem Fenster gesehen und dem Rangierbetrieb zugeschaut. Wie Perlen von der Schnur rollten die Waggons die Rangierrampe hinunter und reihten sich mit lautem Aufprall auf die Puffer ihrer »Vordermänner« in die verschiedenen Kohlenzüge ein.

1938 war Opa Eschen gestorben. »Der Hitlerjunge, dieser Saujunge, und mein Bruder Josef haben ihn totgeärgert«, sagte meine Mutter. Der Hitlerjunge und Onkel Josef hatten miteinander nichts zu tun. Jeder hat meinen Opa auf seine Weise geärgert.

Seit Opas Tod gehen wir nicht mehr so oft zur Oma. Dafür kommt Oma öfter zu uns nach Altenessen. Sie ist lustig und temperamentvoll wie meine Mutter. Gerne macht sie unsere Familienausflüge mit, die wir noch machen, solange die englischen Flieger uns nur nachts besuchen. Tante Minchen und Onkel Willy gehen auch mit. Mein Vater nicht. »Geht man alleine. Ich ruhe mich lieber etwas aus, wenn ich schon sonntags nicht arbeiten muß.«

Der Familienausflug führt stets in den Süden. »Wo die Dickbälge wohnen«, sagt meine Mutter. Die erste Strecke des Weges fahren wir mit der Straßenbahn, und dann wird marschiert. Zum Baldeneysee oder in das malerische Nachbarstädtchen Kettwig mit seinen Fachwerkhäusern.

»Tante Hedwig, Hedwig, Hedwig,
komm nach Kettwig, Kettwig, Kettwig,
auf die Wiese, zu Haus ist's miese.
Wo die Hühner richtig gackern
und die Kühe friedlich klackern
und die Sonne Bratkartoffeln aus uns macht.«

Zum Baldeneysee hinunter ist es nicht so weit. Man geht durch den Stadtwald, und plötzlich schimmert der See durch die Bäume. Meine Mutter marschiert voorneweg. Sie ist eine stabile Frau von resoluter Fröhlichkeit, einen halben Kopf größer als mein Vater und einem derben Wort nicht abgeneigt. »Als Kind habe ich lieber mit meinen Brüdern gespielt als mit meinen Schwestern. Ich bin mit ihnen über Hecken und Zäune gegangen. Und wenn wir den Arsch gehauen kriegten, war ich immer dabei. Änne, hol mal den Spannriemen aus der Werkstatt! Dann wußte ich schon Bescheid.

Röcke hoch und auf die dünnen Leinenhosen. Ich kann dir was flüstern!«

Im Stadtwald stimmt meine Mutter meistens ihr liebstes Wanderlied an.

»Die Luft ist so blau, und das Tal ist so grün.
Lieb Mütterlein, laß in die Ferne mich ziehn.«
Bei der letzten Wanderung im Sommer 1941 singen wir nicht fröhlich mit. Die Luft ist nämlich nicht blau. Unerwartet hat es zu regnen begonnen. Nur meine Oma hat einen Schirm bei sich. Sie spannt ihn aber nicht auf, sondern setzt sich mit ihm an die Spitze auf dem schmalen Pfad, stößt ihn trotzig in die Luft wie ein Tambourmajor und singt dazu:

»Hinaus in die Ferne
mit Butterbrot und Speck.
Das eß ich ja so gerne.
Das nimmt mir keiner weg.
Und wer das tut,
der kriegt was auf die Schnut,
der kriegt was auf die Nase,
bis daß sie blut'.«

Was verändert so ein Krieg in der Schule? Zunächst für einen Erstkläßler nicht viel. Der Lehrer wird eingezogen. Dafür bekommen wir eine blutjunge hübsche Lehrerin.

Als es wieder einmal laut wird in der Klasse, klappt sie den Pultdeckel hoch und holt blitzschnell einen richtigen Säbel hervor. Patsch, haut sie mit der flachen Seite auf das Pult. »Wer jetzt noch schwätzt, dem schlage ich hiermit die Ohren ab!« Das tut sie ja doch nicht. Man sieht es an ihren Augen, auch wenn sie sich bemüht, streng zu gucken.

Schularbeiten zu Hause. Zehn und zehn ist zwanzig. Fünfzehn und fünf ist auch zwanzig. Aber sechzehn und sieben. Wieviel ist denn bloß sechzehn und sieben? Da kommt bestimmt so eine krumme Zahl bei raus. »Herrgott, das kann doch nicht so schwer sein!« sagt meine Mutter.

»In einem kleinen Garten, da gab es einen Sturm.
Da zankten sich fünf Hühnerchen um einen Regenwurm.
Und als kein Wurm mehr war zu seh'n, da sagten alle piep.
Da hatten die fünf Hühnerchen einander wieder lieb.«

Auswendiglernen geht schon besser. »Du Schnutenfeger«, sagt meine Mutter.

Nicht nur Soldaten sind wichtig im Krieg. Auch Kinder. »Eisen, Lumpen, Knochen und Papier, ausgeschlagene Zähne sammeln wir.«

»Tag, Frau Born. Haben sie nicht einen leeren Pappkarton für mich?« Die Besitzerin des Kolonialwarenladens an der Chaussee hebt den Kopf. »Hau bloß ab. Du bist schon der zehnte heute!«

Im Keller lege ich mir immer erst einen kleinen Vorrat an, bevor ich das Altmaterial mit zur Schule nehme. »Mensch, was stinkt das hier wieder nach alten Knochen!«

Die kriegsbedingten Entbehrungen schleichen sich ganz allmählich in unseren Alltag. Ich nehme sie kaum wahr. Im Gegenteil, es geschehen interessante Dinge. Wenn mein Vater die elektrischen Sicherungen mit Silberpapier flickt oder ausgebrannte Taschenlampenbatterien in die Backröhre des Küchenherdes legt. »Dann tun sie es noch mal für ein paar Stunden.«

Auch die Entbehrungen an Lebensmitteln werden mir kaum bewußt. Üppig gelebt hat unsere kleine Familie nie. Fleisch kam auch in Friedenszeiten nur sonntags auf den Tisch. Und über die von höchster Stelle angeordneten Volkseintopftage konnten wir nur lachen. Bei uns gab es ständig Eintopf. Im Winter aus dem Einweckglas oder Hülsenfrüchte, im Sommer Durchgemüse. »Du mußt es am Tellerrand mit der Gabel breitdrücken. Guck mal, so. Dann wird es schneller kalt.«

Mein Vater bekommt schon mal kleingewürfelten Schinkenspeck zum Durchgemüse in den Henkelmann. »Der Papa braucht das. Der muß schwer arbeiten.« Schokolade hat es sowieso immer nur zum Geburtstag, zu Weihnachten und zu Ostern gegeben.

Heringe sind beliebt in unserer Familie. »Schon als ganz kleiner Junge hast du dein Ei weggeschmissen und dem Opa Eschen den Hering am Schwanz vom Teller gezogen.«

Grüne Heringe werden in der Pfanne gebraten und dann eingelegt. Der Geruch vom Braten hängt noch tagelang in der Wohnung. Es stört niemanden.

Bei jedem Heringsgericht, das sie zubereitet, erzählt meine Mutter stets aufs neue die Geschichte von den Rollmöpsen. »Unser Josef, dem es ja nie gut genug war, Schuhmacher zu sein wie unser Vater, hatte mal wieder 'ne Idee. Man könnte viel Geld verdienen, wenn man Rollmöpse an Trinkhallen und Gaststätten verkaufte. Es würde sich aber nur lohnen, wenn man die Rollmöpse selbst mache. Einen Tag lang haben wir mit der ganzen Familie zu Hause gesessen und Rollmöpse gedreht. Gurke rein ging ja noch. Aber das mit den Holzpinnen, mit den geköpften Streichhölzern, das war doch 'ne ziemliche Fummelei. Das große Geschäft wurde natürlich wieder mal 'ne Pleite. Drei Tage lang haben wir unsere eigenen Rollmöpse essen müssen.«

Daß Bohnenkaffee und Zigaretten knapp sind, gefällt meiner Mutter schon weniger. Sie ist eine leidenschaftliche Raucherin. »Hab ich als junges Mädchen zu Hause Knälle für gekriegt.« »Scheißkrieg!« sagt sie dann. Doch der Vorwurf richtet sich nur gegen das Schicksal, das jetzt ein ganzes Volk zu tragen hat. Nicht an jene, die den Krieg angezettelt haben. Auch als später die Fliegeralarme sie um ihren geliebten Schlaf bringen oder Nachrichten über Gefallene eintreffen, sagt sie: »Scheißkrieg!« Krieg ist schrecklich. Einen hat sie ja schon mitgemacht.

Immer öfter trifft sich bald die Hausgemeinschaft nachts im Luftschutzkeller. Im Mai 1940 hatte es zum erstenmal richtig gerumst in unserem Stadtteil. Eine vereinzelte Bombe war auf ein Wohnhaus gefallen. Es hatte zwei Tote gegeben. In Scharen waren die Altenessener zu der Abwurfstelle gepilgert, um sich den ersten Trümmerhaufen anzusehen. »Daß die sich nicht schämen. Bomben auf Frauen und Kinder!«

Seit diesem Bombenabwurf halten wir es doch für angebracht, in den Keller zu gehen, wenn die Sirenen losheulen. Dann sitzen wir in unserem Luftschutzkeller auf Stühlen an den Wänden entlang. In einer Ecke stehen zwei Luftschutzbetten, die Holzpritschen. »Da können die Kinder drauf schlafen.«

Die Kinder, das sind außer mir Elly Dommers, die als einziges Kind im Haus älter ist als ich, ihr Bruder Klaus, der Nachkömmling, sowie Wolfgang Manzel. Amanda Meier ist kein Kind mehr. Die ist schon in der Lehre. Und Hans und Franz Mersch, die Söhne von Herrn und Frau Mersch, sind erst recht keine Kinder mehr. Der Franz ist bei der Marine und der Hans beim Arbeitsdienst. Und der Hans will auch zur Marine, wenn er mit dem Arbeitsdienst fertig ist. Schließlich hat der Vater ja das Kapitänspatent für Rheinschiffahrt von Straßburg bis zur Mündung. Bis zum

Krieg fuhr er ein Kurierboot für die Kontrolleure des Kohlensyndikats auf dem Rhein-Herne-Kanal. Jetzt haben sie kein Dieselöl mehr für das Boot, und Herr Mersch ist in der Verwaltung beschäftigt.

Wir Kinder wollen nicht auf den Pritschen schlafen. Erstens sind die so hart mit ihren Lattenrosten, und zweitens wollen wir überhaupt nicht schlafen, sondern lieber hören, was die Erwachsenen sich zu erzählen haben. Sechs Familien sitzen im Luftschutzkeller. Das heißt, nicht ganz, denn Onkel Willy und Tante Minchen haben ja keine Kinder. Auch sind die Männer nicht immer alle im Luftschutzkeller dabei. Denn Herr Meier, Schlosser wie mein Vater, Herr Dommers, der Kranführer, Onkel Willy, der Straßenbahnführer, und Herr Manzel, der einzige richtige Kumpel vor Kohle im Haus, müssen wie mein Vater manchmal Nachtschicht machen.

Meist erzählen die Männer vom Krieg. Aber nicht von diesem Krieg, sondern vom Weltkrieg. Herr Meier wäre im Lazarett fast verhungert. Er knöpft sich das Hemd auf, packt auf der Brust seine Haut mit Daumen und Zeigefinger und zieht daran. »So konnte ich mir das Fell vom Körper ziehen.« Onkel Willy war auf einem Schiff, auf dem der Kapitän immer einen Rochus auf ihn hatte. »Eines Tages habe ich ihm in den Kaffee gespuckt, den ich ihm auf die Brücke bringen mußte.« Mein Vater war nicht Soldat, aber arm wie Job, als er 1917 aus der Schule kam und bei einem Bauern als Jungknecht anfing. »Da habe ich mir von einer Vogelscheuche auf dem Feld eine Jacke geholt, einem Pferd ein Schwanzhaar ausgerissen und mir damit die Knöpfe festgenäht.« Herr Dommers kann kein Kriegserlebnis beisteuern. Und Herr Manzel sagt sowieso nichts. Stumm sitzt er immer neben seiner Frau. Dafür spricht die um so mehr. Meistens darüber, was man tun muß, wenn wir verschüttet werden. Dann wirft meine Mutter ihr giftige Blicke zu und schüttelt den Kopf. »Die Alte hat 'nen Heu weg. Aber wer schon mit Sonntagsstiefeletten den Flur putzt ...«

Der absolute Kriegsexperte im Luftschutzkeller aber ist Herr Mersch. Wenn draußen die Flak schießt, weiß er es sofort am Knall. »Das war die Achtacht, das war die Zehnfünf.« Davon versteht er was. Er war bei den Pionieren. »Wir damals im Argonnerwald. Da haben wir vielleicht Zunder gekriegt. Der Franzmann hatte die beste Artillerie.«

Zunächst kommen die Engländer nachts mit einzelnen Maschinen. Dann wird der Fliegeralarm zum nächtlichen Schauspiel. Wir gehen vor die Tür, um uns das Schauspiel anzusehen. »Bleib immer dicht hinter mir und hier unter dem Abdach wegen der Flaksplitter«, sagt meine Mutter. Die Leuchtfinger der Scheinwerfer greifen in den Himmel. »Wenn die einen drin haben, holen sie ihn auch runter«, sagt Herr Mersch. Die schwere Flak ballert aus allen Rohren. Zwischen den Schüssen hört man schwach das Flugzeug brummen. Jetzt überkreuzen sich zwei Leuchtfinger am Himmel. Ein dritter, ein vierter kommt hinzu. »Sie haben ihn!« ruft Herr Mersch. Tatsächlich, in dem Lichtbündel blitzt ein kleines silbriges Kreuz auf. Die Flak schießt immer wütender. »Die Zehnfünf holt ihn gleich runter«, sagt Herr Mersch, »die schießt am höchsten.« Und Onkel Willy sagt: »Was meint ihr, wie hell es jetzt da oben in der Flugzeugkanzel ist. Die Flieger sind richtig geblendet.« Und meine Mutter fragt sich: »Ob die wohl Angst haben?« Die Flak erwischt den Tommy doch nicht. Herr Mersch ist enttäuscht. »Gehen wir wieder rein.«

Die Lust an nächtlichen Schauspielen vergeht uns bald. Am 14. und 16. Juni 1941 fallen insgesamt 160 Brandbomben auf Altenessen. Seitdem stecken wir die Köpfe nicht mehr aus dem Keller. Der Kolonialwarenladen am Rande der Siedlung, in dem Amanda Meier arbeitet, ist ausgebrannt. Doch unsere Pappschachteln, wie meine Mutter die Häuser unserer Siedlung nennt, bleiben unversehrt. Aber in der Umgebung riecht es immer mehr nach verkohlten Balken und angeschmorter Dachpappe. Morgens kommt ein Klassenkamerad zu spät in die Schule. »Wo kommst du denn her?« fragt die Lehrerin. »Ich wollte nur Bescheid sagen, daß ich nicht komme. Unser Haus ist abgebrannt.«

Die Lehrerin, das ist jetzt Fräulein Lechtenfeld: streng, grauer Haarknoten, schwarzes Kostüm. Fräulein Lechtenfeld ist eine selbstbewußte Frau. Obwohl der Religionsunterricht aus der Schule verbannt ist - er findet für die Katholiken nebenan im Schwesternheim des Marienhospitals statt - läßt sie uns in der Musikstunde singen:

»Du mein Schutzgeist, Gottes Engel,
weiche, weiche, nicht von mir.
Leite mich durch's Tal der Mängel
bis hinauf, hinauf zu dir.«

Aber auch das bringt sie uns bei: »Wann ist der Führer geboren?«
- »Am 20. April 1889 in Braunau am Inn.«
Und sie lehrt uns, daß der Führer sich als kleiner Junge schon
darüber geärgert hat, als er an der Grenze wohnte, daß der Adler
im Wappen drüben einen und hüben zwei Köpfe hat und daß es
doch besser wäre, die Köpfe gleich zusammenzuschmeißen, was
der Führer im Jahre 1938 ja auch geschafft hätte.
»Wer schwätzt da? Komm mal nach vorne!« Fräulein Lechtenfeld haut mit dem Rohrstock auf die ausgestreckte Hand. Nur
einen Schlag. Aber der sitzt. Am besten ist, man versucht gar nicht
erst, die Hand wegzuziehen. Sie erwischt einen ja doch. Und dann
an den Fingerspitzen. Die brummen dann für den Rest der Stunde.
Fräulein Lechtenfeld verteilt aber auch kleine handgeschriebene
Kärtchen. »Für Fleiß« steht darauf. Wo läßt man die Dinger nur?
Ich stopfe sie in das runde Radiergummifach meiner prächtig
bemalten hölzernen Griffeldose. »Warum haben deine Fleißkärtchen eigentlich immer Eselsohren?«
Für drei Fleißkärtchen bekommt man ein Bonbon, für fünf einen
Griffel. Einen Griffel bekomme ich nie. So lange kann ich nicht
warten.

Wenn wir jetzt nachts im Luftschutzkeller sitzen, kracht es
manchmal ganz schön. Noch fallen die Bomben vereinzelt. Oft ist
es so, als hebe ein Riese unser Haus ruckartig an und stelle es
gleich wieder hin. Dann stehe ich zwischen den Beinen meiner
Mutter und presse mich fest an sie. »Das ist nicht für uns
gedacht«, sagt Herr Mersch, »das sind nur die Bomben, die
daneben gehen. Die wollen Krupp treffen.« Der riesige kruppsche
Lokschuppen reicht bis an unseren Stadtteil heran.
Dann erwischt es unsere Siedlung doch. Zwei Häuserzeilen
weiter brennt ein Teil des Daches ab. Doch sofort kommt die
Organisation Todt und baut es wieder auf. Lange Holzbalken
liegen in unseren Grünanlagen. Wenn man einen davon quer über
andere Balken legt, hat man eine prima Wippe.
Unsere Schule bekommt auch Brandbomben ab. Unser Klassenraum ist ausgebrannt. Ich muß zu einer Schule weiter im Norden.
Das gefällt meiner Mutter wegen des weiten Weges gar nicht,
denn nachdem der Führer auch mit Amerika den Krieg angefangen hat, gibt es auch tagsüber Alarm. Wenn wir nachts besonders

lange im Luftschutzkeller gesessen haben, sagt meine Mutter: »Morgen gehst du nicht in die Schule. Ich schreibe dir eine Entschuldigung.«

Längst sind Trümmer keine Pilgerstätten mehr. Im Verlaufe des Jahres 1942 wird es in unserem Luftschutzkeller nachts immer stiller. Noch fallen die Sprengbomben zwar vereinzelt und immer weit um unsere Siedlung herum, doch wir wissen, was uns blühen kann. »Im Segeroth haben sie 'ne Luftmine geworfen. Die hat zwei Häuser einfach so umgeblasen. Alle verschüttet.«

Künftig halte ich im Keller immer den Mauerdurchbruch zum Nebenhaus im Auge. Er ist mit einem halben Stein dünn wieder zugemauert. Aber daneben steht immer das Beil griffbereit.

»Wenn wir verschüttet werden, müssen wir die Mauer damit durchhauen«, sagt Frau Manzel. Wenn es draußen kracht, ist sie die einzige, die unaufhörlich schnattert. »Frau Spiegel, Frau Spiegel, kriegt Ihr Helmut auch Gelb-Eichen? Mein Wölfchen kriegt, so oft es geht, Gelb-Eichen. Das ist bei Kindern besonders gut für die Nerven!«

Gelb-Eichen! So nennt sie das Eigelb. Ich sehe es meiner Mutter an, daß sie sich im Geiste an die Stirn tippt. Gelb-Eichen! Sie kann Frau Manzel sowieso nicht leiden. Als letzte ist sie ins Haus gezogen von denen, die jetzt im Luftschutzkeller sitzen. Und dann hat sie den Flur nicht geputzt. Und als sie ihn endlich putzte, da hatte die doch dabei wahrhaftig Sonntagsstiefeletten an.

»Die Frau hat 'nen Heu weg. Aber wer schon mit Sonntagsstiefeletten den Hausflur putzt ...« Und ausgerechnet die ist ihre Nachbarin. Balkon an Balkon.

Herr Mersch ist im Luftschutzkeller weiterhin der Experte. Eines Nachts geht er allen furchtbar auf die Nerven. »Das war die Flak, das war 'ne Bombe!« kommentiert er jedes Krachen draußen. Außer Frau Manzel ertragen alle stumm diese Folter. Bei jedem »Das war 'ne Bombe!« drehen sich bei Oma Meier, Herrn Meiers alter Mutter, die ständig stumm mit gesenktem Kopf und gefalteten Händen auf Ihrem Stuhl sitzt, die Daumen schneller umeinander. »Das war 'ne Bombe!« Schneller und schneller werden die Daumen, bis es nicht mehr schneller geht. Dann wenden die Daumen.

Meine Mutter stößt mich an und lacht dünn: »Lieber Gott, ich bin nicht dumm. Sieh, ich kann auch andersrum.«

In dieser Nacht sollte der Experte, Herr Mersch, nicht recht behalten. Was draußen lauter gekracht hatte als die Flak, waren keine Bomben gewesen, sondern die Abschüsse eines schweren Eisenbahngeschützes, das auf seiner Fahrt durch die Stadt diesmal auf dem Gleiskörper, 150 Meter Luftlinie von uns entfernt, Station gemacht hatte. Von den Abschüssen waren an unseren Häusern, auch in unserer Wohnung, einige Fensterscheiben durch den Luftdruck zu Bruch gegangen. Zum erstenmal erschien damit auch bei uns Pappdeckel zwischen den Fenstersprossen.

Im Winter 1942 sitzen wir im Luftschutzkeller im Kreis um einen winzigen, runden Elektroofen aus Porzellan. Oma Meier, die immer so friert, ist ganz nahe herangerückt und hält ihre gefalteten Hände über den Ofen. Die Daumen kreisen. Draußen kracht es. Nach seiner Schlappe mit dem Eisenbahngeschütz hat Herr Mersch seine Kommentare eingestellt. Nur Frau Manzel verbreitet wieder ihre Weisheiten über Gelb-Eichen als Kindernahrung. Als es wieder einmal draußen kracht, holt sie plötzlich ein paar Daumenbinden aus der Handtasche mit dem Hinweis, die werde sie ihrem Wölfchen um den Kopf binden, falls das Haus zusammenstürzt. Da platzt Oma Meier der Kragen. Sie springt auf, stellt sich vor Frau Manzel hin, stößt ihr ruckartig ihre mageren Hände entgegen und macht: »Dödödödödödödö!« Nach dieser Demonstration von Altersweisheit setzt sie sich wieder hin und bleibt weiterhin stumm.

Ende 1942 sagt mein Vater zu meiner Mutter: »Fahr weg! Fahr mit dem Jungen aufs Land zur Tante Änne! Hier wird es jetzt ungemütlich.« Im März 1943 erlebt Essen seinen ersten Großangriff. Aber da wohnen meine Mutter und ich schon auf einem großen Bauernhof in dem Dorf Clarholz am Rande des Münsterlandes.

Im Inferno der Essener Bombennächte gibt Herr Mersch, der Experte - »Das war 'ne Bombe, das war die Flak!« - noch eine Probe seines Mutes, bevor der Krieg zu Ende geht. Während eines Fliegerangriffes in der Nacht läuft er aus dem Bunker, den die Hausbewohner inzwischen auf der Bleiche gebaut hatten, auf den Hof ins Haus hinauf, um nachzusehen, ob Brandbomben eingeschlagen sind. Denn die Wohnung der Merschs liegt ja im Obergeschoß gleich unter dem Dach. Als er in die Wohnung kommt, hört er ein Krachen im Schlafzimmer. Da erinnert er sich an die

Mahnung seiner Frau: »Franz, wenn was ist, dann zuerst die Betten!« Im Stockdunkeln läuft er in das Schlafzimmer, packt vom Bett am Fenster das Bettuch samt Kissen und Oberbett an den Zipfeln, knotet sie überkreuz zusammen und wirft sich den Pack wie einen Sack über die Schulter. Als er auf der Türschwelle ist, knallt und zischt es hinter seinem Rücken. »Da bin ich vielleicht durch die Bude geschossen!« erzählt er später.

Was war passiert? In dem Sack auf Herrn Mersch's Schulter war eine Brandbombe, die wohl in den Federbetten nicht genug Sauerstoff bekommen hatte, um sich gleich zu entzünden, verspätet explodiert. Die Brandbombe war durch das Fenster in das Bett gefallen. Das dicke Federbett schützte Herrn Mersch vor Verletzungen. Er rannte mit seinem Funken und Federn sprühenden Pack auf den Balkon und warf seine unbequeme Last über Bord. Einige kleine Brandherde, die die Funken in der Wohnung angefacht hatten, löschte er mit der Feuerpatsche, die ja immer griffbereit auf dem obersten Treppenabsatz neben dem Wassereimer stand.

Das Ritterkreuz vom Kirchenfenster

Der Krieg verändert die Kinderspiele. Auf dem Hof spielen wir 1940 ein neues Spiel. Es heißt Kriegerklären. Liesel, das Mädchen aus dem Nachbarhaus, das mit mir in eine Klasse geht, zieht in die feine Abraumasche, mit der der Hof befestigt ist, einen großen Kreis. Sie teilt den Kreis in vier Teile, wie Tortenstücke. Außer Liesel und mir spielen noch Heinz und Männe mit. Männe ist der Sohn eines SA-Mannes, der zwei Häuser weiter in unserer Straße wohnt. Jedes Tortenstück ist ein Land. Mit einem Auszählreim werden die Länder verteilt. Liesel bekommt Deutschland, Männe Frankreich, Heinz England. Für mich bleibt nur Polen übrig. Alle Kinder setzen einen Fuß auf ihr Land, der andere Fuß bleibt außerhalb des Kreises. Liesel hat einen Ball in der Hand. Sie beginnt das Spiel.

»Deutschland erklärt den Krieg gegen (quälende Pause) England.« Heinz ist gemeint. Aber vorsorglich sind wir drei Jungen bei dem Wort England alle weggesprungen. Nur einen Satz darf man machen, dann muß man still stehenbleiben. Jetzt versucht Liesel, Heinz mit dem Ball abzuklatschen. »Du hast gemogelt, du hast die Füße bewegt.« Heinz hätte nur den Körper bewegen dürfen, um dem Ball auszuweichen. Liesel hat vorbeigeworfen. Heinz protestiert. Er ist bekannt für seinen Dickkopf, und Liesel gibt schließlich nach.

Nun ist Heinz der Angreifer. »England erklärt den Krieg gegen (Pause) Polen.« Zu dritt sind wir wieder vom Kreis weggesprungen. Heinz erwischt mich mit dem Ball. Darum darf er von meinem Land ein Tortenstück, so breit wie sein Schuh, abtrennen und es seinem Land einverleiben. Unsere Länder liegen unmittelbar nebeneinander. Günstiger ist es manchmal, wenn man ein Stück von einem Land besitzt, das nicht angrenzt. Dann hat man da sozusagen eine Kolonie. Auf die darf man den Fuß setzen, wenn man dadurch einen größeren Abstand zwischen sich und dem Angreifer schaffen kann. Heinz ist nun solange der Angreifer, bis er mit dem Ball vorbeiwirft. Dann ist der Angegriffene wieder an der Reihe. »Frankreich erklärt den Krieg gegen ...« Weihnachten 1939 bekomme ich noch kein Kriegsspielzeug. Ein Stabilbaukasten liegt unter dem Christbaum. Und dann dieses dicke Buch! »Der Lederstrumpf«. Alle fünf Geschichten in einem

24

Band. Wie neu das riecht. Mein erstes richtiges Buch. Das ist doch etwas anderes als »Der Struwwelpeter«, den ich schon im Alter von fünf Jahren auswendig hersagen konnte.

»Lydia, ich kann schon lesen und bin noch nicht in der Schule.« Die achtjährige Lydia staunt. »Dann lies mal was vor!«

»Der Friederich, der Friederich,
das war ein arger Wüterich.
Er fing die Fliegen in dem Haus
und riß ihnen die Flügel aus.«

Lydia ist mißtrauisch. »Zeig mal mit dem Finger, wo du bist!« Ich zeige. »Das dachte ich mir doch, daß du nicht lesen kannst. Da wo du zeigst, steht das ja gar nicht.«

Der Lederstrumpf! Mit diesen düsteren Federzeichnungen, die für mein ganzes Leben die Vorstellung von Indianern prägen sollten. Daran haben auch später alle Hollywood-Klischees nichts geändert.

Ich kann das Buch noch nicht richtig lesen. Druckschrift. Aber Tante Minchen, selbst kinderlos, liest es mir vor. Auf einem Baum, der über den Fluß hinausragt, lauern halbnackte Indianer. Auf der Zeichnung erkennt man ihre grimmigen Gesichter. Die Indianer wollen auf das Hausboot des alten Tom Hutter mit den beiden hübschen Töchtern herunterspringen. Doch Wildtöter hat die Halunken rechtzeitig entdeckt. »Zieh, Harry, zieh, wenn dir das Leben lieb ist!« Das ruft er seinem bärenstarken Freund zu. Als ich lerne, das Buch selbst zu lesen, bekomme ich die spannendsten Stellen bald spitz. Ich lese sie immer wieder, bis ich sie fast auswendig kann. Erst viel später geht mir auf, daß dieses Buch nicht nur ein Geschichtenbuch, sondern auch ein Geschichtsbuch ist.

Das Sammeln von Flaksplittern kommt groß in Mode. Man kann die Splitter in der großen Pause in der Schule tauschen. »Riech mal, da riecht man noch das Pulver.« - »Das ist ja nur ein Stück Aluminium.« - »Du bist auch zu blöd. Das ist vom Zünder.« Nach jedem Fliegeralarm laufen wir am nächsten Tag mit gesenkten Köpfen auf Hof und Straße herum. »Ich hab einen.« Schade, daß ich noch nicht so groß bin wie Karl-Heinz Baumann oder Hans Mersch. Die dürfen auf das flache Dach unseres Hauses klettern und dort Splitter suchen. Die scharfgezackten Splitter zerfetzen mir bald die Taschen in meiner Lederhose.

Meiner Mutter sage ich nichts davon. »Man darf nicht am Pippi-
männchen spielen!«

Später wiegt ein Bombensplitter beim Tausch drei Flaksplitter
auf. Aus meiner Klasse hat aber nur ein Junge einen. Stolz zeigt
er ihn. Er ist so dünn wie ein Zahnstocher, aber ein Bombensplitter. Als es mehr Bombensplitter zu finden gibt, vergeht uns bald
die Lust am Suchen.

Weihnachten 1940 zieht der Krieg auch in mein Kinderzimmer
ein. Zunächst noch auf elegante Art. Ich bekomme einen langen
silbernen Säbel in einer goldenen Scheide. Der Säbel hängt am
Pappmasché-Koppel. Es ist ein schickes Koppel, bestimmt für
eine Gala-Uniform. Dazu hatte das Christkind noch eine Ergän-
zung des Stabilbaukastens vom vergangenen Jahr gebracht. Kaum
kann ich am zweiten Feiertag erwarten, daß das Mittagessen
beendet ist. Schon am ersten Feiertag hatte ich im großen Spiegel
der Frisiertoilette meiner Mutter Posen geübt. Ich will mit meinem Säbel zu Tante Cläre und den beiden kleinen Kusinen Marita
und Inge. Es ist auch eine gute Gelegenheit, mir Maritas und Inges
Weihnachtsgeschenke anzusehen, die stets sehr üppig ausfallen.
Mein Onkel Josef, Mutters älterer Bruder, der die bildschöne
Cläre aus Gelsenkirchen geheiratet hat, hatte es um die Mitte der
dreißiger Jahre zu einigem Wohlstand gebracht. »Der macht in
technischen Ölen und Fetten. Generalvertreter.« Onkel Josef war
Mercedes-Fahrer und hatte in Altenessen eine siebenräumige
Etagenwohnung. »Der Jupp wollte immer schon was Besseres
werden«, sagte meine Mutter. Die Unaufhaltsamkeit der Karriere
meines Onkels, der in der Werkstatt seines Vaters Schuhmacher
gelernt hatte, deutete sich bereits Mitte der zwanziger Jahre an, als
die siebenköpfige Familie meines Großvaters eines Tages am
Mittagstisch saß. Ein Rasseln kam von draußen zum Fenster
herein und machte die Tischrunde neugierig. Als der jüngere
Bruder Paul und die drei Schwestern zum Fenster liefen, blieb
Josef gelassen am Tisch sitzen. »Guck mal, die schleppen unter
unserem Fenster mit einer dicken Kette ein Auto ab.« Josef wußte
Bescheid. Es war sein Auto, für das er den letzten Wechsel nicht
mehr hatte einlösen können.

Doch jetzt ist Onkel Josef fein raus. Er verkehrt in den besten
Kreisen, ist Jäger, und Tante Cläre wird gnä' Frau genannt. Nur
hatte ihm in der Familiengunst sein Bruder gerade den Rang

abgelaufen. Onkel Paul, Berufssoldat, der kurze Zeit später in Rommels Afrikacorps kämpfen sollte, bereitete sich gerade auf sein Offizierspatent vor. »Wo der doch nur Schlosser war wie Papa«, sagt meine Mutter, »hat er alles über Abendschulen gemacht.«

Onkel Josef hatte seine Jagdgewehre in der Diele an der Wand hängen. »Damit schießt Vati die Häschen tot«, erklärte mir die putzige Inge eines Tages. »So, wie macht er denn das?« Inge visierte über ihre ausgestreckten winzigen Finger und machte: »Piff, paff, puff!«

Piff, paff, puff - so etwas konnte sich auch nur eine Schickse einfallen lassen. »So macht man das.« Inge bekam ganz runde Augen, als ich eine Flinte von der Wand nahm, den Kolben an die Backe legte und mit aller Lungenkraft »päng« schrie. Das Dienstmädchen kam aus der Küche gerannt und schlug die Hände über dem Kopf zusammen. »Gib das sofort her. Wenn das die gnädige Frau sieht!«

An jenem zweiten Weihnachtstag bin ich zu Onkel Josefs Wohnung unterwegs, die eine halbe Stunde Fußweg von unserer Siedlung entfernt ist. Ich habe meinen Säbel auf den Mantel geschnallt. Mit strammem Schritt gehe ich, kerzengerade. Bewundernde Blicke von Kindern genieße ich ebenso wie amüsierte von Erwachsenen. Mein Wohlgefühl steigert sich, als der alte Milchbauer Wellpot, der von seiner Tour mit Pferd und Wagen nach Hause fährt, neben mir am Straßenrand auftaucht. »Der alte Zausel nimmt sich gerne einen.« Wahrscheinlich hatte er an diesem zweiten Weihnachtstag schon manchen guten Schluck eingeheimst. Als er mich mit meinem Säbel marschieren sieht, erhebt er sich vom Kutschbock des Milchwagens, schlägt schwankend die Hacken zusammen und legt salutierend die Hand an die Mütze. Nachdem ich den Gruß erwidert habe, fällt er wieder auf seinen Sitz zurück und zieht sich die Decke über die Knie. Das Pferd ist derweil ruhig weitergetrottet. Es kennt den Weg zum Stall.

Mein Auftritt mit meinem Säbel bei meinen Kusinen gelingt nicht wie geplant. Sie spielen gerade mit Vati. Karussellfahren. Das geht so: Onkel Josef hat einen Besen waagerecht hochgestemmt. An dem einen Ende hängt Marita, an dem anderen Inge. Onkel Josef dreht sich um die eigene Achse. Die kleinen Mädchen quieken vor Vergnügen. Inge muß als erste loslassen und plumpst auf den Hintern. »Darf ich auch mal Karussell fahren?« - »Nein, du bist mir zu schwer.«

Ebensowenig kann ich mit meinem Säbel gegen Inges und Maritas Weihnachtsgeschenk anstinken. In dem lichten Wintcrgarten steht ein richtiger Kaufladen. An den Seiten kann man Türen aufmachen und hinter die Theke gehen. Auf der Theke steht eine Kasse. Man drückt auf einen Hebel, dann klingelt es, und die Schublade springt auf. Die kleine Waage hat blitzblanke Schalen. In Fächern und Schubladen liegen die Lebensmittel, die man kaufen kann. Erbsen, Bohnen und Linsen aus Zuckerwerk. Äpfel, Birnen und Möhren aus Marzipan. Und niedliche spitze Tüten hängen an einem Haken. Marita ist die Verkäuferin. »Dafür ist die Inge noch zu klein.« - »Was darf es sein, bitte?« - »Ich hätte gern ein Pfund Möhren.«

Tante Cläre bekomme ich an diesem Nachmittag nicht zu Gesicht. »Sie hat Migräne«, sagt Marita mit wichtigem Gesicht.

Ein Jahr später ist Onkel Josef der erste Mann, den ich in meinem Leben weinen sehe. Er steht in Landseruniform mit einem Trauerflor am Arm am Sarg der kleinen Inge. Inge hat ein Kränzchen im Haar und sieht aus, als schliefe sie. Wenn da nicht der große schwarze Fleck auf dem rechten Bäckchen gewesen wäre. Inge war vor dem Hause mit einem Spielkameraden auf das Brückengeländer der Berne geklettert und hinuntergefallen. Tante Cläre nimmt nicht an der Beerdigung teil. Sie liegt mit einem Nervenzusammenbruch zu Hause. Inge ist keine vier Jahre alt geworden.

Zu den Geburtstagen gibt es Bücher. »Panzer von Calais«, ein Kriegsbericht, der mich mit seinen kriegstechnischen Darlegungen und den französischen Städtenamen überfordert. Da ist »Angreifen, ran, versenken!« schon besser. Die Aufzeichnungen eines U-Boot-Kommandanten. Im Periskop kann der Kaleu die Lichter an der Küste von Amerika erkennen. Das ist das Land, aus dem Shirley Temple stammt, das kleine Mädchen, das im Film immer singt und tanzt. Beide Bücher können übrigens meinen »Lederstrumpf« aus meiner Gunst nicht verdrängen.

Weihnachten 1941 bringt mir das Christkind eine Ritterburg. Sie wird nicht von Rittern bewohnt und bewacht, sondern von Soldaten der deutschen Wehrmacht. Ein Panzer ist auch dabei, der feuerspeiend über die Zugbrücke fährt und über drei Tafeln Schokolade klettern kann. Und ein offener Mercedes mit prominenter Besatzung. Drei Soldaten sind darin und Adolf Hitler. Die Soldaten haben einen Pinn im Hintern. Der wird in ein Loch auf dem Sitz gesteckt, damit die Soldaten nicht umfallen. Der Führer aber fällt immer um, wenn das Auto anfährt. Er hat keinen Pinn im Hintern. Das haben die Spielzeugfabrikanten wohl nicht gewagt. Der Führer sitzt auch nicht, er steht und hat die Hand zum deutschen Gruß erhoben. Von Jüppken Goebbels mit seinem Klumpfuß und dem dicken Göring habe ich übrigens nie Spielzeugfiguren gesehen.

Einen Churchill habe ich auch zu Weihnachten bekommen. Er ist aus Holz. Man erkennt ihn sofort an seiner Bombe auf dem Kopf, dem fleischigen Gesicht, der dicken Zigarre, dem vorgewölbten Bauch und dem Schwalbenschwanz. Mein Vater hat ihn gebastelt. Der Meister bei Krupp hat geschimpft: »Habt ihr eigentlich nichts anderes zu tun! Plötzlich baut hier jeder so einen Churchill!« Der Churchill hat zwei Beine hintereinander. Das vordere ist beweglich. Stellt man die Figur auf eine schiefe Ebene, humpelt sie, klipp-klapp, klipp-klapp, hinunter. Das sieht ulkig aus und wird allen Nachbarn im Haus vorgeführt. Ich lasse meinen Churchill meistens das Bügelbrett hinunterklappern. Man darf das Brett nicht zu steil anstellen, dann fällt er auf die Nase. Verzeihung, auf die Zigarre.

Die Churchill-Figur hatte bestimmt die Nazi-Propaganda ausgeheckt. Churchill war damals die populärste Feindfigur in Deutschland. Rundfunkkommentator Hans Fritsche übergoß ihn regelmäßig mit beißendem Spott, und wir Kinder sangen das Lied aus dem Radio nach:

»O Lügenlord, o Lügenlord,
zieh Segel ein, spring über Bord.
Dort unten ist ein Plätzchen frei
für den größten Lord der Seeräuberei.«

Immer mehr Todesanzeigen von Gefallenen erscheinen in der Zeitung. Legt man Pergamentpapier darüber, kann man die schwarzen eisernen Kreuze prima durchpausen. »Junge, geh nicht so reibe mit dem Butterbrotspapier um. Ist doch Krieg!«
»Was machst du denn da?« Der dreizehnjährige Arnold sitzt

hinter den dichten Weißdornsträuchern am Ende unseres Wohn-
blocks vor der Mauer zum Schulgarten über einem kleinen
Holzfeuer. »Ein Ritterkreuz.« Arnold hält mit der Zange eine
Blechbüchse über das Feuer. Darin schimmert es silbrig. »Das ist
Blei.« Arnold gießt das Blei in eine dicke rohe Kartoffel, in die er
die Form eines Ritterkreuzes geschnitten hat. »Woher hast du
denn das Blei?« - »Liegt an der evangelischen Kirche.« - »Ist da
noch mehr?« - »Sicher. Die Bombe, die auf den Spielplatz des
Kindergarten gefallen ist, hat auch die Kirchenfenster rausgehau-
en.« - »Wenn ich was hole, machst du mir auch ein Ritterkreuz?«
»Ritterkreuz?« Arnold zieht die Augenbrauen hoch. »Das kriegt
doch nicht jeder. EK 1 kannst du haben.«
Ich bin schon unterwegs. Die evangelische Kirche liegt hart am
Rande der Siedlung. Am Fuß der Kirchenwand liegen hinter den
Jasminsträuchern bunte Glassplitter und dünne Streifen der ehemaligen Bleieinfassungen. Vorsicht! In einigen Streifen sind
noch kleine Glassplitter drin.
Als ich zu Arnold zurückkomme, bohrt der gerade mit Zange und
Nagel ein Loch in sein Ritterkreuz. - »Machst du mir jetzt auch ein
Kreuz?« - »Gib her.« Er streckt die Hand nach meinem Bleifund
aus.
Arnold macht mir auch noch das Loch in das Kreuz. »Du darfst
es aber nur an der Brust tragen, nicht am Hals.« Stolz tragen wir
unsere silbrigen Kreuze aus dem Blei von Kirchenfenstern, Arnold am Halse und ich am Hosenträger.

Weihnachten 1942 liegt ein Gewehr unter dem Christbaum, mit
dem man sogar schießen kann. Vorne im Lauf steckt ein Korken,
der mit einem längeren Bindfaden an dem Gewehr befestigt ist.
Mit einer eingebauten Spiralfeder spannt man das Gewehr. Drückt
man ab, macht es plopp, und der Korken fliegt heraus.
Mein Vater hätte es lieber gehabt, wenn ich mein Augenmerk
mehr auf einen kleinen Karton gerichtet hätte, der ebenfalls unter
dem Tannenbaum liegt. Mit diesem Karton hat es seine Bewandt-
nis.
Als ich zehn Jahre alt geworden war, hatte meine Mutter zu mir
gesagt: »Du weißt doch sicher schon, daß nicht das Christkind die
Geschenke bringt, sondern daß Papa und ich sie kaufen.« Ich
wußte es. »Du bist jetzt schon so groß, da machen wir nicht mehr

am Weihnachtsmorgen die Bescherung, sondern am Heiligen Abend.«

Sicher hatte meine Mutter diese neue Regelung nicht uneigennützig getroffen. War ich ihr doch in den letzten Jahren am Weihnachtsmorgen jeweils gehörig auf die Nerven gegangen, indem ich so ab sechs Uhr wiederholt an ihr Bett trat: »Mutti, war das Christkind schon da?«

Am Heiligen Abend 1942 ist das Kinderzimmer ab sechs Uhr am frühen Abend für mich gesperrt. Der romantische Schein wird aufrechterhalten: »Geh da nicht rein, da ist das Christkindchen drin.«

Durch's Schlüsselloch zu gucken hat keinen Sinn. Der Schlüssel steckt von innen. Also muß ich an diesem Abend öfter auf das Klo als sonst. Denn auf dem Gang zum Klo komme ich an der Kinderzimmertür vorbei, hinter der es ab und zu so geheimnisvoll summt. Das »Christkindchen« in meinem Zimmer ist mein Vater. Das weiß ich.

Das Christkind kommt nicht um sieben Uhr, wie es eigentlich vorgesehen war. Es kommt auch nicht um halb acht. »Mutti, was dauert das denn so lange?« - »Weiß ich auch nicht.« Sie sieht wirklich ratlos aus.

Um acht Uhr brennen endlich die Kerzen am Tannenbaum. In meinem Zimmer klingelt die kleine Glocke. - »Ein Gewehr, ein richtiges Gewehr!« Ich habe nur Augen für das Gewehr. Ich lege es an und ziele. Plopp, Mutti ist tot. Plopp, Papa ist auch tot.

»Guck mal, da ist doch noch was.« Mein Vater zeigt auf den kleinen Karton. In dem Karton befindet sich ein Auto, ein Volkswagenmodell. Aber es ist nicht nur irgend so ein Auto zum Aufziehen. Man kann es lenken mit einem Steuerrad, von dem ein Stahldraht zum Auto führt. Und vorwärts und rückwärts fahren kann das Auto auch. Dazu gibt es in dem Karton Markierungen und Verkehrsschilder, mit denen man Straßenkreuzungen aufbauen kann.

Und das Surren hinter der Kinderzimmertür vor der Bescherung? Hatte mein Vater etwa die ganze Zeit mit dem Auto gespielt und mich warten lassen? Ja und nein. »Als ich es ausprobieren wollte, klappte der Steuerausschlag nach rechts nicht richtig«, sagt mein Vater, »das war mir als Autoschlosser doch nicht gut genug, wo es doch schon so schwer war, das Ding überhaupt zu besorgen.«

Das war nur mit Onkel Josefs Beziehungen gegangen. »Und als ich das Auto repariert hatte, mußte ich es doch ausprobieren«, grinst mein Vater.

Gut zwei Wochen nach Weihnachten sehe ich zufällig auf dem Balkon im Nebenhaus meinen Freund Heinz mit einem Gewehr hantieren. Der hat auch ein Gewehr! Aber, Gott sei Dank, ist es kleiner als meins. Auch sein Gewehr macht plopp und spukt einen Korken am Bande aus. »Ich habe auch ein Gewehr gekriegt«, rufe ich von Balkon zu Balkon, »komm doch rüber, dann spielen wir zusammen.« Heinz' Gewehr ist wirklich kleiner. Na, der Heinz ist ja auch jünger als ich. Auch der Lauf ist kürzer, aber er hat denselben Durchmesser wie der an meinem Gewehr.

Zunächst exerzieren wir bei mir im Zimmer. »Gewehr über, Gewehr ab! Präsentiert das Gewehr! Legt an, gebt Feuer!« Plopp. Bei einem der Schüsse reißt an Heinz' Gewehr das Band, und der Korken knallt gegen die Wand. Das ist ja prima! Das ist ja viel schöner, als wenn der Korken nach jedem Schuß an dem Bindfaden baumelt! Ich reiße auch an meinem Korken das Band ab. »Jetzt können wir richtig schießen«, freut sich Heinz.

Ich verteile meine Spielzeugsoldaten. Heinz greift sich den Adolf Hitler. »Mensch, nicht den Führer. Der darf nicht erschossen werden!« Jeder von uns setzt sich an einem Ende des Zimmers auf den Fußboden und baut seine Streitmacht vor sich auf. Dann beginnt das Gefecht. Plopp, fällt ein Soldat um, oder auch nicht, je nachdem, wie gut der Schütze gezielt hat. Da beide Gewehrläufe denselben Durchmesser haben, können wir unsere Korkenmunition wechselseitig verwenden. Jeder erschossene Soldat muß dem Gegner ausgeliefert werden.

Heinz kann den Korken, den ich gerade hinübergeballert habe, ohne etwas zu treffen, nicht finden. Er fingert unter der Nähmaschine herum, auf der auf einem weit herunterhängenden weißen Tischtuch der Christbaum steht. Jetzt taucht er wieder auf und grinst dabei so merkwürdig. Er bringt sein Gewehr in Anschlag. Der zielt ja gar nicht auf meine Soldaten, der zielt auf mich! »He, was soll das?« Heinz drückt ab. Prasselnd fliegt mir eine Ladung trockener Tannennadeln ins Gesicht. »Das kriegst du wieder!« Ich hole mir auch trockene Tannennadeln. Aus den bunten Papptellern, in denen nur noch die Äpfel liegen. Ein munteres Duell beginnt. Es rauscht und prasselt nur so.

Als meine Mutter zum Zimmer hereinwill, um mich zum Abendessen zu holen, erstarrt sie auf der Türschwelle. »Ja, seid ihr denn noch ganz gescheit?« - »Wir haben doch nur Krieg gespielt.« »Warte, jetzt spielen wir beiden Krieg. Wie soll ich das Zeugs denn wieder vom Boden hoch und aus dem Bett kriegen!« Heinz hat sich still davongemacht. Meine Mutter holt aus der Küche jenen ekligen langen Kochlöffel, von dem eine Hälfte abgesplittert war, als ich als Vierjähriger mein hölzernes Schaukelpferd zu einer härteren Gangart anspornen wollte. »Jetzt hat dein Föttken Kirmes!« Nächtelang pieksen mich nachher noch versteckte Tannennadeln in meinem Bett. Hinterhältig sitzen sie auch in den Maschen meines dicken Pullovers, den meine Mutter mir gestrickt hat. »Geschieht dir ganz recht«, sagt sie.

Zu unserem Weihnachtsritual gehörte es übrigens, zu Mersch im dritten Stock zum »Krippegucken« zu gehen. Die Krippe ist eine Augenweide und wird in jedem Jahr von Franz Mersch erweitert. Weihnachten 1942 nimmt sie die ganze Rückwand der Wohnküche ein. Von links nach rechts verläuft eine wundersame Landschaft bis hin zum Stall mit der Krippe. Es gibt Berge und Täler, Bäume und Wiesen, kleine Teiche aus Spiegeln mit Enten darauf und zierlichen Brücken darüber. Hirten und Schafe sind auf dem Weg zum Stall. Die heiligen drei Könige haben es schon fast geschafft. Wie lieb Ochs und Esel in die Krippe schauen! Da ist richtig Stroh drin.
Hinter der Krippe an der Wand hängt eine große Karte von Europa. Hierauf hat Herr Mersch von Kriegsbeginn an mit Kopfstecknadeln die Frontverläufe markiert. »Im Kaukasus packen wir den Iwan endgültig.« Jetzt gibt es nur noch im Osten auf der Karte Stecknadeln. Sie haben rote Köpfe. Im Südosten bilden die Stecknadelköpfe einen kleinen Kringel. Stalingrad.
Genau unter dem Kringel befindet sich an der Krippe das hölzerne, geschwungene Spruchband. »Friede auf Erden und den Menschen ein Wohlgefallen.«

»Willy, du Suffkopp!«

»Willy, steh auf!« Tante Minchen rüttelt ihn. »Aufstehen, Willy, Fliegeralarm!« Onkel Willy grunzt nur. »Willy, aufstehen! Du machst mich noch mal verrückt mit deiner Dickfälligkeit.« Aber Onkel Willy antwortet nur mit seiner Lieblingsformel: »Ich hab nicht Lust.« Wie immer gerät Tante Minchen in ohnmächtige Wut. Und ehe sie die Wohnung verläßt, um in den Luftschutzkeller zu gehen, ruft sie ihm noch über die Schulter zu: »Du alten finnigen ostpreußischen Hund.« Das macht Onkel Willy wach. Das tut ihm weh. Denn er ist Westpreuße. Auch in dieser Nacht kommt Onkel Willy als letzter in den Luftschutzkeller.

Onkel Willy ist ein Onkel, wie ihn sich ein Junge in meinem Alter nur wünschen kann. Wenn er einen guten Schluck getrunken und seine Zigarre, seine »Ssigare«, angezündet hat, kann er ein unerhörtes Garn spinnen. Seemannsgarn.

Willy Foth stammt von einem Gut, auf dem sein Vater der Verwalter war. »Das war so groß, daß es seine eigene Schule hatte.« Mit siebzehn Jahren verschwindet der Willy bei Nacht und Nebel von dem Gut, um zur christlichen Seefahrt zu gehen. »Da war bestimmt was mit einem Mädchen«, sagt meine Mutter. 1914 wird er zur kaiserlichen Marine eingezogen. Seine Vorgesetzten hielten aber nicht mehr viel von ihm, nachdem er beim Wacheschieben in einer finsteren, nebligen Nacht ein verdächtiges Geräusch gehört und nach dreimaligem Anrufen mit dem Bajonett zugestochen hatte. Er hatte eine verirrte Kuh erlegt. Fortan fanden seine Vorgesetzten, daß man ihn auf einem Schiff als Steward einsetzen sollte. Was Onkel Willy einige gute Rezepte für Fischgerichte einbrachte, mit denen er in unserer Familie großen Eindruck machte.

1918 gehörte Onkel Willy zu den meuternden Matrosen von Kiel. Seitdem steht er in der Familie in Verdacht, ein heimlicher Kommunist zu sein. »Hat der nicht auch mal Flugblätter verteilt?« Nach der Revolution, die eigentlich keine war, ging Onkel Willy ins Ruhrgebiet, um auf einer Zeche Arbeit zu finden. Er wurde Pferdeführer unter Tage, was ihm aber nicht lange zusagte. Es gelang ihm, bei der Straßenbahn angestellt zu werden. Erst als Schaffner, dann als »Führer«. »Der Willusch ist jetzt Beamter.« In Essen lernte er meines Vaters neun Jahre ältere Schwester

Minchen kennen, die dort im Laden eines Onkels als Verkäuferin arbeitete. Sie heirateten. Willy war seinem Minchen zuliebe katholisch geworden. »Willy, mach mal den Mund auf«, hatte Tante Minchen gesagt, als sie sich kennengelernt hatten. »Warum das denn?« - »Ich will sehen, ob du einen blauen Rachen hast.« - »Was soll denn der Unsinn?« - »Bei uns auf dem Dorf haben sie früher gesagt, alle Evangelischen hätten einen blauen Rachen.« Tante Minchen hatte meinen Vater, der in der Nähe von Soest auf einem Bauernhof arbeitete, nach Essen geholt, um ihn was Ordentliches lernen zu lassen. Nach dem Tode der Mutter hatten die älteren Geschwister meinen Vater zunächst zu einer Tante gebracht, einer bigotten Frau, die in einem kleinen Dorf mit einem Schreiner verheiratet war. »In dem Haus wurde ständig gebetet.« Sieben Fehlgeburten hat die Tante gehabt. Dann gebar sie endlich einen Sohn. Wer hätte daran gezweifelt, daß dieser Alwis Priester werden mußte. Vier Wochen vor seiner Priesterweihe ist er später in Rußland gefallen.

Tante Minchen besorgte meinem Vater, der bereits siebzehn Jahre alt war, eine Lehrstelle als Automobilschlosser bei der angesehenen Essener Spedition van Eupen. - »Es ist ein Roß entsprungen aus Eupens Pferdestall.« - Eine Kusine meines Vaters, Tochter aus dem Lebensmittelladen, in dem Tante Minchen arbeitete, war zusammen mit Änne Eschen, meiner Mutter, im Schwimmverein. Auch mein Vater trat in diesen Schwimmverein ein. Dort lernte er meine Mutter kennen.

Wenn Onkel Willy erzählt, sitzt er in seinem hölzernen Lehnstuhl unter der alten Wanduhr und raucht seine »Ssigare«. Mit brennender Zigarre geht Onkel Willy morgens aus dem Haus zur Arbeit. Dann hängt der Duft der Zigarre noch lange im Hausflur. »Ich rieche das gerne«, sagt meine Mutter, »das ist so männlich. Aber der Fritz raucht ja nur seine olle Piepe - Rottmann krüll.«

Wenn ich Onkel Willy zuhöre, sitze ich auf einer Armlehne des Sessels, die Füße auf seinen Schenkeln. Ich kann es immer wieder hören, wie Onkel Willy auf dem Gut in Westpreußen den Ziegenbock gezähmt und ihn dazu gebracht hat, sich vor einen kleinen Wagen spannen zu lassen. »Mit dem bin ich dann zur Schule gefahren. Hättest mal sehen sollen, wie die geguckt haben.« Wenn ein Junge den Ziegenbock ärgerte, hat der ihn umgeboxt, sich auf ihn gestellt und ihn vollgepinkelt.

Onkel Willy kann Schiffe aus Baumrinde schnitzen und Flöten aus Weidenholz. Und da sind noch die Schrebergärten, mitten in der Siedlung, wo Onkel Willy eine Parzelle hat. »Willst du eine Stange Rharbarber?« - »Uh, ist der sauer.« Dann lacht Onkel Willy und hält sich dabei die Hand vor den Mund.

Anfang Dezember 1940 kauft Onkel Willy Wein vom Faß. Die Silberhochzeit steht ins Haus. Der Weißwein wird im Keller in einer großen Korbflasche eingelagert. »Der wird noch besser, wenn er eine Zeitlang gestanden hat.«

Im Januar nächsten Jahres soll das Fest gefeiert werden. Seitdem der Wein eingelagert ist, hat Onkel Willy merkwürdig oft im Keller zu tun. Dabei nimmt er mich ab und zu mit. Ich darf dann mit dem Nikolaus telefonieren.Das Telefonieren ist geheimnisvoll und spannend.

Onkel Willy verschwindet hinter der Lattentür des Vorratskellers, die mit einem alten Teppich verkleidet ist. Ich muß vor der Tür im Kellergang bleiben. Onkel Willy schiebt nach einigem Rumoren einen dünnen Schlauch unter der Tür durch. Der riecht so merkwürdig. Der Schlauch ist das Telefon. Ich kann das Ende ans Ohr halten oder auch hineinsprechen.

»Hier ist der Nikolaus«, tönt es mit einem fremdartigen Hall aus dem Schlauch, »bist du auch immer brav gewesen?« Ich beeile mich, das zu versichern. »So, so«, sagt der Nikolaus, »was wünschst du dir denn vom Christkind?« - »Eine Burg.« - »So, so, dann will ich dem Christkind das mal berichten.«

Damit ist das himmlische Telefonat beendet, und ich habe feuchte Hände vor Aufregung. Anschließend kommt Onkel Willy aus dem Keller und erkundigt sich teilnahmsvoll, was der Nikolaus denn alles gesagt hätte. Erst Jahre später kam ich dahinter, daß für den fremdartigen Nachhall, den die Stimme des Nikolaus hatte, jene riesige Meeresmuschel im Kellerregal verantwortlich war, die Onkel Willy aus seiner Seefahrerzeit mitgebracht hatte.

Anfang Januar 1941 herrscht in unserem Haus emsiges Treiben. Die Silberhochzeit will vorbereitet werden. Die Frauen des Hauses - außer Frau Manzel, versteht sich - »Wer schon mit Sonntagsschuhen den Hausflur putzt!« - hocken zusammen und basteln Girlanden, Blumen aus Papier und ein großes Schild mit der silbernen 25. »Die kommt über die Korridortür.«

»Geh mal rauf zum Hans, der hat eine Schreibmaschine«, sagt

meine Mutter. Hans Mersch, der im Februar wie sein Bruder zur Marine gehen wird, öffnet mir die Tür. »Ach, du bist es, komm rein.« - »Ich will mal die Schreibmaschine sehen.«

Ich hatte noch nie eine Schreibmaschine gesehen. Ich wußte aber, wie eine aussah. Meine Mutter hat ein Foto von ihrer Schwester Hilde. Darauf sitzt Tante Hilde vor einer Schreibmaschine. »Die Hilde hat was im Köpfchen. Die hat Büro gelernt.«

Was der Hans in der Wohnküche auf dem Tisch stehen hat, soll eine Schreibmaschine sein? Das Ding hat ja nur zwei Tasten. Und was soll dieser dünne Metallstift, lang wie ein Bleistift, der an einem Gelenk sitzt? Und da, wo die Buchstaben sind, da sind die ja nur aufgemalt auf einer kleinen Tafel. Da kann man ja gar nicht drauf drücken.

»Dann guck mal zu!« Hans nimmt den Metallstift wie einen Bleistift in die Hand und tippt damit auf einen Buchstaben auf der kleinen Tafel. Mit der linken Hand drückt er auf eine Taste. Klick. Der Buchstabe, auf den Hans mit dem Stift getippt hat, erscheint auf dem Papier auf der Walze. Ein mühsames Geschäft. »Ist ein ganz altes Modell«, erklärt Hans, »habe ich von einem Kunden meines Meisters für fünf Mark gekauft.« Hans ist Schneider.

»Was schreibst du denn da?« - »Liedertexte.« - »Was für Liedertexte?« - »Für die Silberhochzeit von deinem Onkel.« - »Laß mal sehen!« - »Das ist nichts für Kinder.«

Einen Tag vor der Silberhochzeit werden Butterkremtorten gebacken. »Die Butter strecken wir mit Margarine.« - »Helmut, willst du die Schüssel auslecken?«

Die Torten werden über Nacht im Keller aufbewahrt. Niemand im Haus hat einen Kühlschrank. Die vornehmen Leute wie Tante Cläre haben einen Eisschrank. Da kommt der Eismann mit Pferd und Wagen. Der hat ein Leder auf der Schulter, damit er die Stangen besser tragen kann.

Tante Minchen und meine Mutter bringen die Torte in den Vorratskeller. »Willy!!!« Tante Minchens Stimme dringt markerschütternd aus dem Keller in den Treppenflur hinauf. »Willy, du Suffkopp!«

Tante Minchen hat entdeckt, daß die Korbflasche mit dem Wein nur noch halb voll ist. Für Tante Minchen gibt es keinen Zweifel daran, wer der Täter ist. Denn sie riecht an dem dünnen Schlauch, über den ich immer mit dem Nikolaus telefoniert habe.

Onkel Willy denkt gar nicht daran, den Frevel einzugestehen. Der Disput endet wie immer. Von einem bestimmten Zeitpunkt an sagt Onkel Willy nur noch gedehnt »Ja, ja, ja. Ja, ja, ja.« Damit bringt er Tante Minchen erst recht in Rage. Und es kommt, wie es kommen muß. Tante Minchen schießt ihre letzte Breitseite ab: »Du alten finnigen ostpreußischen Hund!«

Die Silberhochzeit leidet dennoch nicht unter Alkoholmangel. Die Hausgemeinschaft legt ihre Vorräte zusammen. Aus Tante Minchens Wohnküche sind ein Schrank und das Plüschsofa herausgeräumt worden. Die Nachbarn helfen mit Stühlen aus. Verwandte, Freunde, Nachbarn. Die Bude ist proppenvoll, wie meine Mutter bemerkt. Es gibt Butterkremtorte und abends Unmengen von Kartoffelsalat. »Willy, trink heute nicht so viel, bitte!« sagt Tante Minchen.

Nach dem Abendessen steigt die Stimmung. »Hoffentlich gibt es heute nacht keinen Fliegeralarm!« Bald heißt es: »Fritz, hol die Klampfe rauf!« Mein Vater geht in unsere Wohnung hinunter und holt seine geliebte Thüringer Waldzither vom Kleiderschrank. 1929 hatte er das Instrument in einem Trödelladen gekauft. Es ähnelt einer großen Mandoline. Nur der Bauch ist flacher. Die Waldzither hat vier Doppelsaiten und eine Baßsaite.

»Los, Fritz, mach mal einen!« - »Ja, Fritz, laß mal einen gehn!« »Moment, erst stimmen. Hat zu lange gelegen.« Pling, pling, pling. Pläng, pläng, pläng. Plong, plong, plong. Das kenne ich schon.

»Los Fritz, zuerst das Lied vom Floh!« Mein Vater nimmt seine Klampfe in den Arm und beginnt zu spielen und zu singen. Den Refrain müssen alle mitsingen.

»Fängt der holde Frühling an,
fangen alle Weiber mit dem Flohfangen an.
Fängt der holde Frühling an,
fangen alle Weiber mit dem Flohfangen an.

Zingezange, zingezange, trallala, tirallala, tirallala.
Floh, ach Floh, du armer Floh,
hast sechs Beine und du hopst noch so.

Macht der Floh den ersten Stich,
leckt man sich am Finger, und dann kratzt man sich.
Zingezange, zingezange, trallala ...«

Wie mein wortkarger Vater sich verändert, wenn er seine Waldzither im Arm hat. Dann werden seine Gesichtszüge ganz gelöst,
und seine Finger, krumm und schwer vom Feilen, huschen flink
über die Saiten.

»Wird's dem Floh im Hemd zu kalt,
macht er einen Sprung in den Böhmerwald.
Zingezange, zingezange, trallala ...«

Warum die Frauen bei dieser Strophe eigentlich immer so krei-
schen?

»Wird der Floh beim Stich ertappt,
wird er gleich gepfriemelt und kaputtgemacht.
Zingezange. Zingezange, trallala ...«

Nach einiger Zeit heißt es dann: »Los, Fritz, jetzt die Spanianola!« - »Ach ja, die Spanianola.«

Das Lied ist zu vorgerückter Stunde immer ein Lacherfolg. Mein
Vater hat es als junger Mann von »Onkel Heinrich« mitgebracht.
So hieß ein legendärer Wirt in der Altstadt, der mit seinen
Kellnern Gesangseinlagen gab und nur Gäste duldete, auf deren
Kosten er auch mal einen Scherz machen konnte. Die anderen
ekelte er raus. Vor allem die Pärchen, die sich nur bei einem Glas
Bier aufwärmen wollten. »Na, war es euch im Berner Wäldchen
zu kalt?« So originell wie der Wirt muß auch die Kneipe gewesen
sein.Wie mein Vater erzählte, hing ein dicker Knüppel an der
Wand, darunter ein Schild »Die Hausordnung«. Und der übliche
Hinweis »Toiletten« war ersetzt durch »Zur Tropfsteinhöhle«.

Die Spanianola also.

»Die reizende Spanianola,
die wollt ich poussieren amola.
Sie hieß Amanda Morteko
und wohnte in Bergeborbecko.

Ihr Vater, ein Polikarino,
der traf uns neulich im Kino.
Er kam mit Gummiknüppello,
verbleute mir Buckel und Fello.

Drauf ging ich ins Trocadero.
Da latschte sie hinter mir hero,
aß Pflaumentorte zuvielo,
mußte laufen zum Aborto-Latrino.

Vorbei war die Liebe ganz schnello.
Im Bauch hat sie Granato-Schrapnello.
Die reizende Spanianola.
Sie war eine Stinkadora.«

Mein Vater nimmt den Beifall der Korona entgegen. Meine Mutter streicht ihm liebevoll über die Glatze. »Mein Friedrich, was!«

»Änne, jetzt bist du an der Reihe!« Meine Mutter weiß schon Bescheid. Sie steigt auf einen Küchenstuhl, um ihr Couplet vorzutragen. Sie lupft mit einer Hand den Rocksaum über das Knie und nickt meinem Vater zu, der sie auf der Waldzither begleiten wird. Meine Mutter singt »Als ich noch im Flügelkleide zu der Töchterschule ging«.

Es kommt auf den Refrain an, in dem es immer anzüglich heißt: »Küssen kann ich schon, fürwahr, und bin doch erst siebzehn Jahr.« Bei dem Wort siebzehn lispelt meine Mutter kokett.

»Helmut, für dich wird's Zeit!« - »Ach, Mutti!«

Es hilft nichts. Ich kann nur erreichen, daß ich heute nacht bei Tante Minchen im kleinen Zimmer schlafen darf. Auf der Couch - Tante Minchen und Onkel Willy haben keine Kinder, aber eine Couch im Kinderzimmer - wird mir ein Bett gerichtet. »Läßt du bitte die Tür etwas offen!«

Meine Mutter läßt die Tür einen Spalt offenstehen, die Tür zur Wohnküche jedoch schließt sie. Schwach dringen die Stimmen zu mir herüber. Jetzt singen sie gleich die Lieder, die Hans Mersch auf seiner alten Schreibmaschine abgetippt hat. Eines singen sie auf der Melodie von »Nun ade, du mein lieb Heimatland«. In einer der Strophen kann ich die Worte verstehen »Die Minchen liegt verkehrt im Kahn. Der Willy hat's ihr angetan. Und ruhig fließt der Rhein«. Wieso müssen die Frauen denn wieder so quieken? Nach einiger Zeit kommt meine Mutter auf Zehenspitzen an die Zimmertür. Sie öffnet sie ein bißchen weiter und flüstert: »Helmut, schläfst du?« Ich tue keinen Mucks. Obwohl sie glaubt, daß ich schlafe, läßt sie die Zimmertür den kleinen Spalt offenstehen, wie sie es mir versprochen hat. Als sie in die Wohnküche zurückgeht, höre ich sie sagen: »Der schläft immer schnell ein. Wenn wir früher bei Verwandten gefeiert haben, hat er sich wie ein kleiner Hund unter den Tisch gelegt und gepennt.«

Das stimmt nicht ganz. Ich habe nicht immer geschlafen unter dem Tisch. Manchmal bin ich auch mäuschenstill wach geblieben und habe gelauscht, was die Erwachsenen sich zu erzählen hatten. Einmal haben sie von der »Reichskristallnacht« erzählt, daß man den Juden die Fensterscheiben eingeschlagen hätte.

Tage später habe ich gefragt: »Mutti, warum haben sie den Juden die Fensterscheiben kaputtgemacht?« - »Weil das böse Menschen sind.« - »Was haben sie denn getan?« - »Sie haben unseren lieben Heiland ans Kreuz geschlagen.«

Den lieben Heiland am Kreuz, den kannte ich natürlich. Der hing über den Ehebetten im Elternschlafzimmer. Das schwere Eichenschlafzimmer hatten meine Eltern 1931 bei einem jüdischen Essener Möbelhändler gekauft. »Gerade, als wir die letzte Rate bezahlen wollten, sind sie aus Deutschland geflüchtet«, erzählte meine Mutter später, »wir können ja auch nichts dafür, wenn sie das Geld nicht vollständig gekriegt haben.« Das Kreuz mit dem lieben Heiland ist ein stabiles Kruzifix. Aus demselben Eichenholz gemacht wie das Elternschlafzimmer.

Nun singen sie wieder, drüben in der Wohnküche. Das kann nur, wie immer am Ende einer solchen Feier, das Lied von dem armen Matrosen sein. Richtig!

»Köln am Rhein, du schönes Städtchen.
Köln am Rhein, du schöne Stadt.
Und darinnen ein Matrose,
der so gern die Freiheit hat.
Weil er nicht im Krieg wollt töten,
darum sperrte man ihn ein.
Und nun weinte der Matrose
in der Festung Köln am Rhein.«

So, das wäre geschafft. Jetzt kann ich einschlafen. In dieser Nacht gibt es keinen Fliegeralarm.

Eine Zeile zu singen wie »Weil er nicht im Krieg wollt töten, darum sperrte man ihn ein«, ist zu jener Zeit sicher eine politische Todsünde. Doch diese Idee wäre der Silberhochzeitsgesellschaft nie gekommen. Das war ja nur ein Lied. Was hatte das mit Politik zu tun! Das würde doch den Führer nicht aufregen. Der hatte ja auch Musik gerne. Und außerdem hatte der im Augenblick andere Sorgen. Der mußte ja gegen die Engländer Krieg führen, die uns jetzt nachts immer aus dem Bett schmeißen.

41

Onkel Willy, der meuternde Matrose von 1918, muß damals schon etwas anders darüber gedacht haben. »Der Willusch soll man ja vorsichtig sein mit seinem Schwarzhören.« - »Mutti, was ist Schwarzhören?« - »Das verstehst du noch nicht.« Den Onkel Willy deohalb »auf der Partei« anzuzeigen, auf die Idee wäre aber niemand gekommen. Selbst der Herr Weingarten aus dem Nachbarhaus nicht, wenn er es gewußt hätte. Herr Weingarten trägt das Parteiabzeichen und sagt immer ganz beleidigt »Heil Hitler«, wenn man ihm die Tageszeit wünscht. Dabei schmeißt er die rechte Hand über die Schulter. Meine Mutter hinter der Gardine: »Guck mal, wie Jüppken Goebbels. Hab ich in der Wochenschau gesehen.«

Und auch der dicke Herr Garnisch, Männes Vater, der SA-Mann aus unserer Straße, hätte Onkel Willy bestimmt nicht angezeigt. Ihn hätte auch das Lied von dem armen Matrosen nicht gestört. Der Grubensteiger ist ein gutmütiger Polterer, der eine kräftigen Schluck zu schätzen weiß und derbe Scherze liebt. Wenn er einen aufhat, singt er - das hat der Männe mir erzählt - »Hein spielt abends so schön unter'm Schlüpfer bei mir«. Oder »Einmal einen rein, und dann zu zwein alleine sein«.

Zu Führers Geburtstag hängen Herr Garnisch und Herr Weingarten immer die lange Hakenkreuzfahne zum Balkon hinaus. Wir stecken nur kleine Papierfahnen in die Blumenkästen wie die anderen auch. Den großen Jungen beschert Führers Geburtstag ein Vergnügen besonderer Art. Sie rennen hinter den Mädchen her, heben ihnen die Röcke auf und rufen: »Die Fahne hoch. Der Führer hat Geburtstag!«

Politik in Braun macht sich bei uns ansonsten kaum bemerkbar. SA marschiert nur über die Chaussee, und Hitlerjungen kommen nur selten in Uniform in die Schule. Irgendwann würde ich natürlich auch in die Hitlerjugend kommen. Und später in den Krieg ziehen, das ist doch klar, so wie Hans und Franz Mersch, Werner Passenberg, Helmut Pollack und Fritzchen aus Steele, der älteste Sohn von Vaters Schwester Traudchen.

Einmal nimmt mich Arnold Fuchs mit in das evangelische Gemeindehaus. »Da spielen heute die Fanfarenzüge.« Auf dem Podium im großen Saal stehen sie, die Bläser die Fanfaren auf die Oberschenkel gestützt, die Trommler die Trommelstöcke auf dem Trommelfell gekreuzt. Ein scharfes Kommando, Die Bläser

heben die Fanfaren an die Lippen, die Trommler die Trommelstöcke gekreuzt über den Kopf. Noch ein Kommando, und sie
legen los. Mensch, ist das laut! Nach einer halben Stunde gehe ich
enttäuscht nach Hause.

Nur einmal habe ich in unserer Siedlung eine Begegnung mit einem Hitlerjungen, die mir in Erinnerung bleiben sollte. Er kommt
in Uniform durch unsere Straße und trägt ein großes Segelflug-
zeugmodell vor sich her. Dem Jungen muß mein bewundernder
Blick geschmeichelt haben. Er bleibt neben mir stehen, als ich
frage: »Kann das richtig fliegen?« - »Türlich.« - »Laß mal
fliegen.« - »Hier auf der Straße?« - »Nur son'n bißchen.«

Tatsächlich hebt der Hitlerjunge sein Segelflugzeug in Augenhö-
he, visiert kurz über die Nase des Rumpfes und entläßt es mit
einem sanften Schubs. Das Modell segelt elegant über die Grünanlage zwischen den beiden Häuserzeilen hinweg. Mit offenem
Mund sehe ich, wie es auf das Fenster von Hasekes Wohnküche
zufliegt. Als es klirrt, bin ich schon auf dem Rückzug. Ich renne
aber nicht zu unserer Haustür, sondern durch die Gasse zwischen
den beiden Häuserblocks über den Hof und klettere hastig über
die Sandkiste vor dem Waschküchenfenster auf unseren Balkon.
Diesen Weg halte ich für angebrachter, damit der Hitlerjunge
nicht sehen kann, in welcher Haustür ich verschwunden bin.

Beim Klettern auf den Balkon habe ich mir das Knie aufge-
schrammt. »Heul nicht«, sagt meine Mutter, als ich zur Balkontür
hereinkomme, »ein Hitlerjunge kennt keinen Schmerz!«

Dabei bin ich doch noch gar kein Hitlerjunge.

Confiteor Deo omnipotenti

Selbstgebackenes Spritzgebäck gehört für mich zu Weihnachten, so weit ich zurückdenken kann. Im Advent 1940 backen meine Mutter und ich an einem Spätnachmittag Spritzgebäck. Mein Vater ist noch »auf der Arbeit«. Der Teig ist geknetet. »Hier, Helmut, willst du die Schüssel auskratzen?« Die Reste des frischen Kuchenteigs, die in der Schüssel hängen, in der er angerührt wurde, sind stets ein Vorgeschmack auf die Weihnachtsfreuden. Noch schnell den Holzlöffel abgeleckt, dann geht es los.

Meine Mutter hat den Fleischwolf an den kleinen Küchenschrank in der Kochnische geschraubt. Ich drehe die Kurbel und drücke mit der anderen Hand den Teigklumpen nach, den meine Mutter mir jeweils in den Trichter des Fleischwolfes steckt. »Paß auf, daß du mit den Fingern nicht in die Schnecke kommst!«

Im Fleischwolf dreht sich die gußeiserne Schnecke und drückt den Teig durch Formen, die man beliebig vor das Spundloch des Fleischwolfes stecken kann. Der Teig kommt als sechseckige oder flachgewellte Wurst aus der Form. Meine Mutter schneidet jedesmal ein Stück davon ab und legt sie als Stangen, oder zu Kringeln oder Brezeln geformt, auf das Backblech. Sobald ein Blech voll ist, wird es in den Backofen geschoben. Wie das duftet, wenn das Blech mit den fertigen Plätzchen dann wieder aus der Backröhre kommt. »Da, probier mal eins!«

Zwischen zwei Blechen raucht meine Mutter ihre geliebte Zigarette. Es klingelt an der Wohnungstür. »Wer kann denn das jetzt sein? Mach mal auf!«

Ich laufe zur Wohnungstür hinaus und die paar Stufen zur Haustür hinunter. Als ich sie öffne, steht Kaplan Heimers aus unserer Heimatpfarre St. Johann vor mir. »Guten Tag, Helmut. Na, willst du mich nicht reinlassen?«

Verdattert stehe ich in der Tür. Es ist das erstemal, daß uns ein Priester besucht. Befangen trotte ich hinter ihm her in die Wohnung zurück. Als ich die Korridortür schließe, klopft der Kaplan leicht an die Tür zur Wohnküche, die halb offensteht. »Ja bitte.« Kaplan Heimers steckt den Kopf zur Tür herein. Hinter ihm stehend sehe ich aus dem Augenwinkel, wie meine Mutter die Feuertür des Herdes aufreißt und blitzschnell ihre brennende Zigarette ins Feuer wirft.

»Ach, Herr Kaplan, das ist aber schön, daß Sie uns mal besuchen.« Der Herr Kaplan bekommt einen Platz auf dem Ledersofa angeboten. »Sie sind bei der Weihnachtsbäckerei. Lassen Sie sich bloß nicht stören. Ich besuche zur Zeit die Eltern der Kinder, die im nächsten Jahr am Weißen Sonntag mit zur ersten heiligen Kommunion gehen.« - »Die hier müssen noch eben in den Ofen, Herr Kaplan.«

Mit Eifer drehe ich die Kurbel am Fleischwolf. Unter den Augen des Herrn Kaplan will ich es besonders gut machen. - »Nicht so schnell, Junge. Ich komme ja mit dem Abschneiden nicht mit. So, Herr Kaplan, jetzt bin ich soweit.«

Kaplan Heimers erzählt, daß ich nach Weihnachten zum Kommunion-Unterricht angemeldet werden muß. »Herr Kaplan«, sagt meine Mutter, »es ist doch sicher nichts dagegen einzuwenden, wenn der Junge keinen blauen Kommunionanzug, sondern einen neuen braunen bekommt. Bei den Zeiten. Den braunen kann er doch immer wieder anziehen.« Der Herr Kaplan hat Verständnis dafür. Er bleibt nicht lange bei uns. »Ich muß noch weiter.«

In der Tür dreht sich Kaplan Heimers noch einmal um. »Ach ja, wir könnten noch Meßdiener gebrauchen. Nach der Erstkommunion wäre der Helmut doch genau in dem richtigen Alter. Überlegt euch das mal!«

»Mutti, darf ich Meßdiener werden?« Meine Mutter hat nichts dagegen. Ich merke, daß sie sogar ein bißchen stolz ist. Das hindert sie jedoch nicht daran, mich auszuschimpfen, als der Priester gegangen ist. »Wie oft habe ich dir schon gesagt, daß du die Leute an der Haustür laut begrüßen und hereinbitten sollst. Da sagt man doch: guten Abend, Herr Kaplan. Dann hätte ich doch sofort meine Zigarette ausgemacht. Hoffentlich hat der Herr Kaplan nichts gemerkt. Was soll der denn von mir denken!«

Meine Mutter geht nur an den Feiertagen zur Kirche. Mich aber hält sie an, jeden Sonntag die Messe zu besuchen, seitdem ich in die Schule gekommen bin. Daß sie nur noch selten zur Kirche geht, hat nichts mit der kirchenfeindlichen Politik der Nazis zu tun. Nach meiner Geburt war in ihrem Verhältnis zur Kirche ein Bruch eingetreten.

»Warum nur ein Kind?« hatte der Stabsarzt meinen Vater bei der Musterung gefragt. »Meine Frau ist nierenkrank«, Herr Stabsarzt. »Entschuldigen Sie bitte!«

Als meine Mutter mit mir im siebten Monat war, hatte es Komplikationen gegeben. Nierenkoliken. Kaiserschnitt. Siebenmonatskind. Gegen weitere Geburten hatte der Arzt im Krankenhaus Bedenken geäußert. Also Empfängnisverhütung.

Das hatte meine Mutter ihrem Priester gebeichtet mit dem Hinweis, sie werde weiter die Empfängnis verhüten. Daraufhin hatte der Beichtvater ihr die Absolution verweigert.

Wie mein Vater stammte meine Mutter aus einem streng-katholischen Elternhaus. Da mußte man selbstverständlich seine Sonntagspflicht erfüllen.

»Mein Vater ging jeden Sonntag nach der Messe mit seinen Innungskollegen zum Frühschoppen«, erzählte meine Mutter, »zu Weihnachten besuchten wir stets um Mitternacht die Uchte in der Gertrudiskirche. Einmal habe ich am Heiligen Abend als Kind einen Regenschirm geschenkt bekommen. Als wir zur Uchte gingen, war der Himmel zwar bedeckt, aber es wollte nicht regnen. Als wir dann in der Kirche waren, begann es richtig zu plästern. Da ich in der Bank ganz am Ende saß, habe ich mich herausgeschlichen, meinen Schirm aufgespannt und eine Runde um die Gertrudiskirche gedreht. Meine Mutter hat es natürlich doch gemerkt. Sie konnte jähzornig sein. So begann der Weihnachtstag zu Hause für mich mit einer Tracht Prügel.«

Die Nazis - »Der Führer hat dem Papa wieder Arbeit gegeben« - hatten die grundsätzliche Einstellung meiner Mutter zu ihrem katholischen Glauben nicht verändert. Nazis sind für sie gute oder schlechte Menschen wie alle anderen auch. Ohne Rücksicht auf etwaige Folgen erzählt sie zum Beispiel immer wieder die Geschichte von dem frechen Hitlerjungen Jeschke, der ihren Vater auf dem Gewissen habe.

»Kein gescheites Hemd hatten sie am Hintern, die Jeschkes, und immer waren sie mit der Miete in Rückstand. Aber als die Nazis dreiunddreißig drankamen, ist der Berni Jeschke nur noch in Hitlerjungen-Uniform herumgelaufen. Als unser Vater denen wieder einmal Vorhaltungen gemacht hatte wegen der Mietrückstände, schließlich war der ja Hausverwalter, haben sie ihn auf der Partei angezeigt. Er würde deutsche Volksgenossen schikanieren. Er würde niemanden schikanieren, hat unser Vater gesagt. Er wäre ein guter Staatsbürger, seit zwanzig Jahren städtischer Wohlfahrtspfleger und drei Jahre an der Front gewesen. Da haben sie auf der Partei gesagt, für einmal würden sie noch Abstand nehmen. Wenn unser Vater danach dem Berni im Treppenhaus begegnete, hat der sich ganz breit gemacht. So hat er die Ellenbogen ausgefahren. Und unser Vater konnte dem Rotzlöffel keine runterhauen, weil der doch die Hitlerjungen-Uniform anhatte. Über die Schikanen hat unser Vater sich so aufgeregt, daß er nach mehreren Schlaganfällen gestorben ist.«

Meine Mutter erzählt nicht dazu, daß mein Großvater viel von gutem Essen und Trinken hielt, daß er zehn Stunden täglich bei Stubenluft auf seinem Schusterschemel saß - ich kannte ihn nur mit hochrotem Kopf, dickem Bauch und krummem Rücken - und daß mein Onkel Josef mit seinen geschäftlichen Abenteuern, die immer wieder in Schulden mündeten, seinen Gutteil zu der Anfälligkeit für Schlaganfälle des Opa Eschen beigetragen hatte.

Nach meiner Erstkommunion, das kostbarste Geschenk bekam ich von Großtante Änne aus Clarholz, ein silbernes Kästchen mit einem Rosenkranz darin, beginnt im Frühjahr 1941 der Meßdienerunterricht.

Zu drei Jungen, einer davon ist in meiner Klasse, treffen wir uns in der Kaplanei in der Nähe der Kirche, in jenem typischen zweigeschossigen Backsteinbau.

Kaplan Heimers hat eine ruhige warme Stimme mit leicht rheinischem Einschlag. Viel Geduld wendet er auf, um uns in die lateinischen liturgischen Texte einzuführen. Vor allem geht es um das Stufengebet zu Beginn der Messe, das Priester und Meßdiener im Wechsel beten. Unseren Part müssen wir auswendig lernen, den des Priesters stichwortartig lernen, damit wir in der richtigen Weise darauf antworten können. Und dann proben wir das Stufengebet in der Kaplanei.

»Introibo ad altare Dei«, beginnt Kaplan Heimers. Und wir antworten: »Ad Deum, qui laetificat juventutem meam.« Gibt es wirklich einen Meßdiener, der dieses Confiteor richtig auswendig kann! Dieses endlose lateinische Gebet! »Confiteor Deo omnipotenti ...« - »Ich bekenne Gott, dem Allmächtigen ...«

Gott, der Allmächtige!

Und dann dieses Suscipiat, dieser Zungenbrecher. »... ad utilitatem quoque nostram, totiusque Ecclesia suae sanctae.«

Amen.

Wochen später gehen wir mit Kaplan Heimers zu den praktischen Übungen in die Pfarrkirche.

Wie groß die ist, wenn da niemand drin ist! Hier lernen wir am Altar erst einmal gehen. Gemessen, würdevoll und doch demütig. »Geht gerade und latscht nicht so. Und hebt die Füße hoch, damit ihr euch später nicht auf die Gewänder tretet.« Der Rat gilt besonders für jene Situationen, in denen wir während des Gottesdienstes die Altarstufen hinauf und hinunter müssen. »Mensch, sind die breit!«

Unsere Schritte hallen unter dem derben Schuhwerk durch die menschenleere Kirche. Doch schließlich weicht die Befangenheit - der liebe Gott im Tabernakel ist ja so ungewohnt nah -, und wir machen Fortschritte. Wir schreiten richtig. Kopf hoch, Augen gesenkt, Hände gefaltet. »Fingerspitzen immer schön schräg nach oben.«

Wir Neulinge sollen zunächst als Kerzenträger eingesetzt werden. In der rechten Hand die Kerze, die linke Hand auf die Brust gelegt. »Seht mal her! So, genau über dem Magen.«

Wir lernen die Verrichtungen des Rechtsdieners - »Das ist der wichtigere.« - und des Linksdieners kennen. Und wir lernen, wie man das schwere Meßbuch auf seiner Holzkonsole, dem Stühlchen, von einer Altarseite auf die andere trägt. »Linke Hand am linken Füßchen vorne, rechte Hand am rechten Füßchen hinten.«

»Muß du immer gerade halten«, raunt mir mein Klassenkamerad Heinz zu, »dem Münnich ist mal eins runtergefallen. Das hat vielleicht geklatscht.«

Wir lernen auch, bei der Opferung Wasser und Wein zum Priester zu bringen, und wie man das kleine weiße Handtuch mit einer Verbeugung entfaltet.

Richtig spannend ist die Übung mit den mehrglockigen Altarschellen. Drei Glocken verschiedener Größe sind unter einem Handgriff angeordnet. Sie klingen sehr melodisch, aber nur wenn beide Meßdiener sie genau gleichzeitig schwingen. Die Dinger sind richtig kitzelig. Die klingeln schon los, wenn man sie nur anguckt.

»Ihr müßt sie senkrecht anheben.« Kaplan Heimers macht es uns vor. »Und beide Meßdiener gleichzeitig.« Und dabei muß man noch im Knien auf der Altarstufe die Balance halten. Mein Klassenkamerad Heinz und ich knien nebeneinander.

»Jetzt!« Wir heben die Schellen von der Altarstufe hoch, und schon bimmelt meine verstohlen. »Noch einmal, jetzt!«
Senkrecht heben wir die Schellen hoch und schwenken sie dreimal kurz aus dem Handgelenk. »So ist es richtig«, lobt Kaplan Heimers.
Dieses unsäglich lange Confiteor muß ich zu Hause noch mal üben. »Das sitzt ja immer noch nicht«, hat der Herr Kaplan gesagt. »Papa, hörst du mich mal ab?«
Mein Vater, der in der Wohnküche auf dem Ledersofa sitzt, legt die Zeitung aus der Hand. »Dann gib mal das Gebetbuch her.«
»Confiteor Deo omnipotenti, beatae Mariae semper virgini ...«
Mein Vater legt das Gebetbuch aus der Hand und fällt mir ins Wort: »... beato Michaeli archangelo, beato Joanni baptistae ...«
Verblüfft schaue ich ihn an. »Du kannst das auch?« Mein Vater grinst. »Ich war auch mal Meßdiener. Alle Jungen in unserer kleinen Klasse auf dem Dorf waren Meßdiener.« - »Und das kannst du jetzt noch auswendig!« - »Was meinst du, wie wir das gelernt haben, in der Klasse. Wer das nicht konnte, kriegte was mit dem Rohrstock auf den Hintern.«
Na so was! Mein Vater und Meßdiener! Nie geht er zur Kirche.
»Der Papa ist müde vom Arbeiten. Der ist froh, daß er sich mal ausschlafen kann, wenn er sonntags nicht arbeiten muß«, sagt meine Mutter.
Erst später erfahre ich, daß auch er ein gebrochenes Verhältnis zur Kirche hat. Daß die ewig frömmelnde Tante Sophie, bei der er nach dem Tode seiner Eltern lebte, ihn geduckmäusert hat. »Jeden Morgen eine Stunde zu Fuß zur Kirche. Dann morgens beten, mittags beten, zum Abendessen beten und zur Nacht beten. Kniend vor dem Bett. Und alles, was Spaß machte, war Sünde.«

»Ich kann jetzt Latein«, sage ich zu meinem zwei Jahre jüngeren Spielkamerad Männe Garnisch. »Sag mal was.« - »Suscipiat Dominus sacrificium de manibus tuis ...« - »Was heißt das?« - »Weiß ich nicht.« - »Gehste jetzt auf die Oberschule?« - »Nee, ich bin Meßdiener.« Der evangelische Männe kann damit nichts anfangen und verliert schnell das Interesse an meinen Sprachkünsten.
Nach den großen Ferien wird es ernst mit der Meßdienerei. Wir drei Neulinge werden zum erstenmal in einem Hochamt als

Kerzenträger eingesetzt. »Um halb zehn zum Umziehen in der Sakristei«, hatte Kaplan Heimers gesagt.

Am Sonntagmorgen bin ich schon um viertel nach neun in der Sakristei. »Ich bin Schwester Donata.« Eine Ordensschwester empfängt mich. »Du bist sicher einer von den Neuen.« Ich nicke. Sie reicht mir die Hand. »Ich helfe euch beim Umziehen.«

Die Sakristei kenne ich schon. Hier haben wir das Aufstellen geübt zum Hinausgehen zum Altar. Doch jetzt erscheint mir der Raum mit den Wandschränken im gedämpften Licht sehr geheimnisvoll. »Du bist früh dran.« Schwester Donata flüstert fast.

Ich setze mich auf einen Stuhl in einer Ecke. Kurze Zeit später höre ich im Nebenraum leise Schritte. Das ist der Herr Pastor. Wie heißt der denn bloß noch? Schwester Donata huscht hinüber, um dem Herrn Pastor beim Anlegen des Meßgewandes zu helfen.

Nach und nach treffen jetzt alle Meßdiener ein, die für das Hochamt auf dem Dienstplan gestanden haben. Die vier, die am Altar jeweils zu zweit rechts und links dienen werden, die zwei älteren, die das Schiffchen mit den Weihrauchkörnern halten und den Weihrauchkessel schwenken dürfen - wenn man doch auch schon mal so weit wäre - und die beiden anderen Neulinge und ein jüngerer Meßdiener, die mit mir die Kerzen tragen werden.

»Gelobt sei Jesus Christus«, sagen die älteren Jungen, wenn sie die Sakristei betreten. »In Ewigkeit, amen«, antwortet Schwester Donata. Sie schließt die Wandschränke auf. Die erfahrenen Meßdiener greifen gleich zu. Sie holen mantelartige Gewänder aus den Schränken, knöchellang und vorne durchgehend geknöpft. Darüber kommt ein weißer, spitzenbesetzter Überwurf mit weiten, halblangen Ärmeln. Darauf wird ein breiter runder Kragen gebunden, aus dem gleichen Stoff wie der Mantel.

»Ihr zieht das an.« Schwester Donata hält mir einen knöchellangen Rock hin. In den muß man hineinsteigen, und dann wird er in der Taille zugebunden. Darüber kommt ein schlichter, hemdartiger Überwurf, ohne Kragen, mit ganz weiten Ärmeln. Alle Kerzenträger ziehen das an. »Gespensterhemden«, grinst einer der älteren Meßdiener, »so haben wir alle mal angefangen.«

»Los, los, aufstellen. Kerzen anzünden!« Schwester Donata flüstert energisch und ordnet uns in einer Zweierreihe hinter der Tür zum Altarraum. Dann kommt der Herr Pastor. »Gelobt sei Jesus Christus.« - »In Ewigkeit, amen.«

Schwester Donata öffnet die Sakristeitür. Die Orgel beginnt zu spielen. Der Meßdiener, der an der rechten Seite an der Spitze geht, zieht seitlich der Sakristeitür an einer dicken Kordel. Die Glocke bimmelt. Die Kirchenbesucher erheben sich von ihren Plätzen. »Introibo ad altare Dei.« - »Ad Deum, qui laetificat juventutem meam.« Das Hochamt hat begonnen.

Schnell rücke ich in der Meßdienerhierarchie auf. Es gibt nicht viele Meßdiener im Jahre 1942. Wenn die Tage kürzer werden und es morgens noch dunkel ist, wenn ich an Wochentagen die Messe diene, ergreift mich eine eigenartige Stimmung, wenn ich durch die dunkle Siedlung zur Kirche gehe. Dann bin ich stolz, daß ich nicht wie die wenigen Kirchenbesucher durch das Portal in die Kirche gehe, sondern durch einen Nebeneingang zur Sakristei, den nur Berechtigte betreten dürfen, die, die dazugehören. Die Stimmung verläßt mich auch nicht im Schummerlicht der Sakristei. Sie wird noch verstärkt vom Flüstern und Rascheln der allgegenwärtigen und dennoch unauffälligen Schwester Donata. Und dann danach der fast menschenleere, große, halbdunkle Kirchenraum, durch den die Worte des Priesters hallen. Wir Meßdiener antworten murmelnd, vor allem beim Confiteor.
Gegen Ende des Jahres kommt dann eines Sonntagsnachmittags endlich jene ersehnte Andacht mit Aussetzung und sakramentalem Segen, in der mein Klassenkamerad Heinz und ich abwechseln Schiffchen und Weihrauchkessel tragen dürfen. Ich halte die feingliedrige Kette in der Hand, an der das Weihrauchfaß hängt. Linker Daumen durch den Ring am Ende der Kette, rechte Hand in halber Höhe zwischen Ring und Weihrauchkessel um die Kette geschlossen. »So, jetzt langsam schwenken. Nicht so weit ausholen!« hatte Kaplan Heimers gesagt.
Mein Einsatz am Weihrauchkessel führt allerdings zu einem Zwischenfall, der Schwester Donata, die uns wie immer, im Rahmen der Sakristeitür stehend, mit den Augen dirigiert, an den Rand einer Ohnmacht bringt. Im Knien auf der Altarstufe halte ich einen Augenblick lang die rechte Hand mit den Ketten, an denen der Weihrauchkessel hängt, etwas zu tief. Ich schlage den Weihrauchkessel beim Schwenken gegen die Altarstufe. So hallt ein heller Glockenklang durch die Kirche, an einer Stelle der Nachmittagsandacht, die dafür bestimmt nicht vorgesehen ist.

Scheißmenschärgeredichnichtpüppkes

»Mutti, ich habe Ohrenschmerzen.« - »Die gehen schon wieder
weg.« Sie gehen aber nicht wieder weg. »Mutti, das tut so weh!«
- »Wirklich, dann zeig mal her!« Meine Mutter schaut in mein
rechtes Ohr. »Zu sehen ist aber nichts. Wir legen das Kamillen-
säckchen drauf. Sollst mal sehen, dann wird es besser.«
Meine Mutter holt das Kamillensäckchen aus dem Kleiderschrank.
Es sieht aus wie ein kleines Puppenkissen. Sie legt es zum
Anwärmen in die Backröhre des Herdes. »Jetzt legst du dich aufs
Bett. Mit dem Ohr auf das Kamillensäckchen.«
Vom Kamillensäckchen gehen die Schmerzen auch nicht weg.
Sie werden schlimmer, und ich beginne zu jammern. Meine
Mutter holt den Besen hervor und klopft mit dem Stielende in der
Wohnküche gegen die Zimmerdecke. Für Tante Minchen das
Zeichen, daß sie herunterkommen möge. »Die weiß bestimmt ein
altes Hausrezept.«
Tante Minchen weiß eins. Sie geht auf unseren Balkon, reißt von
den Geranien im Blumenkasten ein Blatt ab, rollt es zusammen
und steckt es mir ins Ohr. »Das hilft, hab ich bei Ernstchen auch
gemacht.« Ernstchen ist mein Kusin, von vieren der zweitjüngste
Sohn einer Schwester meines Vaters. Als Tante Traudchen vor
einigen Jahren an Krebs starb, wurden die Söhne für einige Zeit
auf die Verwandten verteilt. Ernstchen, zwei Jahre jünger als ich,
kam vorübergehend zu Tante Minchen und Onkel Willy.
Das Geranienblatt hilft auch nicht. Es wird eine unruhige Nacht.
»Pst, der Papa muß schlafen. Der muß doch morgen wieder
schwer arbeiten.« Zum Glück gibt es in dieser Nacht im Herbst
1942 keinen Fliegeralarm.
»Wir müssen den Arzt holen«, sagt meine Mutter am frühen
Morgen, »aber erst schreib ich dir eine Entschuldigung. Die kann
die Liesel mit in die Schule nehmen.«
Den Doktor kenne ich schon. Er ist ein gütig-freundlicher Mann,
der mich schon bei Masern und Scharlach behandelt hat. Der
Doktor schaut mir ins Ohr, drückt daran herum, drückt hinter das
Ohr, da wo die Drüsen sitzen. »Wo tut es mehr weh, hier oder
hier?« - »Es tut überall weh.« - »Wahrscheinlich eine Mittelohr-
entzündung. Ich schreibe Ihnen Tropfen auf für das Ohr. In drei
Tagen sehe ich dann noch mal rein.«

Von den Tropfen gehen die Schmerzen auch nicht weg. Ich bekomme Fieber. »Neununddreißigfünf«, sagt meine Mutter und schlägt die Quecksilbersäule wieder herunter. »Immer bekommst du gleich hohes Fieber. Ich gehe sofort zum Doktor.«

Immer bekomme ich gleich hohes Fieber. Bei den Kinderkrankheiten, von denen ich die gängigen alle mitgenommen habe, bei jeder Erkältung hieß es: »Der Junge hat wieder hohes Fieber, ich muß ihn einwickeln.« Dann wickelte meine Mutter mich in feuchte Bettücher, dicke Decke drum. »So, jetzt kannst du es ausschwitzen. Und quengele nicht. Du kommst erst wieder heraus, wenn du an jedem Haar einen Schweißtropfen hast.«

Wenn ich hohes Fieber hatte, fing ich an zu phantasieren. Dann fühlte sich das Deckbett an wie Schmirgelpapier. »Siebenmonatskind«, sagte mein Vater, »der ist nur halb gar gebacken.«

»Mutti, sing!« Nächtelang hat meine Mutter an meinem Bett gesessen und gesungen, wenn mich die Fieberschauer nicht schlafen ließen. »Sing, Mutti!«

»War einst ein Mädchen, jung an Jahren,
verführt von schnöder Jünglingshand.
Sie mußte schon so früh erfahren,
was falsche Lieb für Folgen fand.«

Nach der zweiten Strophe sank meiner Mutter der Kopf auf die Brust. Der Gesang wurde leiser. »Sing, Mutti, sing!« Die Stimme meiner Mutter wurde heiser. Ein Lied reichte nicht aus, um mich in den Schlaf zu singen. »Sing, Mutti!«

»In einem Walde in einem tiefen Tahale,
da wohnt ein Mädchen an einem Wasserfahalle.
Sie war so jung, so schön wie Milch und Blut.
Von Herzen war sie einem Räuber gut.«

Heiserer und heiserer wurde die Stimme. »Sing, Mutti!« - »Ja, Kind, ich singe gleich weiter. Ich hol mir nur mal eben 'ne Zigarette.«

Der Doktor kommt. »Wahrscheinlich eine Mittelohrvereiterung. Bei dem hohen Fieber kann ich die Verantwortung nicht länger übernehmen. Am besten ist, Sie bringen den Jungen ins Krankenhaus.« Ins Krankenhaus? Mir wird ganz flau im Magen.

»Bitte, bitte, nicht ins Krankenhaus!« - »Ach, das ist halb so schlimm«, sagt meine Mutter. »Sollst mal sehen, die machen dich da ganz schnell wieder gesund. Und was meinst du, wie schön das ist, wenn ich dich besuchen komme. Und der Heinz und der Männe, die kommen dich sicher auch besuchen.« Also ins Krankenhaus.

Das Marienhospital befindet sich gleich am Rande unserer Siedlung in der Nähe der Kirche. Auf dem Dach ist ein großes rotes Kreuz auf einem weißen Kreis. Meine Mutter schüttelt den Kopf. »So ein Blödsinn. Das sehen die feindlichen Flieger nachts doch sowieso nicht.«

Das riecht immer so komisch in so 'nem Krankenhaus. Auf der Station empfängt uns eine freundliche junge Ordensschwester. »Guten Tag. Wie heißt du denn. Ich bin Schwester Rosamunde.« Ich bekomme das Bett rechts hinter der Tür in einem Viererzimmer. Hinten im Bett neben dem Fenster liegt ein zwölf- bis dreizehnjähriger Junge, dessen rechtes Bein an einer Rolle aufgehängt ist. »Streckverband«, grinst er sachverständig, als er meine neugierigen Blicke sieht. Ihm gegenüber ein Junge und mir gegenüber ein Junge; beide etwas älter als ich.

»Ich muß jetzt gehen«, sagt meine Mutter nach einiger Zeit, »heut ist ja keine Besuchszeit. Morgen komm ich gleich wieder, dann ist Mittwoch. Mittwochs und sonntags ist Besuchszeit.« Ich habe einen Kloß im Hals und drehe mich mit dem Gesicht zur Wand. An der Tür ruft meine Mutter mir noch zu: »Und denk immer dran. Ein Hitlerjunge kennt keinen Schmerz!«

Als meine Mutter die Tür hinter sich geschlossen hat, ruft der Junge mit dem Bein im Streckverband zu mir herüber: »Biste auch schon bei den Pimpfen?« Ich antworte nicht. Ich bin ja auch noch nicht bei den Pimpfen. Ich habe mich im Bett zusammengerollt und die Decke über die Ohren gezogen. »Ich glaube, der heult«, sagt der Junge in dem Bett, das meinem genau gegenübersteht.

Am anderen Morgen wird mein Ohr gründlich untersucht. Sie stecken mir eine Hülse ins Ohr und leuchten mit einer Taschenlampe da rein. Natürlich sagen sie einem kleinen Jungen nicht, was für eine Krankheit er hat. Das sagen sie nicht mal meiner Mutter. Die erfährt nur, daß ich noch dableiben muß. »Du kriegst zunächst mal Bestrahlung, hat der Doktor gesagt.«

Ich beginne, mich an die Krankenhausroutine zu gewöhnen. Feine Butterbrote machen sie einem hier, so kleingeschnitten, daß man die Stücke gleich in den Mund stecken kann. Wenn keine

Marmelade da ist zum Frühstück, streuen sie einem Zucker drauf. Manchmal tut mein Ohr weh, manchmal nicht. Ständig habe ich einen Verband um den Kopf.

»Du siehst nicht aus wie ein Spiegelei, sondern wie ein Osterei«, stellt Alf fest. Das ist der Junge mit dem Streckverband. Ich habe einen ungeheuren Respekt vor ihm. Hubert, das ist der Junge mir gegenüber, hat mir zugeraunt: »Das ist ein Hitlerjungenführer. Der soll schon mal mit 'nem Taschenmesser geworfen haben, als der Doktor gerade rausgegangen war. Ist in der Tür steckengeblieben.« Ich sehe förmlich die zitternde Klinge in der Tür stecken, und mir läuft ein wohliger Schauer den Rücken herunter. Alf gegenüber liegt Williken.

Elend lang sind die Tage zwischen Mittwoch und Sonntag. Wann kommt denn die Mutti endlich? Willikens Mutter ist schon längst da. Wenn meine Mutter sich mal um ein paar Minuten verspätet, hab ich ein Gefühl, als bekäme ich Fieber. Aber sie kommt auch schon mal abends so eben reingehuscht, obwohl das ja verboten ist. Dann droht Schwester Rosamunde mit dem Finger. Aber sie lacht dabei. Schwester Rosamunde ist prima.

Meine Mutter hat mir Vaters halbrunde Mundharmonika mitgebracht, die immer so nach Tabak schmeckt. Rottmann krüll! »Ist 'ne gute Hohner«, sagte mein Vater, »hör mal, A-Dur. Eine besonders schöne Tonart.« Mein Vater hat mir das Spielen beigebracht.

»Plaum', Pflaum', zuckersüße Pflaum',
frischgepflückt vom Baum ...«

Ich necke Schwester Rosamunde mit der Mundharmonika. Wenn die junge Nonne zur Tür reinkommt, spiele ich »Rosamunde, schenk mir dein Herz und dein Ja«. Dann droht sie mir mit dem Finger und lacht dabei. »So 'ne schöne junge Frau und dann Nonne«, sagt meine Mutter, »steckt bestimmt 'ne unglückliche Liebe dahinter.«

Mit meinen Zimmergenossen habe ich mich inzwischen angefreundet. Alf, obwohl ans Bett gefesselt, ist unumstrittener Chef und Wortführer. Über unsere Krankheiten - Williken hatte den Blinddarm herausgenommen gekriegt und Hubert eine Lungenentzündung überstanden - kann er nur lachen. Was ist das gegen sein Bein, das demonstrativ im Streckverband hängt. »Der ist von einem Baum gesprungen«, flüstert Hubert ehrfürchtig.

Ich übe auf meiner Mundharmonika »Im Grunewald, im Grunewald ist Holzauktion«. Habe ich auch von meinem Vater gelernt. Für Alf sind solche Lieder Kacke, und er hält es für an der Zeit, daß wir nun endlich vernünftige Lieder lernen. Forsch singen wir nach seiner Anleitung »Wie oft sind wir geschritten auf schmalem Negerpfad«. Und als wir das intus haben, grölen wir nach kurzer Zeit auch im Chor so schaurig-schöne Sachen wie:

»In den Teichen schwimmen Leichen
mit aufgeschlitzten Bäuchen.
Drinnen stecken noch die Messer,
vergessen von Menschenfressern.
Humbahumba hassa, humbahumba hassa,
humba he, o he, o he!«

Wenn Willikens Mutter zu Besuch kommt, bringt sie meistens Willikens jüngere Schwester mit. Dann spielen sie Menschärgeredichnicht, und die Schwester muß sich furchtbar ärgern.

Hubert hat sich von seiner Mutter seine Spielzeugsoldaten mitbringen lassen. Die läßt er auf der Bettdecke exerzieren. Manchmal macht er mit den Knien ein Erdbeben, und dann fallen alle Soldaten um.

Erst als er Huberts Soldaten gesehen hat, läßt sich auch Alf von seiner Mutter ein Spielzeug mitbringen. Es ist eine Kanone. Die kann man mit einer Feder spannen und vorne eine silbrige Holzgranate hineinstecken. Mit der Kanone schießt Alf auf Huberts Soldaten. Und dann kommandiert er. »Ej, du, bring mir mal die Granate wieder!« Dann befindet er: »Jetzt spielen wir richtig Krieg.«

Hubert muß seine Soldaten unter uns aufteilen. Nein, Williken kriegt keine. Der muß seine Menschärgeredichnichtpüppkes nehmen. Die Soldaten werden auf den Besucherstühlen vor den Betten aufgestellt. Williken stellt die Holzpüppkes auf. Dann werden Kanone und Soldaten von Bett zu Bett geworfen, und jeder schießt einmal damit auf die Truppen seines Gegenüber. Aber man kommt kaum zum Schießen. Ständig muß man die kleine Granate im, neben und unter dem Bett wiedersuchen.

Das wird dem Alf auf die Dauer zu langwierig. Denn überhaupt kann man mit der Kanone ja kaum was treffen und Willikens Scheißmenschärgeredichnichtpüppkes schon gar nicht. »Werft mir mal eure Waschlappen rüber!«

Waschlappen? Was will der Alf denn mit Waschlappen?

Alf pfriemelt die Waschlappen, in die man mit der Hand hinein-
fahren kann, zu einem Ball zusammen. Da die Waschlappen
feucht sind, liegt der Ball gut in der Hand. »Den nehmen wir jetzt
statt der Kanone.« Jetzt wird reihum mit dem Waschlappenball
auf die Soldaten geworfen, und Willikens Scheißmenschärgeredichnichtpüppkes fliegen nur so durchs Zimmer.

Williken muß ständig aus dem Bett steigen, um sie wieder
einzusammeln. »Das ist doch was anderes als die Kanone«, grinst
Alf. Aber auch Hubert und ich steigen ständig aus dem Bett, teils
um unsere erschossenen Soldaten aufzulesen, teils um den Waschlappenball vom Boden aufzuheben. Nur Alf hat das alles nicht
nötig. Schließlich kann er mit seinem Bein im Streckverband ja
nicht aus dem Bett steigen. Er winkt nur mit der Hand, und wir
bringen ihm seine Soldaten und den Waschlappenball.

Alf bekommt sein Bein aus dem Streckverband befreit und kann
nun im Zimmer herumhumpeln. Das wird Willikens Menschärgeredichnichtpüppkes zum Verhängnis.

Alf hat sich von seiner Mutter Papierservietten und Nähgarnreste
mitbringen lassen. Daraus bastelt er Fallschirme. Die Holzpüppkes sind die Fallschirmspringer. Williken muß sich auf einen
Stuhl stellen und die Fallschirme zum Fußboden niederschweben
lassen. Doch nach einer Weile ist Alf das nicht mehr spannend
genug. »Jetzt spielen wir mal richtig Kreta.«

Er nimmt die Fallschirme, geht damit zum Fenster und öffnet es.
Und dann schweben einige von Willikens Menschärgeredichnichtpüppkes aus dem zweiten Stock einem ungewissen Schicksal entgegen. Willikens zaghaften Protest erstickt Alf mit einem
Blick.

Es wird nichts mit meiner Entlassung aus dem Krankenhaus,
obwohl mein Ohr kaum noch weh tut. Plötzlich steigt die Fieber-
kurve, die am Fußende meines Bettes hängt. Neununddreißigfünf. Der Doktor schüttelt bei der Visite seinen Kopf. Schwester
Rosamunde macht ein besorgtes Gesicht.

»Herr Doktor, hab ich gesagt«, erzählt meine Mutter später, »Herr
Doktor, seit wann hat denn mein Sohn eine Lungenentzündung?
Eine Lungenentzündung? Hat der Doktor gefragt, woher wollen
Sie das denn wissen? Herr Doktor, hab ich gesagt, ich kenn doch

meinen Jungen. Wenn bei dem die Nasenflügel so beben, dann hat er eine Lungenentzündung.«

Ich habe eine Lungenentzündung. Sie rätseln, ob das von den nächtlichen Fliegeralarmen kommt, in denen wir aus den Betten geholt, wie die Ölsardinen auf ein Bett mit Rädern gepackt und dann in den Luftschutzkeller verfrachtet werden. Ich weiß es besser. Doch ich werde den Teufel tun und ihnen erzählen, wie oft ich in den letzten zwei Tagen aus dem Bett gesprungen bin, um Soldaten aufzulesen oder den Waschlappenball unter dem Bett zu suchen. »Los, nu mach schon, wirf den Ball rüber!«

Das Fieber steigt. Ich liege schlapp in den Kissen. Jetzt kommt mich auch mein Vater mit meiner Mutter besuchen. Er zwickt mich mit Daumen und Zeigefingern an den Haaren. »Na, du Heringsbändiger, was machst du denn für Sachen!«

Nachts phantasiere ich im Fieberwahn. »Mutti, sing.« Aber keine Mutti ist da.

Eines Nachts entdeckt mich eine Schwester, wie ich im Nachthemd und auf nackten Füßen über den Flur spaziere. »Wo willst du denn hin?« - »Zu Tante Cläre und Marita und Inge.«

Mein rechtes Ohr meldet sich wieder. Und eines Morgens entdeckt eine Schwester, daß der Kopf direkt über dem Ohr anzuschwellen beginnt. Bald ist die Schwellung so groß wie ein Hühnerei. Immer mehr Ärzte kommen im Laufe der nächsten Tage an mein Bett. Röntgenaufnahmen bringen keinen Aufschluß. Um meinem Kopf trage ich einen dicken wärmenden Verband, der nur abgenommen wird, wenn ich Bestrahlung bekomme.

Längst ist mir nicht mehr zum Spielen zumute. Meine Bettgenossen sind entlassen worden, zwei der freigewordenen Betten neu besetzt. Wenn meine Mutter neben meinem Bett sitzt, hat sie verweinte Augen. Die Ärzte haben sie zu einer Besprechung geladen. Wahrscheinlich hätte ich einen Abszeß im Kopf. Man wolle zunächst weiter bestrahlen. Ich werde weiter bestrahlt, mit Rotlicht. Der Kopf schmerzt nicht und das Ohr auch nicht.

Nach acht Tagen ist der Zustand unverändert. Meine Mutter wird erneut zu einer Besprechung gebeten. »Sie haben gesagt, sie müßten wahrscheinlich den Schädel aufmeißeln, damit der Abszeß nicht bis ins Gehirn geht«, erzählt meine Mutter später. »Ich sollte dazu meine Einwilligung geben. Da muß ich aber zuerst mit meinem Mann sprechen, habe ich zu dem Doktor gesagt, und sie sollten mir drei Tage Bedenkzeit geben.«

Am dritten Tag dieser Bedenkzeit geschieht das Wunder. Als die Schwester meinen Kopf zur Bestrahlung auspackt, stutzt sie, rennt aus dem Zimmer und kommt mit einem Arzt wieder. Der beguckt meinen Kopf, betastet ihn und sagt:»Tatsächlich!«

Die Schwellung geht zurück. Auch mein rechtes Ohr meldet sich wieder. Aber es tut nicht besonders weh. Meine Mutter sitzt an meinem Bett und weint vor Freude.»Das hat die Muttergottes gemacht«, schluchzt sie.

Bis an ihr Lebensende wird meine Mutter davon überzeugt sein, daß die Muttergottes das Wunder bewirkt hat.»Ganz allein bin ich in die Kirche gegangen und habe zur Muttergottes gebetet, gebetet wie lang nicht mehr.«

Zehn Tage nach der Entdeckung der Krankenschwester werde ich aus dem Krankenhaus entlassen.»Der Arzt hat gesagt, vierzehn Tage wären besser. Aber ich wollte dich wieder bei mir haben.« Ich muß zu Hause noch einige Tage das Bett hüten. Meine Mutter holt meine Spielkameraden Heinz und Männe herbei und stellt sie am Fußende meines Bettes auf.»Da ist er wieder. Guckt euch das Blaßmänneken an!«

Fast drei Monate war ich im Krankenhaus.

Noch im Krankenhaus hatte ich in der Euphorie der Genesung einem Vorschlag meiner Mutter zugestimmt.»Du bist doch jetzt ein großer Junge, viel zu groß für das Auto. In diesem Jahr bist du doch schon gar nicht mehr gefahren. Und der Udo in Schwetzingen, der ist jetzt in dem richtigen Alter. Was meinst du, wenn wir dem Udo das Auto zu Weihnachten schenken?«

Mein Auto, das Prunkstück unter meinen Spielsachen. Mein Vater, der Automobilschlosser, hat es gebaut, als er arbeitslos war. Als ich drei Jahre alt war, hatte ich es zu Weihnachten bekommen. Mein Vater hatte es ebenso formschön wie technisch exakt gebaut. Man konnte bequem darin sitzen und es mit dem von meinem Vater ausgeklügelten Tretmechanismus ziemlich auf Touren bringen. Es fuhr nicht so jibbelig, wie mein Vater es ausdrückte, wie die feinen, kleineren Tretautos aus dem Spielzeugladen, die die Kinder reicher Eltern damals schon hatten. Und wenn ich damit - zumeist in Begleitung meiner Mutter - auf der Straße erschien, zog ich schnell einen Rattenschwanz bewundernder Kinder hinter mir her. Es war knallrot lackiert, Kühlergrill und Räder mit Silberbronze abgesetzt. Bis auf die Metallmechanik, die mein Vater in einer benachbarten Schmiede anfertigte, hatte er das Auto im wesentlichen in unserer damaligen Zwei-Zimmer-Wohnung in der Innenstadt gebastelt.

»Papa, was machst du da?« - »Eine Lederkiste für Onkel Franz.« Drei Tage später. »Papa, wird das eine Lederkiste für Onkel Franz oder ein Auto?«

Onkel Franz, der ältere Bruder meines Vaters, der Schuhmacher gelernt hatte wie sein Vater, hatte sich in der Innenstadt selbständig gemacht. »Schnellschuhsohlerei Franz Spiegel«. Das war ausgerechnet in jener Straße, in der auch Mutters Vater seine Schuhmacherwerkstatt hatte, keine zweihundert Meter davon entfernt.

»Franz, das kannst du doch nicht machen«, hatte mein Vater zu seinem Bruder gesagt, »du mit deinen modernen Maschinen. Du machst meinen Schwiegervater doch kaputt!« Was er denn mit meinem Schwiegervater zu schaffen habe, hatte Onkel Franz nur gesagt. Und Konkurrenz hebe das Geschäft. »Aber ich hab mich geschämt und meinen Bruder ein halbes Jahr nicht mehr besucht«, erzählte mein Vater.

Jetzt sollte also der Udo in Schwetzingen das Auto haben. Udo ist der Sohn von Onkel Paul, einem Bruder meiner Mutter, der als Offizier bei Rommel in Afrika ist. Tante Lina wohnt mit Tochter Ursula und dem jüngeren Sohn Udo in Schwetzingen in der Panzerkaserne.

Meiner Mutter fällt es nicht schwer, mich zu überreden, als großer Junge großzügig auf das Auto zu verzichten. Mein Vater bringt es noch einmal mit Pinsel und Putzlappen auf Hochglanz. Dann baut er einen Holzverschlag drumherum, und ab geht das Auto als Frachtgut auf die Eisenbahn.

Tante Lina schreibt aus Schwetzingen einen begeisterten Brief an meine Mutter. Darin heißt es: »Alle Rekruten rennen auf dem Kasernenhof hinter dem Auto her. Der Udo ist selig. Sag deinem Fritz, er ist ein Genie.«

Zu Weihnachten 1946 erfährt auch der Udo von seiner Mutter, daß er jetzt ein großer Junge sei. Viel zu groß für das Auto. Und der kleine Alfred in Essen, der wäre jetzt in dem richtigen Alter.

Alfred ist der Sohn von Tante Hilde, der jüngeren Schwester meiner Mutter. So kommt das Auto nach Essen zurück. Ob auch Tante Hilde befunden hat, daß mein Vater ein Genie sei, ist nicht überliefert.

Im Frühjahr 1947 habe ich dann mein Auto bei Tante Hilde wiedergesehen. Tante Hilde und Onkel Alfred wohnten in einer Notbehausung in der Fabrik, in der sie beide auf dem Büro arbeiteten.

Als ich bei meinem Besuch in das Fabriktor einbiege, kommt mir der kleine Alfred mit »meinem« Auto entgegen. Wie sieht das denn aus! Von Lack keine Spur mehr, die Räder eiern, und am Heck ist die Sperrholzverkleidung herausgeschlagen worden. So hat sich Alfred eine Ladefläche geschaffen. Auf ihr transportiert er behauene Trümmersteine, die sich in jenen Tagen gut an Bauwillige verhökern lassen. Und jetzt ist Alfred mit dem Auto unterwegs, um seine Fracht gewinnbringend an den Mann zu bringen.

Der Städtske, der den Baum gemalt hat

»Da seid ihr ja!« Tante Änne hat meine Mutter und mich mit dem Bollerwagen vom Pengelanton abgeholt. Der Pengelanton ist die Kleinbahn, die unter ständigem Bimmeln die Landstraße zwischen Münster und Lippstadt entlangfährt. »Blumenpflücken während der Fahrt verboten«, hat meine Mutter gelacht, als wir auf dem Bahnhof in Rheda in die Kleinbahn umgestiegen sind. Das Dorf Clarholz, in dem wir jetzt im Januar 1943 angekommen sind, liegt an dieser Straße zwischen Münster und Lippstadt, fast in der Mitte der Strecke Rheda - Warendorf.

In einem Brief hatte Tante Änne uns zugesagt, meine Mutter und mich fürs erste in ihrem Haus aufzunehmen. Dann würde man schon weitersehen. »Da du Schneiderin bist, Änne«, hatte sie geschrieben, »wird es nicht schwer sein, dich und den Jungen bei einem Bauern unterzubringen.« Meine Mutter hatte sich gewundert: »Daß die uns bei sich aufnimmt. Wo sie doch so kniepig ist.« Tante Änne ist Mutters Patentante, eine Schwester ihrer Mutter. Eine geborene Klindt, die aus einer großen Familie in Münster stammt. »Klindts kleine Kinderkes kacken kleine Köttelkes«, hatten die Kinder auf der Straße in Münster hinter den Klindts hergerufen.

»Hier könnt ihr vorerst wohnen.« Tante Änne zeigt uns die beiden Zimmer. In dem kleineren steht ein großes Bett, das andere ist die gute Stube des Hauses. »Daß du mir nicht mit den Füßen an die Tischbeine stößt«, sagt meine Mutter. Wie komisch die Tante Änne spricht. Das R vorne auf der Zunge, das G stimmlos ganz hinten im Hals. »Mein Chott Chustav, hast du schöne Cheorchinen im Charten«, grinst meine Mutter. »So, jetzt muß ich erst den Laden wieder aufschließen«, sagt Tante Änne.

Tante Änne hatte vor dem ersten Weltkrieg in Clarholz den Landarbeiter Heinrich Pötter geheiratet. Pötter ist ein verbreiteter Namen in diesem Dorf mit den knapp zweitausend Einwohnern. Es gibt den Bauern Pötter, den Schreiner Pötter und den Bäcker Pötter. Zum Unterschied von ihnen heißt Tante Änne Konsum-Pötter. Onkel Heinrich war nach dem ersten Weltkrieg krank aus sibirischer Gefangenschaft zurückgekommen, bettlägerig geworden und noch vor dem zweiten Weltkrieg gestorben. Um sich und ihre drei Söhne durchzubringen, hatte Tante Änne in ihrem Haus an der großen Durchgangsstraße, an der der Pengelanton entlangfährt, einen Kolonialwarenladen eröffnet und sich einer Konsumgesellschaft angeschlossen.

Vage Erinnerungen habe ich an dieses Haus. 1937 bin ich hier einmal mit meinen Eltern zu Besuch gewesen. Anlaß war das legendäre Clarholzer Schützenfest. Am besten erinnere ich mich daran, wie ich Vetter »Fränzken«, Tante Ännes jüngsten Sohn, bewunderte, als dieser über das große Hoftor hinweg mit faulen Tomaten, die Tante Änne im Laden ausgesondert hatte, den Pengelanton bewarf.

Im Januar 1943 sind die beiden älteren Söhne Theo und August als Soldaten an der Front. Fränzken, 15 Jahre alt, ist in der Kaufmannslehre. So wohnen nur Tante Änne und Fränzken mit uns in dem großen Haus. Angesichts unserer 49 Quadratmeter großen Wohnung in Essen bewundere ich es sehr.

Mir imponiert besonders die große Veranda mit dem Balkon darüber, durch die man das Haus von der Hofseite her betritt. »Die Veranda und den Balkon hat Tante Änne extra für Onkel Heinrich anbauen lassen, damit er in der Sonne sitzen konnte, wo er doch so schwer krank war«, sagt meine Mutter. Rechtwinklig zum Haus steht in das Gartengrundstück hinein ein flacher Anbau, in dem sich die Waschküche, das Plumsklosett sowie der Stall für Ziege und Kaninchen befinden.

Meine erste Aufmerksamkeit erregt die große Wasserpumpe im Hausflur, der Deele. Am Ende eines langen, aus Stein gehauenen Spülbeckens ragt sie empor mit ihrem armdicken Rohr, das oben mit einem blanken Messinghütchen verschlossen ist. Der lange, gebogene Schwengel hat am Ende einen dicken runden Knauf. Schwingt man den Pumpenschwengel, was ich mit beiden Händen tun muß, seufzt es in der Tiefe, und aus dem breiten, flachen Hahn schießt ein Wasserschwall heraus. Brr, ist das kalt. »Junge, laß das, das ist doch kein Spielzeug«, sagt meine Mutter.

In der Deele riecht es nach gelagerten Lebensmitteln. Der Geruch verstärkt sich, wenn man auf die kleine, geländerlose Holztreppe zutritt. Die Treppe führt über den Eingang zum Lagerkeller in einen weiteren Lagerraum, an den sich die Küche anschließt. Die Treppe hat es in sich. Zieht man an einem Seil, hebt sie sich und gibt den weg frei die Kellertreppe hinunter. »Junge, laß das, das ist doch kein Spielzeug«, sagt meine Mutter.

Der Anbau im Hof hat grobgezimmerte Holztüren. Der Geruch weist den Weg zum Plumsklo. Mal reinschauen. An der Rückwand sind zwei Kisten, mit runden Deckeln drauf. Eine ist niedriger, für Kinder. Ich hebe den Deckel der kleineren Kiste hoch. Fliegen kommen heraus und schwirren an meinem Gesicht vorbei. Pfui, Teufel, wie das stinkt!

Da riecht es im Stall schon angenehmer. Neugierig hebt die Ziege ihr bärtiges Gesicht. In dem Koben daneben drei kleine Kaninchen. Sind die niedlich!

Auf dem Grundstück gibt es noch einen Bewohner, den meine Besichtigungstour reineweg aus dem Häuschen bringt, aus dem Holzhäuschen. Es ist Fiffi, der in einer kleinen Hundehütte im offenen Schuppen haust. Die flinke Promenadenmischung, einer jener Hunde, die auch so aussehen, wie sie heißen, fährt ständig mit rasselnder dünner Kette aus der Hütte, zerrt giftig kläffend an der Kette, verschwindet in der Hütte und erscheint wieder, um das aussichtslose Spiel von vorn zu beginnen. Später werden wir Freunde.

Über die kleine Zugtreppe in der Deele gelangt man nicht nur zur Hofseite hin in die Küche, sondern auch zur Straßenseite hin in den kleinen Laden. Tante Änne, eine kleine resolute Frau mit Knotenfrisur, bedient gerade eine Kundin. Wenn sie miteinander sprechen, verstehe ich kein Wort. Plattdeutsch.Das sollte sich bald ändern. Ich bleibe in der Tür stehen, bis die Frau gegangen ist. »Na, kommst du mich besuchen?« sagt Tante Änne. Sie zieht in einem Regal eine kleine Schütte auf. »Da!« Von einer niedlichen Holzschaufel rollen Liebesperlen in meine Hand.

Als ich zu meiner Mutter in die gute Stube komme, schaut die in meine hohle Hand. »Hat sie dir was gegeben? Das wundert mich aber. Die ist nämlich kniepig.« Mußte sie wohl irgendwann geworden sein, die Tante Änne. Alleinstehend mit ihren drei Söhnen, dem Laden und dem großen Haus.

»Nur gut, daß Theo und August nicht in Stalingrad dabeiwaren.« Darüber sprechen Tante Änne und meine Mutter in den ersten Tagen in unserer neuen Heimat. Auch in Tante Ännes Laden fällt immer wieder das Wort Stalingrad. Die Kunden in Tante Ännes Laden sprechen das Wort mit Erleichterung aus. Sie gratulieren sich gerade dazu, daß der Sohn der Familie Soundso und der Familie Soundso noch rechtzeitig vorher herausgekommen ist.

Ansonsten hinterläßt der Krieg in dem Dorf Clarholz keine Spuren. Es gibt keinen Fliegeralarm, nicht einmal eine Luftschutzsirene. »Endlich mal wieder durchschlafen«, sagt meine Mutter. Und man kann sich richtig ausziehen, wenn man ins Bett geht.

Meine Mutter hat mich in der Dorfschule angemeldet. Der Schulhof ist mit alten Bäumen bestanden. Begrenzt wird er gegenüber dem Schulgebäude von der schönen, kleinen Kirche. Hinter der Kirche liegt das Schloß, das einen Wassergraben hat und in dem der Herr Baron wohnt. Nur wenige Bauernhöfe liegen im Ortskern, dessen Mittelpunkt die kleine Kirche aus dem 12. Jahrhundert, das Schloß und die Schule bilden. Ein Kranz von Bauernschaften mit eigenen Namen umgibt das Dorf. Es gibt Bauern auf weit entfernten Höfen, die sonntags mit der Kutsche zur Kirche fahren. Das haben meine Mutter und ich gesehen, denn hier auf dem Dorf geht meine Mutter wieder mit mir zur Kirche.

Schon früh stehe ich am Morgen meines ersten Schultages in Clarholz auf dem großen Schulhof mit den mächtigen Bäumen. Vor mir steht das Schulhaus, zu dessen Eingang breite Stufen hinaufführen, hinter mir die alte Kirche. Weniger als fünf Minuten Fußweg sind es von Tante Ännes Haus bis zur Schule. »Da kannst du ja wohl noch alleine hingehen«, hatte meine Mutter gesagt, als ich mit gemischten Gefühlen aus dem Haus ging.

Ich fühle mich fremd und einsam auf diesem Schulhof, der so gar keinen Aschenboden hat wie die Schulhöfe in Altenessen. Nach und nach treffen die Schüler aus dem Dorf ein. In kleinen Gruppen stehen sie vor dem Schulgebäude zusammen.

Die Mädchen und vor allem die Jungen sehen ganz anders aus als ich. Man sieht ihnen die gute Ernährung an und den Aufenthalt in frischer Luft. Die Jungen sind anders gekleidet als ich. Nur die Kleinen aus den ersten Schuljahren tragen die langen wollenen Strümpfe wie ich. Die gleichaltrigen Jungen und die älteren sowieso tragen die langen Skihosen, die über den Knöcheln gebunden werden. Und andere Mützen auf dem Kopf als ich haben sie auch. Es sind Skimützen mit einem Schirm und einem Rand, den man über die Ohren hinunterklappen kann. Ich dagegen trage eine Pudelmütze, die meine Mutter aus Wollresten gestrickt hat, mit einem dicken, fransigen Wollbommel obendrauf.

»Immer schön über die Ohren ziehen«, hat meine Mutter gesagt, »du willst doch nicht etwa wieder ins Krankenhaus!«

Mehrere Jungen und auch einige Mädchen versammeln sich um mich und staunen mich an. Ein Mädchen kichert. Ein Junge zeigt mit dem Finger auf mich: »Kiek es, wie dä utseuht.« Jetzt lachen auch einige Jungen.

Ich bin auf diesem Dorf der erste »Flüchtling« aus der Stadt, den sie zu Gesicht bekommen, ein Städtske, der erste Großstädter, der bei ihnen Zuflucht sucht.

Ein großer Junge, etwa dreizehn Jahre alt, stößt seinem Nachbarn den Ellenbogen in die Seite. »Wat dä förn Kipp ophät!« Er zeigt auf meine Pudelmütze. Alle lachen. »Woher kommst du denn?« Jetzt spricht er hochdeutsch. »Aus Essen«, sage ich so, als müßte ich mich dessen schämen. »Aus Essen, aus Essen, große Schüsseln und nichts zu fressen«, reimt ein anderer Junge und rollt dabei das R so komisch wie Tante Änne. Wieder lachen alle.

Mir treten die Tränen in die Augen. Ich will weg hier, heraus aus diesem Teufelskreis, den sie um mich gebildet haben. Doch überall, wo ich den Kreis verlassen will, werde ich in die Mitte zurückgestoßen.

Da, schwupp, reißt mir der große Junge die Pudelmütze vom Kopf. Er rennt damit zu den Büschen am Rande des Schulhofes, bricht einen langen Zweig heraus, steckt meine Mütze oben auf die Spitze und marschiert damit zum Jungenpissoir neben dem Schulgebäude. »Meine Mütze!« rufe ich weinerlich. O Gott, wenn ich ohne Mütze nach Hause komme! Ich laufe hinter dem großen Jungen her. Johlend folgt mir der Kinderpulk. In der Tür zum Pissoir sehe ich, wie der große Junge meine Mütze mit dem Stock genüßlich durch die Pißrinne zieht. Dann hält er sie auf dem Stock hoch wie eine Trophäe und marschiert damit im Paradeschritt über den Schulhof. Wieder laufe ich hilflos hinter ihm her. Da schrillt die Klingel zum Schulbeginn. Der große Junge schnippt mir die Mütze mit dem Stock vor die Füße. Mit spitzen Fingern hebe ich sie auf. Wie sie stinkt! Heulend renne ich mit ihr zu Tante Änne nach Hause. Mein erster Schultag in der neuen Heimat findet nicht statt.

Meine Mutter gerät außer sich vor Zorn. »Dir mitten im Winter die Mütze vom Kopf zu reißen, wo ich dich gesund aus dem Krankenhaus geholt habe! Ich gehe auf die Partei. Denen werde ich mal erzählen, was das hier für Volksgenossen sind! Die wissen doch hier gar nicht, was Krieg ist. Unsereiner hat sich die Nächte um die Ohren geschlagen und die Bomben aushalten müssen!« Am Mittag, nach Schulschluß, will sie sich den Lümmel kaufen, der das gemacht hat.

Kurz vor ein Uhr nimmt mich meine Mutter fest an die Hand. »So, du kommst jetzt mit!« Ihre entschlossene Wut macht mich genauso ängstlich wie am Morgen die Kinder, die mich wie einen Aussätzigen empfangen hatten. Bestimmt haut sie den großen Jungen. Und der verhaut dann wieder mich.

Auf dem Schulhof baut sich meine Mutter mit mir vor der Freitreppe auf, die ins Hochparterre der Schule führt. Kurz darauf ertönt die Schulklingel. »So, jetzt zeigst du mir den Jungen, wenn er rauskommt!«

Die ersten Jungen und Mädchen kommen lärmend die Treppe herunter. Da kommt auch der große Junge aus der Schultür. Sofort sieht er meine Mutter und mich am Fuße der Treppe stehen. Aber er läuft nicht etwa weg. Ruhig kommt er die Treppe herunter, genau auf uns zu. Dabei sieht er mir fest in die Augen. Mir wird es mulmig, obwohl meine Mutter mich fest an der Hand hält. Der Junge geht an uns vorbei und verschwindet am Ende des Schulhofes.

Meine Mutter wird ungeduldig. »Siehst du ihn?« - »Ich, ich weiß nicht. Ich glaube, ich habe ihn noch nicht gesehen.« - »Was heißt, du glaubst? Erkennst du ihn denn nicht wieder?« - »Ich glaube schon.« - »Hast du denn nicht aufgepaßt?« - »Doch«, maule ich. Die Schülerflut auf der Treppe hat sich vertröpfelt. »Den krieg ich noch«, sagt meine Mutter, »jetzt gehe ich erst mal zum Lehrer. Du bleibst so lange hier stehen, bis ich wiederkomme.«

Meine Mutter steigt die Treppe hinauf und verschwindet im Schulgebäude. Ich sehe mich ängstlich um. Doch der Schulhof ist leer. Nach einigen Minuten kommt meine Mutter zurück. Finstere Genugtuung liegt auf ihrem Gesicht. »Dem Herrn Gosselke habe ich erst mal den Marsch geblasen. Wäre ja noch schöner. Wenn du den Jungen wiedererkennst, sollst du ihn gleich dem Herrn Gosselke melden!«

Ich denke daran, wie der große Junge mir in die Augen gesehen hat, als er die Treppe herunter kam, und mir läuft es kalt den Rücken herunter.

Ich habe den großen Jungen nicht gemeldet, und die Kinder lassen mich fortan in Ruhe, bis auf die üblichen Rangeleien in späterer Zeit, die aber da längst Balgereien unter Gleichberechtigten waren.

In der Dorfschule werden immer zwei Klassen in einem Raum unterrichtet. Ich werde in das vierte Schuljahr aufgenommen, das mit dem dritten Schuljahr eine Doppelklasse bildet. Der Lehrer ist Herr Gosselke, der an einem Stock geht, weil er im Weltkrieg ein Bein verloren hat und eine Prothese trägt.

In der Klasse bleiben die Jungen und Mädchen zunächst auf Distanz zu mir. Nur einmal noch werde ich in der Pause auf dem Schulhof herumgeschubst. Das hatte aber einen konkreten Anlaß. Lehrer Gosselke hatte ein Diktat schreiben lassen. Den Text hatte er in der Pause auf die Wandtafel geschrieben und diese dann zugeklappt. Nach dem Diktat wurde die Wandtafel aufgeklappt, und wir konnten den Text mit unserem eigenen auf der Schiefertafel vergleichen und die Fehler erkennen. Nun hielt Lehrer Gosselke es so, daß er die Schüler ihre Tafeln austauschen und sich gegenseitig die Fehler anstreichen ließ.

Da ich das Lesestück von Altenessen her kannte, hatte ich nur wenige Fehler gemacht. Stolz darauf und überhaupt eilfertig, strich ich auf Teufel komm raus meinem Nachbarn in der Bank die Fehler an. Das hatte Folgen. Denn von einer bestimmten Fehlerzahl an pflegte Herr Gosselke den Rohrstock zu schwingen. Nur bei den Jungen. Der Lehrer faßte den Jungen dabei in Hüfthöhe an den Hosen, zog diese stramm, und der Junge mußte um ihn herumlaufen, während er den Stock auf den Hosenboden bekam.

Den Rohrstock hatte Herr Gosselke stets in der Hand. Er legte ihn nur beiseite, wenn er ihn in der Musikstunde mit dem Geigenbogen vertauschte.

In der Pause fiel der Junge sofort über mich her, dem ich die Fehler angekreidet hatte. Er schubste mich vor sich her, während ich rückwärts ging, und rief: »Bist du denn wahne, sämtliche Fehler anzustreichen!« Andere Jungen standen dabei und sahen mich feindselig an. »Ja, macht ihr das denn nicht?« Über soviel naiven Unverstand konnten meine Mitschüler nur den Kopf schütteln.

In der Folgezeit lassen die Klassenkameraden mich zwar in Ruhe, aber sie nehmen mich noch nicht in ihre Gemeinschaft auf. Auch Lehrer Gosselke behandelt mich mit abwartender Korrektheit. Da ich ein leidlich guter Schüler bin, kommen wir miteinander aus. Nie habe ich übrigens seinen Rohrstock zu spüren bekommen, auch wenn ich später manchmal der Meinung war, daß ich ihn nun verdient haben könnte.

Ende Februar 1943 gelingt es mir, Anerkennung bei meinen Mitschülern zu finden mit einer Tat, von der ich nie erwartet hätte, daß sie sie beeindrucken würde. In einer Zeichenstunde gibt uns Lehrer Gosselke auf, einen Baum auf unsere Schiefertafel zu zeichnen. Einen Baum zeichnen, das kann ich.

Während seiner Arbeitslosenzeit hatte mein Vater nach der Vorlage einer Fotografie sein kleines Elternhaus gemalt, in Öl auf eine richtige Leinwand, mit dem hölzernen Ziehbrunnen davor und dem großen Birnbaum. Mit der Präzision des gelernten Technikers hatte er es sehr steif gemalt und mit einer präzisen Korrektheit. Am meisten beeindruckt hatte mich auf dem Bild, das in Essen in meinem Kinderzimmer an der Wand hängt, der mächtige Birnbaum mit den ausladenden Ästen. Irgendwann hatte ich meinen Vater gefragt, wie man einen solchen Baum malt mit dem mächtigen Stamm und den Ästen, so, daß er ganz natürlich aussieht. Mein Vater hatte es mir gezeigt, mit dem Bleistift auf einem Blatt Papier. Und ich hatte auch den Bleistift zur Hand genommen und es immer wieder geübt, bis mein Vater gesagt hatte: »So ist es richtig.«

Also zeichne ich auf meiner Schiefertafel einen winterlich kahlen Baum, den nach oben schlanker werdenden Stamm, die Äste, die aus ihm herauswachsen, und die Zweige an den Ästen und alles in der richtigen Perspektive. Noch schnell ein Astloch an den Stamm gemalt mit seinem runden Schwulst drumherum. Fertig! Während wir zeichnen, humpelt Herr Gosselke zwischen den Bankreihen herum, immer den Rohrstock in der Hand. Hinter meinem Rücken bleibt er stehen. Ich will gerade den Kopf einziehen - man kann ja nie wissen -, da tippt er mir mit dem Rohrstock auf die Schulter. »Geh nach vorne, mal ihn auf die Wandtafel«, sagt er und weist mit dem Stock auf die große Tafel hinter dem Katheder.

Mehr befangen als stolz nehme ich meine Tafel und gehe nach vorne. Und während die anderen Jungen und Mädchen in der Klasse zumeist noch mit den Bäumen auf ihren Tafeln beschäftigt sind, zeichne ich mit Kreide meinen Baum riesengroß an die Wandtafel. Das geht schnell, denn ich brauche ihn ja nur von meiner Schiefertafel abzumalen.

Lehrer Gosselke kommt nach vorne gehumpelt und schlägt mit dem Rohrstock auf die Wandtafel: »Seht mal her! So sieht ein Baum aus.« Fortan bin ich in der Klasse der Städtske, der den Baum gemalt hat.

Einige Wochen später kann ich das Eis endgültig brechen. In der Schulpause spielen die Jungen auf dem Hof Schlangeziehen. Etwa zehn Jungen halten sich in einer Reihe fest an den Händen. Vorne ein großer starker Junge, am Ende der Schlange auch ein großer starker Junge, der wiederum als endgültigen Schlußmann einen kleineren Jungen, der viel Mut hat, fest an der Hand hält. Dann geht es los. Der Junge an der Spitze beginnt zu laufen und zieht die Schlange hinter sich her, immer schneller, immer schneller. Jetzt macht er eine scharfe Biegung und läuft genau in die entgegengesetzte Richtung. Das Ende der Schlange schnellt herum wie eine Peitschenschnur. Den kleinen Jungen am Ende hebt die Fliehkraft vom Boden hoch. Fest an der Hand des großen Jungen fliegt er förmlich durch die Luft.

Als die Schlange zur Ruhe gekommen ist, steht der große Junge an der Spitze genau vor mir. »Willst du auch mal?« fragt er lauernd. Die anderen Jungen in der Schlange grinsen. Ich nicke wie unter einem hypnotischen Zwang. »Dann komm her!«

Der große Junge am Ende der Schlange packt mein Handgelenk. Kaum kann ich sein Handgelenk umfassen. Ab geht die wilde Jagd. Ich renne und renne. Meine Hand sitzt wie in einem Schraubstock. Jetzt kommt der große Schwung am Ende, und auch ich hebe vom Boden ab. Einer meiner Holzschuhe - Tante Änne hatte sie mir gerade vom Holzschuhmacher besorgt - fliegt mir vom Fuß, knallt gegen einen dicken Baum auf dem Schulhof und spleißt.

Am Nachmittag nehmen mich einige Jungen aus meiner Klasse mit zum Poggenschlachten. Der Dorfteich neben der Schule ist voller Frösche. Mit langen starken Stöcken, die wir aus einem Erlenhagen geschnitten haben - am besten sind sie, wenn sie am

Ende leicht gebogen sind - schleichen wir uns ans Teichufer und sitzen dort mucksmäuschenstill in der Hocke. Taucht ein Frosch auf, peng, kriegt er eins mit dem Stock auf den Kopf. Bei einem guten Treffer streckt der Frosch ruckartig alle viere von sich und schwimmt tot und stocksteif auf dem Wasser.

Tante Änne - »Die ist kniepig!« - erweist sich weiterhin als segensreich für die vom Krieg geplagten Verwandten in der Großstadt. Im März 1943 sinkt ein Teil der Essener Innenstadt in Schutt und Asche. Großangriff. Flächenbombardement nennt man das. Tante Hilde, Mutters Schwester, ist ausgebombt. Mit ihrem acht Monate alten Sohn, dem »kleinen« Alfred, kommt sie nach Clarholz. Der »große« Alfred, Tante Hildes Mann, ist in Rußland an der Front.

Tante Änne, die meine Mutter und mich inzwischen auf einem Bauernhof untergebracht hat, nimmt nun Tante Hilde bei sich auf. Tante Hilde hat nur das retten können, was sie auf dem Leib trug und was sie in einem Kinderwagen hatte verstauen können.

Im April wird Oma Eschen, meine Großmutter, in Essen ausgebombt. Auch sie kommt nach Clarholz und wird von Tante Änne, ihrer Schwester, auf einen Bauernhof vermittelt.

Im Mai erwischt es Tante Cläres Luxuswohnung in Altenessen. Onkel Josef ist wie Onkel Alfred in Rußland. Tante Cläre kommt mit Marita ebenfalls nach Clarholz. Auch ihr besorgt Tante Änne eine Unterkunft.

»Scheißkrieg«, sagt meine Mutter, »Scheißkrieg!« Sie schüttelt den Kopf: »Stell dir vor, die arme Tante Hilde. Die Wohnung war doch ganz neu. Und alles so modern. Weißt du noch Helmut, wie man an dem Wohnzimmerschrank die Füße so seitwärts als Schubladen herausziehen konnte? Scheißkrieg. Und diese schöne Wohnung von der Tante Cläre. Und das teure Porzellan. Die hatte doch, wenn der Tisch gedeckt war, als Zierde vor jedem Teller so einen Porzellanschmetterling stehen. Scheißkrieg. Die arme Oma Eschen! Dreimal hat sie das miterleben müssen. Als Tante Hilde ausbrannte, hat sie mit Tante Hilde und dem kleinen Alfred im Keller gesessen. Dann ist ihr ihre eigene Wohnung über dem Kopf abgebrannt. Und als das Haus bei Tante Cläre abbrannte, hat sie auch zufällig da mit im Keller gesessen. Kein Wunder, daß sie da aus dem Keller herausgerannt und zwischen den brennenden

Häusern herumgeirrt ist. Ganz wirr soll sie geguckt haben, hat der Luftschutzmann gesagt, der sie zurückbrachte.«

Dann kommt auch noch Tante Ella mit Onkel Carl aus Münster nach Clarholz. Tante Ella ist Tante Ännes und Oma Eschens Schwester. Ausgebombt. Onkel Carl ist ein kleines, feingliedriges Männchen. Vertreter für Kurzwaren und Damenwäsche. Er soll aus sehr gutem Hause stammen und nie richtig gearbeitet haben. »Verhungert wären sie«, sagt meine Mutter, »wenn Tante Ella nicht Zimmer an Studenten vermietet und nächtelang Hemden gebügelt hätte.«

Onkel Karl steht ganz im Schatten seiner Frau. Tante Ella ist ausgestattet mit dem schlitzohrigen Humor der Münsteraner und eine genauso resolute Frau wie ihre Schwestern Änne und Agnes. Agnes, das ist meine Oma Eschen.

Onkel Karl gibt keine eigenen Worte von sich außer Guten Tag und Auf Wiedersehen. In der Unterhaltung beschränkt er sich darauf, alles, was Tante Ella sagt, sofort zu wiederholen. Weswegen er zum Gaudium der aus Essen geflüchteten Verwandtschaft von der schönen und intelligenten Tante Cläre - »Die war auf dem Lyzeum.« - das Echo genannt wird.

Dafür muß Tante Cläre es sich gefallen lassen, daß man sie mit »ihrem« Baron aufzieht. Sie wohnt mit Marita in der Nähe des Schlosses, und sein Bewohner, der Herr Baron, ein älterer Mann mit erlesenen Manieren, läßt keine Gelegenheit aus, Tante Cläre zu begrüßen. Dann nennt er sie gnädige Frau und küßt ihr auch auf offener Straße die Hand.

Die Flüchtlingsverwandtschaft trifft sich ab und zu bei Tante Änne - »Die hat den meisten Platz in ihrem Haus.« - zur gemeinsamen Kaffeetafel. Dann wird aus alten Tagen erzählt. Mutters und Tante Hildes Schwester Agnes könnte auch dabeisitzen. Sie wohnt nur wenige Kilometer entfernt in der Stadt Rheda. Doch meistens ist sie nicht dabei. Von der Familie wird ihre Persönlichkeit als etwas schwierig eingestuft. Und das nicht erst, seitdem Tante Agnes' Mann, Onkel Hermann, in Rußland vermißt ist. »Unsere Agnes war immer schon eine seltene Printe«, sagt meine Mutter über die jüngste Schwester.

Tante Agnes wohnt mit der kleinen Tochter Karin in einem Siedlungseigenheim mit Stall und Garten. Einmal waren meine Mutter und ich ein paar Tage bei ihr zu Besuch. Tante Agnes' ganzer Stolz war zu dieser Zeit ein junger Pfirsichbaum auf der Südseite des Häuschens. Nun hat er seinen ersten Pfirsich hervorgebracht. Einen einzigen, rund und saftig. Ich kann es beurteilen. Da nämlich Tante Agnes mir erlaubt hat, von den kleinen Bäumen im Garten soviel Äpfel zu essen, wie ich will, habe ich mich ohne schlechtes Gewissen auch an dem einzigen Pfirsich vergriffen. Tante Agnes hat den Frevel noch am selben Tag entdeckt.

»Die hat fast das Haus abgebrochen«, erzählt meine Mutter, als wir Tags drauf wieder in Clarholz sind. Tante Agnes hätte so gerne gewußt, wie der Pfirsich geschmeckt hat. Und obwohl sie in dieser Beziehung verdammt auf mich angewiesen gewesen wäre, endete ihr Wutausbruch mit der Aufforderung an meine Mutter: »Hau ja ab mit deinem Prinz in der Kacke!«

Im Verlaufe des Krieges kamen weitere ausgebombte Städter nach Clarholz. Auch sie brachten Kinder mit. Die Dorfjugend reagierte auf sie längst nicht mehr so heftig wie einst auf mich. Und wenn es galt, die Städtskes anzugaffen, stand ich unter meinen Klassenkameraden und gaffte mit. Holzschuhe an den Füßen und stolz darauf, daß mich die neu angereisten Städter für einen Dorfjungen hielten.

1944 holte mich der Bombenkrieg dann in Clarholz wieder ein. Nicht etwa, daß Bomben auf das Dorf geworfen worden wären. Die Erinnerung wurde von einer Lehrerin heraufbeschworen. Sie kam aus Bochum und war dort bei einem Bombenangriff verschüttet gewesen. Das hatte ganz offensichtlich ihre Nerven völlig zerrüttet. Der Unterricht bei ihr verlief stets chaotisch. Niemand hatte Respekt vor ihr. Alle zwei Minuten schlug sie in der ständig lauten Klasse mit einem Holzlineal auf das Pult und rief in einem schrillen Diskant: »So, es melden sich ...!« Wer sich melden sollte, wahrscheinlich die, die gerade geschwätzt hatten, haben wir von ihr nie erfahren.

Nichts als Flickenkram

Anfang Februar 1943 ist meine Mutter mit mir auf einen Bauernhof gezogen. Tante Änne hatte uns das Quartier besorgt. »Die
nehmen dich gerne, Änne, du bist ja Schneiderin. Und auf einem
solchen Bauernhof gibt es ordentlich was zu essen. Das ist gut für
den Jungen!«
Eines Tages öffne ich die Tür, hinter der die Nähmaschine
schnurrt. In der kleinen Stube sitzt meine Mutter und näht. Sie
weint. Ich gehe zu ihr hin und stütze die Ellenbogen auf die
Nähmaschine. »Tut dir was weh?« Meine Mutter schüttelt den
Kopf. »Ich habe nur das arme Dier.« Das heißt, daß sie sehr traurig
ist. »Guck mal da«, sagt sie und nickt mit dem Kopf in eine Ecke
hinüber. Dort türmt sich auf einem Sessel ein Berg von Hosen,
Hemden, Kleidern und Schürzen. »Flickenkram«, sagt sie, »nichts
als Flickenkram.« Neun Kinder hat der Bauer. »Den ganzen Tag
nichts als flicken. Da wird man ja rammdösig.«
Ich weiß, was sie sagen will. Sie ist gelernte Schneiderin und nicht
Flickschusterin.
Zu Hause in Essen hatte sie auch geflickt. Vor allem jetzt im
Krieg. Aber sie hatte auch Kleider genäht, aus Zeitschriften
kopierte oder selbst entworfene. »Ich bin ja gewohnt zu arbeiten.
Aber hier sieht man ja gar kein Ende.«
Ja, sie war gewohnt zu arbeiten. Vor allem an der Nähmaschine.
Drei Jahre war mein Vater arbeitslos gewesen Anfang der dreißi-
ger Jahre. Und ich wurde in diese Arbeitslosenzeit hineingeboren.
»Da hat der Papa dich und den Haushalt versorgt, und ich habe an
der Nähmaschine gesessen. Und dann ist der Papa noch Kohlen
einscheppen gegangen bei den Dickbälgen in Rüttenscheid.« -
»Was sind Dickbälge, Mutti?« - »Dickbälge, das sind Menschen,
die sind so reich, daß sie sich die Erbsen in die Fott knickern
lassen können.«
Sogar meine Windeln hatte mein Vater gewaschen. »Und dann
hab ich ihm gezeigt, wie man sie bügelt und auffaltet, so Selfkante
auf Selfkante. Und wenn der Papa dann deine bekackten Windeln
zusammengelegt hat, hat er immer gesagt: Senfkante auf Senfkante. Und dann hat er dich herumgetragen und dabei gesungen:
Laß die Welt nur meckern, wenn wir uns bekleckern, Papa legt
dich trocken, Sunny-Boy, nach der Melodie von Sunny-Boy.«

Meine Mutter hatte in Essen eine strenge Schneiderlehre durchgemacht. »Die Meisterin war ein Biest. Anna Eschen, hat die immer zu mir gesagt, so ganz betont. Anna, wo alle anderen mich doch Änne nannten. Als ich geheiratet hatte, war ich froh, daß ich Spiegel hieß, so hat das Biest mir meinen Namen verleidet. Mein Vater hätte ja gerne gesehen, wenn ich den Sohn des Innungsmeisters geheiratet hätte. Der hatte bei seinem Vater Schneider gelernt. Dreimal hat der mich auf dem Innungsball zum Tanzen aufgefordert. Dreimal habe ich gesagt, der Tanz sei schon vergeben. Das stimmte aber gar nicht. Ich bin dann immer zu meinem Bruder Paul gegangen und habe gesagt: Paul, du mußt unbedingt mit mir tanzen. Der war schon ganz wütend. War ein schicker Kerl damals. Und der Junge ist zum viertenmal gekommen. Da hat er mich aber nicht aufgefordert. Er hat sich vor mich hingestellt und gesagt: Ich weiß, warum Sie nicht mit mir tanzen wollen. Weil ich rote Haare habe. Da bin ich ganz rot geworden, weil das stimmte und weil der auch sonst ein ganz schäbbiger Ippel war. Nee, der war vor Schäbbigkeit schon fast wieder schön. Papa, habe ich später zu meinem Vater gesagt, wenn ich dem einen Kuß geben sollte, dann spränge ich lieber in die Ruhr. Mädchen, dann brauchst du den auch nicht zu heiraten, hat mein Vater da gesagt.«

Tag für Tag sitzt meine Mutter jetzt mutterseelenallein an der Nähmaschine in der kleinen, schummrigen Stube. Und immer nur Flickarbeit. Wenn sie wenigstens eine ihrer geliebten Zigaretten rauchen dürfte. Aber sie traut sich nicht.
Nur einmal hat sie doch geraucht. Da öffnete sich plötzlich die Stubentür und eine alte Tante kam herein, die gerade auf dem Bauernhof zu Besuch war. Die hat sofort gesehen, wie traurig meine Mutter war. Da ist sie aus der Tür gehuscht und nach kurzer Zeit wiedergekommen und hat meiner Mutter eine Zigarettenschachtel entgegengehalten. »Nehmen Sie eine! Ich weiß doch, daß die Damen aus der Stadt ab und zu gerne ein Zigarettchen rauchen.«
Zu Hause in Altenessen hatte meine Mutter bei der Arbeit nur geraucht, wenn sie zuschnitt. »Ich muß mich konzentrieren.« Dann wollte sie möglichst nicht belästigt werden.
Kopieren und zuschneiden, das machte sie auf unserem großen Tisch in der Wohnküche. Einmal habe ich dabei hinter ihr auf dem

Fußboden gesessen und mit meiner Eisenbahn gespielt. Das war ein ganz billiges Ding. Nur zwei aneinandergekoppelte Schienenbusse, die man aufziehen mußte und die dann eintönig auf einem kleinen Schienenrund herumfuhren. Meine Mutter schaute über die Schulter zu mir herunter. »Junge, geh mir hinterm Hintern weg, ich muß mich konzentrieren. Warum spielst du nicht im Kinderzimmer!« Offenbar wollte ich aber in der Nähe meiner Mutter sein. Und so blieb ich auf dem Fußboden sitzen. »Junge, geh mir hinterm Hintern weg. Ich sehe doch nicht, wohin ich trete. Ich habe doch hinten keine Augen.«

Sie sollte recht behalten. Irgendwann trat sie zurück und genau auf meinen Schienenbus. Der widerstand dem Gewicht meiner Mutter nicht und war sofort platt. Auch das Schienenrund war verbogen. »Hab ich es dir nicht gesagt!« Der Ton verhieß nichts Gutes. Ich flüchtete ins Kinderzimmer. Jetzt verhaut sie dich bestimmt mit dem Kochlöffel, dachte ich. Mit diesem ekligen langen Kochlöffel, von dem ein Stück abgespleißt war, als ich mein Schaukelpferd damit zu einer schärferen Gangart anspornen wollte. Doch der Kochlöffel blieb in der Schublade. Meine Mutter war zu sehr in ihre Zuschneiderei vertieft. Aber Dampf ablassen mußte sie doch. Sie kam zur Kinderzimmertür herein und warf mir mit einem bösen Blick die zertretene Eisenbahn vor die Füße. Aber einmal habe ich die Tracht Prügel doch bekommen. Da hatte ich mich an ihrer geliebten Nähmaschine - »Die ist versenkbar.« - vergriffen. Die Nähmaschine stand nämlich, wenn sie nicht gebraucht wurde, bei mir im Kinderzimmer. An diesem Tag war der Nähmaschinenkopf nicht versenkt. Da reizte es mich, die Mechanik auszuprobieren. Schneller und schneller trat ich das gußeiserne Trittbrett. Die Nadel raste nur so auf und ab. Dann knackte es metallen. Die kostbare Nadel - »So was kriegt man doch im Krieg nicht, wie man will!« - war abgebrochen. Und dann sprang auch noch der Treibriemen vom Schwungrad.

Fortan blieb die Nähmaschine für mich tabu wie Mutters Schneiderschere. »Wenn du noch mal Papier damit schneidest, kannst du was erleben. Dann hat dein Föttken Kirmes.« Spielen durfte ich hingegen mit dem Kopierrädchen. Mit dem kleinen Zahnrad konnte ich so schön den Spuren nachfahren, die meine Mutter beim Kopieren mit ihrer kräftigen Hand im Laufe der Zeit auf dem Lenoleumbelag unseres Küchentisches hinterlassen hatte.

Auf dem Bauernhof gibt es nichts zu kopieren. Da müssen zwar auch mal Kinderkleidchen genäht werden, so nach dem Motto: Aus drei mach eins! Aber dann wird wieder geflickt. Von morgens bis abends. Meine Mutter, die stolze Schneiderin aus der Großstadt - »Entzückend«, flötete Frau Schulte, wenn sie sich bei der Anprobe in Altenessen vor dem großen Spiegel der Frisiertoilette drehte - kam sich allmählich vor wie die Magd in der Spinnstube. »Morgen spreche ich mit der Bäuerin. So geht das nicht weiter. Ich bin doch hier nicht angestellt.«

Meine Mutter spricht mit der Bäuerin. Die sieht das alles ganz anders. »Ich weiß gar nicht, was Sie wollen. Sie leben hier ohne Fliegeralarm. Sie wohnen bei uns, und sie essen bei uns, und das mit zwei Personen.« Meine Mutter meint, das sei mit einem halben Tag Arbeit auch abgegolten. Und überhaupt habe sie es gar nicht nötig. »Was glauben Sie, was mein Mann als Rüstungsarbeiter bei Krupp für'n Geld verdient.« Geld könne man nicht essen, hat da die Bäuerin gesagt. Und sie habe hier zu bestimmen, denn sie sei die Bäuerin. Da muß meiner Mutter der Kamm geschwollen sein. »Und trotzdem möchte ich mit Ihnen nicht tauschen. Und meinen Mann gegen den ihrigen schon gar nicht.« Da habe die Bäuerin sich verfärbt und sei weggegangen, erzählte meine Mutter später.

Der Bruch ist nicht mehr zu kitten. »Ich kann mit der Frau nicht mehr an einem Tisch sitzen«, sagt meine Mutter, »ich will klare Verhältnisse. Ich will wieder in eigenen vier Wänden wohnen.« Meine Mutter bekommt ihre eigenen vier Wände. Zwei Zimmer im Altbau des Bauernhofes, eins noch kleiner als das andere. »Ich werde nur noch für die Miete nähen oder gegen Bezahlung.«

Wenn meine Mutter sich einmal zu etwas entschlossen hat, geht sie mit Energie ans Werk. Wieder hilft Tante Änne. Ihr Bruder, der in Rheda ein Geschäft hat, holt mit einem Lastwagen Möbel aus unserer Wohnung in Essen: den Kohleherd, das Bett aus meinem Kinderzimmer, die kleine Anrichte aus der Wohnküche und vor allem die Nähmaschine und einen ganz aus Holz gefertigten Liegestuhl, der auf unserem Balkon stand. Er paßt so eben mit in das winzige kleine Zimmer, das Schlafzimmer. Eine Rheumadecke wird als Unterlage darauf gelegt. Das ist mein Bett. Den schweren Kohleherd - in Clarholz nennt man so was Kochmaschine - vom Lastwagen zu heben, ist gar nicht so leicht.

Pappa, das ist der Bauer, Nikolai, der russische Kriegsgefangene, der älteste Bauernsohn Willy und Großonkel Robert aus Rheda packen ihn, können das schwere Ding aber nicht halten. Der Herd knallt auf den Erdboden, und die große Herdplatte zerspringt in zwei Teile. Meine Mutter bekommt einen Weinkrampf. »Ausgerechnet mein schöner Tiefbauherd, an dem ich so hänge. Auf Abzahlung habe ich den gekauft, und immer habe ich ihn blankgewienert.«

Noch Jahre danach, in Altenessen, wenn meine Mutter die Herdplatte putzte, sie auf Hochglanz wienerte, bekam sie einen Wutanfall. »Lassen die Dösköppe ausgerechnet meinen Herd fallen!«

Jetzt gibt es für uns in der Bauernküche keinen Knabbel mehr zum Frühstück und keine riesengroßen Pfannkuchen mehr zum Abendessen. Meine Mutter und ich leben wieder wie in Altenessen zusammen, als Normalverbraucher. Aber das bereitet auf dem Dorf keine Schwierigkeiten. Kartoffeln und Milch erhalten wir von den Bauersleuten nach wie vor, auch nach der Trennung von Tisch und Bett. Brot kann man vom Bäcker Pötter bekommen, soviel man will. Und Butter, Schinken und Speck bekommen wir auch. Meine Mutter geht nämlich stundenweise auf die Bauernhöfe des Dorfes zum Nähen, wenn wir etwas brauchen. Die Lebensmittelkarten spielen praktisch für uns keine Rolle.

Nun kommt meine Mutter auch wieder dazu, richtige Kleider zu nähen, vor allem für die schöne Tante Cläre, deren Beziehungen immer noch so weit reichen, daß sie Stoff ergattern kann. Da lebt meine Mutter auf. »Ich mache der Tante Cläre ein Kleid, das habe ich mal für die Frau Schulte in Essen genäht. Den Schnittmusterbogen habe ich mir aus Essen mitbringen lassen.« Frau Schulte war eine dralle Mittdreißigerin. »Tante Cläre ist natürlich schlanker, da muß ich ein paar Abnäher machen.«

Im Schulteschen Haus in der Essener Innenstadt hatten meine Eltern, bevor sie mit mir nach Altenessen zogen, ihre erste eigene Wohnung gehabt. Zwei Dachkammern. Frau Schulte hatte den Sohn des Hausbesitzers geheiratet, der eine Sargschreinerei betrieb. »Der junge Herr Schulte war Musiker im städtischen Orchester«, erzählte mir meine Mutter mit Respekt in der Stimme. Seine Frau sprach immer sehr vornehm. Sie hatte im Hause der Schwiegereltern einen kleinen Tabak- und Süßwarenladen. Mich Dreijährigen schickte meine Mutter aus der Dachwohnung oft die Treppe hinunter: »Hol mal drei Eckstein!« Später erzählte sie: »Frau Schulte hat dir dann immer ein Schäufelchen Lakritzwürmer in die Hand gescheppt. Dann hast du dich auf die unterste Treppenstufe gesetzt und in aller Ruhe die Lakritzwürmer aufgegessen. Erst dann bist du mit den Zigaretten hochgekommen.«

Nach dem Umzug aus der Dachkammerwohnung im Schulteschen Hause nach Altenessen war Frau Schulte Mutters Kundin geblieben. »Geh mal raus, Helmut, Frau Schulte muß sich zur Anprobe umziehen.« Die Frisiertoilette mit dem großen Spiegel stand in meinem Kinderzimmer. Das Eichending paßte nicht mehr in das winzige Elternschlafzimmer hinein, das von den wuchtigen Schlafzimmermöbeln völlig ausgefüllt war. Als Halbwüchsiger habe ich später vor dem großen Spiegel meinen nackten Körper erforscht.

Frau Schulte stand vor dem großen Spiegel. Meine Mutter kniete vor ihr auf dem Fußboden, den Mund voller Stecknadeln. »Wenn wir den Saum etwas kürzer machen, sieht das, glaube ich, besser aus.« Wie meine Mutter nur sprechen kann, ohne die Stecknadeln zu verschlucken! Frau Schulte drehte sich vor dem Spiegel. »Ebend, ebend«, sagte sie, denn sie war vornehm. Als sie nach der Anprobe das Haus verließ, den Fuchs um die Schultern, stand meine Mutter hinter der Gardine. »Nun guck dir die an mit ihrem Mottenfiffi. Wenn man der einen Besenstiel in den Hintern steckt, haut die links und rechts sämtliche Fensterscheiben ein.«

Jetzt, da meine Mutter und ich auf dem Bauernhof in den eigenen vier Wänden wohnen, gehört auch die Ukrainerin Eva, die junge Zwangsarbeiterin, zu »unseren Kunden«. Meine Mutter bessert ihr ihre dürftige Kleidung aus. Trotz der Sprachschwierigkeiten und des Altersunterschiedes verstehen sich die beiden Frauen auf Anhieb. Der Vergleich ist sicher hoch gegriffen, doch das gemeinsame Schicksal der aus der Heimat Vertriebenen verbindet. »Vom Feld weg haben sie die Eva auf den Lastwagen getrieben und dann nach Deutschland gebracht. Sie hat sich nicht mal von ihrer Mutter verabschieden können. Das muß man sich mal vorstellen!« Daß auch der russische Kriegsgefangene Nikolai auf dem Bauernhof eigentlich ein Sklave ist, wird meiner Mutter nicht bewußt. Er ist eben ein Kriegsgefangener. Trotz ihres

Schicksals hat sich Eva eine verschmitzte Fröhlichkeit bewahrt. Sie lacht gerne, über ihr ganzes rotes, pausbäckiges Gesicht. Eva bezahlt die Flickschneiderei meiner Mutter in Naturalien. Sie klaut auf dem Bauernhof Eier und bringt sie meiner Mutter. Meine Mutter droht ihr jedesmal lachend mit dem Finger. Doch Eva lacht zurück, wenn sie bei uns zur Tür hereingehuscht kommt: »Pappa großer Bauer, Pappa genug Eier.«

Einmal, als ich schon in meinem Holzbett liege, läßt meine Mutter Eva in der Zinkbadewanne, der Volksbadewanne, baden. Am anderen Morgen erzählt meine Mutter mir beim Frühstück: »Wie ein Kind hat sie darin herumgeplanscht und immer gerufen: Eva nicht Schwein, Eva auch Mensch!«

Wenn immer mein Vater sonntags nicht arbeiten muß, was selten genug vorkommt, kommt er uns in Clarholz besuchen. Im Sommer bringt er sein Fahrrad mit. Dann steigt er in Rheda aus dem Zug und fährt mit dem Rad die Landstraße entlang bis nach Clarholz. In seinem schicken Knickerbocker-Anzug, braun gebrannt, auch die Glatze, kommt er dann angeradelt. Und meine Mutter strahlt. »Als die Bäuerin den Papa zum erstenmal so gesehen hat, da hat sie vielleicht geguckt!«

Dann erzählt mein Vater von den Bombenangriffen in Essen, besonders von dem, bei dem es die feindlichen Flieger wieder einmal auf die kruppsche Fabrik abgesehen hatten. Nachtschicht hat er gehabt und mit Jan, dem Holländer, hat er im Montagekanal unter eine schwere Lokomotive gekrochen, als es losging. »Das hat gekracht, und immer kam es näher. Da hat der Jan gerufen: Chottsverdammich, Fritz, der Inglishman schmitt uns kaputt vonnabende. Dann ist er in Panik rausgelaufen aus dem Montagekanal. Jan, bliev hier, habe ich hinter ihm hergerufen. Und nach dem Angriff habe ich ihn gefunden, erschlagen von einem Eisenträger. Durch den brennenden Lokschuppen bin ich zu meinem Spind in der Waschkaue gelaufen. Unterwegs kam ich bei den russischen Mädchen vorbei. Die hockten da zusammen. Ich glaube, die beteten. Und es brannte und brannte überall. Dann habe ich in der Aufregung meinen Spindschlüssel nicht gefunden. Ich wollte doch meine Kleider retten, besonders den schweren Paletot. Da habe ich in der Aufregung mit den Fingern das Vorhängeschloß aus den Angeln gerissen.«

1944 kommt mein Vater nur einmal nach Clarholz. Da hat er

Urlaub. Urlaub von einem kleinen Ort bei Breslau. »Da ist es gar nicht weit bis zur Oder.« Krupp hat auf der grünen Wiese eine Fabrik für Kanonen aufgebaut, um den Bombenangriffen in Essen zu entgehen. Er bleibt nur ein Wochenende. »Ich muß nach Altenessen, für ein paar Tage mithelfen. Die Hausgemeinschaft baut auf der Bleiche jetzt einen Bunker. Die Luftschutzkeller sind nicht mehr sicher genug.«

Auch nicht eine Sekunde lang habe ich in Clarholz darüber nachgedacht, ob und wie meine Mutter unter der Trennung von ihrem Ehemann leidet. 1944 ist meine Mutter 38 Jahre alt. Das Problem wird mir überhaupt nicht bewußt. Auch in Altenessen war mein Vater für mich immer nur der Mann gewesen, der viel arbeiten mußte, spät nach Hause kam und früh ins Bett ging, oft früher als ich mit meinen neun und zehn Jahren. Ich muß gestehen: Ich habe ihn in Clarholz nicht vermißt.

Beim Besuch meines Vaters in Clarholz höre ich abends, als ich schon in dem winzigen Zimmer auf meinem Holzbett liege, Fetzen eines Gespräches zwischen meinem Vater und meiner Mutter. Mein Vater erzählt von der Arbeit bei Krupp in Schlesien. Daß immer mehr Kruppianer eingezogen werden, daß sie jetzt mit vielen russischen Kriegsgefangenen arbeiten müssen. Und ich verstehe Worte wie »immer Hunger und Schläge wie junge Hunde« und »für ein Butterbrot tun die alles«.

In diesen Hernsttagen ist das letztemal für lange Zeit, daß wir ihn sehen. Als Geschenk bringt er mir einen Kuckuck mit, aus rohem Holz geschnitzt von einem russischen Kriegsgefangenen. »Hat mich nur ein Butterbrot gekostet. Das hat der Russe nur mit einem Messer aus einem einzigen Stück Holz gemacht. Und die Sprenkel, diese typischen Kuckckucksprenkel, hat er mit einem glühenden Nagel eingebrannt.«

Briefe kommen von meinem Vater regelmäßig aus Breslau. Als Dienstverpflichteter darf er Feldpostbriefe schreiben. In einem der Briefe erzählt er, wie er sich aus Mehlresten und Haferflocken in der Baracke einen Pfannkuchen gebacken hat. »Den wollt ich dann in der Pfanne so freihändig umdrehen, wie ich das mal im Kino gesehen habe. Ich habe also den Pfannkuchen in die Luft gewirbelt mit der Pfanne. Nur richtig auffangen konnte ich ihn nicht mehr. Da ist er mir vor dem Ofen in die Asche gefallen. Ich hatte aber Hunger. Da habe ich ihn genommen und in einer

Waschschüssel sauber gewaschen. Meine Kumpels haben sich halb totgelacht und mich gehänselt: Kennt ihr schon die neuste Spezialität des Hauses: gebadeter Pfannkuchen.«

Als ich eines Mittags aus der Schule komme, ist meine Mutter außer sich vor Zorn. »Stell dir vor, was die Eva mir erzählt hat. Gestern abend ist sie zu spät nach Hause gekommen (die Zwangsarbeiter besuchten sich nach Feierabend mit Erlaubnis ihrer Arbeitgeber gegenseitig auf den Höfen). Und da hat der Bauer Pappa sie heute morgen gleich auf der Partei angezeigt. Da haben sie sie abgeholt und ins Spritzenhaus gesperrt. Und da haben sie sie mit einem Gummiknüppel verhauen. Die Eva hat mir die Striemen gezeigt. Daß die sich nicht schämen, eine Frau zu schlagen. Wenn das auch eine Russin ist!«

Auch meine Mutter hat der Bauer auf der Partei angezeigt. Daß sie nur noch halbe Tage für ihn arbeite. Meine Mutter wird daraufhin dienstverpflichtet. Sie muß Socken stopfen für die Soldaten an der Ostfront. Einmal in der Woche muß sie sich einen Korb voll Socken und Stopfgarn abholen. Ich helfe mit, die Socken zu stopfen. Es sind dicke, rauhe Wollsocken.

»Nun guck dir diese Kuhlöcher an«, sagt meine Mutter, »die passen ja nicht mal mehr auf einen Stopfpilz!« Aber geschickt stülpt meine Mutter die Kuhlöcher über ihre geöffnete Faust. Akkurat zieht sie Faden neben Faden, einmal längs und einmal quer. Es ist, als würde das große Loch zugewebt. Ich stopfe die kleinen Löcher. Dazu bekomme ich den Stopfpilz. Doch meine Mutter ist mit meinem Werk gar nicht zufrieden. »Nicht die Löcher so zusammenziehen. Die armen Kerls kriegen ja Blasen in ihren Stiefeln.«

Ende 1944 ist Schluß mit dem Sockenstopfen. Der Nachschub funktioniert wohl nicht mehr. Dafür erhält meine Mutter eine neue Arbeit. Sie muß Deckel für Gasmaskenkisten zusammennageln. Einmal in der Woche holen wir einen Sack voll Holzbrettchen und Stege, die daraufgenagelt werden müssen, aus dem Nachbardorf Herzebrock. Die Brettchen sind aus Sperrholz und nicht viel größer als die Deckel einer Zigarrenkiste. Dazu gibt es abgezählte Nägel und sogar einen kleinen Hammer. Und eine Schablone gibt es auch. In die legt man die Stege hinein, dann kommt das Brettchen darüber, und man braucht nur noch die

Nägel einzuschlagen. Das kann ich besser als Strümpfe stopfen, und ich bewältige die Produktion ganz allein. Bald schaffe ich jeden Nagel mit nur zwei Schlägen. So zimmere ich säckeweise Kistendeckel. Die zu den Deckeln gehörenden Kisten habe ich niemals zu Gesicht bekommen. Auch nach dem Krieg konnten mir meine Onkel, die Soldat gewesen waren, keine Auskunft geben. »Gasmaskenkisten? Kenn ich nicht. Wir hatten unsere Gasmasken in Blechbüchsen.«

»Denn heute gehört uns Deutschland ...«

»Geh doch mal mit! Heute ist Bastelabend. Wir basteln Schiffs-
modelle aus Holz.« Günter ist der erste Junge in der Klasse, mit
dem ich mich im Frühjahr 1943 etwas näher angefreundet habe.
Vielleicht zieht uns zueinander hin, daß Günter in der Klasse auch
so eine Art Außenseiter ist. Günters Eltern gehören nicht zu den
Leuten, die in dem Dorf verwurzelt sind. Irgendwann sind sie
zugezogen. Günters Vater ist Schneider.
Ich gehe mit an diesem Abend in die Schule, wo die Pimpfe im
Keller ihren Bastelraum haben. In diesem sind etwa ein Dutzend
Jungen bei der Arbeit. Nur wenige kenne ich aus meiner Klasse,
andere kenne ich vom Sehen. Es sind Schüler aus Klassen über
mir. Von den Bauernsöhnen, die ich kenne, ist kaum einer dabei.
Die Jungen haben die Uniform der Pimpfe an. Auch Günter trägt
Uniform. Bei den meisten der anwesenden Jungen beschränkt
sich die Uniform auf das Braunhemd und das Halstuch mit dem
Lederknoten. Dazu tragen sie irgendwelche Hosen. Es sind kurze
Hosen. Das heißt, so kurz wie meine kurzen Hosen sind sie auch
wieder nicht. Den meisten reichen sie bis in die Kniekehlen. So
etwas nannten wir in Essen verächtlich Borbecker Halblang.
Die meisten Jungen nehmen kaum Notiz von unserer Ankunft.
Sie sind mit ihren Schiffsmodellen beschäftigt. Weit sind diese
aber noch nicht gediehen. Roh zurechtgesägte Rümpfe, an denen
die Pimpfe herumraspeln oder herumschnitzen, um Bug oder
Heck herauszuformen. Günter holt auch so einen Holzklotz aus
einem Schrank. Der ist aber schlank und zugespitzt an beiden
Enden. »Das wird ein Kreuzer«, erklärt Günter, »der muß nicht
schwimmen können, aber die Aufbauten müssen stimmen, vor
allem die Geschütztürme und so.« Ach so, darum ist der Holzklotz auf Ober- und Unterseite gleich flach. Ich beschränke mich
zunächst mal aufs Zusehen.
Günter holt gerade einen kleinen Fuchsschwanz aus dem Schrank,
als einer der Jungen plötzlich ganz laut »Achtung!« schreit.
Klack, klack, knallen Absätze von Schuhen zusammen. Auch
Günter knallt die Hacken zusammen, legt die Hände an die
Hosennaht und dreht das Gesicht zur Tür hin. Ich stehe einfältig
grinsend neben ihm. Ein großer blonder Junge steht in der Tür. Er
trägt Uniform, korrekt mit der schwarzen Manchesterhose, auf

dem Braunhemd die Kordel des Fähnleinführers, was ich aber erst später lerne. Der Junge hebt die rechte Hand und schreit: »Heil Hitler!« Die Pimpfe heben auch die rechte Hand und brüllen: »Heil Hitler, Fähnleinführer!« Dann sagt der Fähnleinführer scharf: »Weitermachen!« Die Jungen lassen den rechten Arm fallen und wenden sich wieder ihren Bastelarbeiten zu.

Jetzt entdeckt der Fähnleinführer mich und kommt auf mich zu. Sofort knallt Günter wieder die Hacken zusammen und legt die Hände an die Hosennaht. Der Fähnleinführer streckt mir die Hand hin: »Ich heiße Heinz und du?« - »Helmut«, sage ich leise, »Helmut Spiegel. Frau Pötter ist meine Großtante.« - »Ich weiß«, sagt der Fähnleinführer, »Konsumpötter.« Grinst der etwa? »Woher kommst du?« - »Aus Essen«, sage ich wieder leise. Einige Jungen glucksen. »Aus!« schreit der Fähnleinführer, und sofort erstirbt das Glucksen. »Du willst doch auch zu uns, oder?« fragt der Fähnleinführer. Warum der bloß immer so laut spricht? »Ja«, sage ich. Dann wendet der große Junge sich von mir ab: »In Ordnung!« Er geht zu den anderen Jungen, plaudert ganz ungezwungen mit ihnen und läßt sich hier und da eine Arbeit erläutern. Als wir später die Schule verlassen, schüttelt Günter den Kopf: »Mensch, Kerl, du mußt lauter sprechen mit dem Fähnleinführer. Und dann heißt das nicht ja, sondern jawohl.« Und das Jawohl schießt er ab wie eine Kanonenkugel. Mit Günter verabrede ich, daß ich am Mittwoch mit ihm zum Antreten auf dem Schulhof gehe.

Am Mittwochnachmittag stehen ungefähr 50 bis 60 Jungen vor der Freitreppe der Schule. Die meisten kenne ich vom Sehen und aus meiner Klasse. Es sind aber auch Jungen da, die ich noch nie gesehen habe. Wie ich später erfahre, sind es Schüler, die nach Rheda zur Mittelschule oder nach Warendorf zur Oberschule fahren. Bei den jüngeren sind die Kordeln rot-weiß und dünn, bei den älteren grün und etwas dicker. Die sind aber alle nicht so schön wie die dicke grün-weiße Kordel des Fähnleinführers. Der Fähnleinführer ist wohl noch gar nicht da?

Einer der Jungen, die die grüne Kordel unter dem linken Schlüsselbein tragen, stellt sich vor den Haufen und schreit: »In Reihe zu drei Gliedern antreten, marsch, marsch!« Sofort beginnt ein Gedränge und Geschubse. Als die Jungen in drei Reihen hintereinander der Größe nach stehen, haben sie mich bis ans Ende der letzten Reihe geschubst, obwohl ich noch längst nicht der kleinste bin. Und eine Uniform habe ich auch nicht an.

Der Junge mit der grünen Kordel brüllt »Stillgestanden!«, was sich anhört wie »Stillgstann!«. Die Hacken knallen zusammen. Auch ich knalle die Hacken zusammen und lege die Hände an die Hosennaht. Dann brüllt der Junge: »Zur Meldung an den Fähnleinführer die Augen links!« Zack, fahren alle Köpfe nach links. Da kommt der Fähnleinführer aus der Schultür heraus und die Treppe herunter. Der Jungzugführer, denn das ist der Junge mit der grünen Kordel, baut sich vor dem Fähnleinführer auf, hebt die rechte Hand und schnarrt: »Fähnlein in Reihe zu drei Gliedern angetreten!« Der Fähnleinführer hebt auch die rechte Hand: »Danke.« Dann brüllt er: »Augen geradeaus!« und »Rührt euch!« Scharrend stellen die Jungen den linken Fuß nach vorne. Wieder hebt der Fähnleinführer die rechte Hand: »Heil Hitler, Fähnlein!« - »Heil Hitler, Fähnleinführer!« rufen die Jungen zurück. Auf halber Höhe kann ich noch so eben meinen rechten Arm anhalten und ihn wieder zurücknehmen, als ich sehe, daß die anderen Jungen den Arm ja gar nicht heben.

Der Fähnleinführer geht mit den Händen auf dem Rücken die Reihen entlang und kommt mir immer näher. Er geht um die ersten beiden Reihenenden herum und bleibt breitbeinig vor mir stehen. Als er mich von oben bis unten mustert, bekomme ich weiche Knie. »Hast du wenigstens ein Braunhemd?« - »Jawohl!« brülle ich, knalle die Hacken zusammen und lege die Hände an die Hosennaht. Das stimmt aber gar nicht. Doch ich bin zu feige, das einzugestehen. »In Ordnung«, sagt der Fähnleinführer, »rühr'n!« Das Fähnlein marschiert in den Holzhof, ein nahes Waldgelände, das am Sportplatz beginnt. Dort wollen wir ein Geländespiel machen. »Links, links, Gleichschritt halten!« kommandiert der Fähnleinführer. Und als wir vom Schulhof herunter auf die Straße kommen, ruft er: »Ein Lied!« Einer von den drei Jungen mit den grünen Kordeln an der Spitze schreit: »Es zittern.« Dann beginnt er auch gleich zu singen, und das ganze Fähnlein fällt ein: »Es zittern die morschen Knochen der Welt vor dem großen Krieg ... denn heute gehört uns Deutschland und morgen die ganze Welt.« Gehört uns Deutschland, habe ich gesungen. Alle haben das so gesungen. Erst nach dem Krieg habe ich erfahren, daß es eigentlich hieß »Denn heute hört uns Deutschland ...«

Das Geländespiel im Wald verläuft ganz einfach. Das Fähnlein wird in zwei gleich große Haufen aufgeteilt. Der eine bekommt einen Vorsprung und versteckt sich irgendwo im Wald, der andere muß ihn suchen und angreifen. Im Grunde geht es um das Kartenlesen im Gelände. Diejenigen, die sich verstecken, suchen sich das günstigste Gelände dafür nach der Karte aus. Diejenigen, die angreifen müssen, versuchen, anhand der Karte herauszufinden, wo der Gegner sich versteckt halten könnte, und suchen sich ebenfalls anhand der Karte einen Weg aus, über den sie möglichst unbemerkt an den Gegner herankommen können. Das Ganze endet in einer Riesenrauferei. Heinz, der Fähnleinführer, befindet sich bei denen, die sich versteckt haben, ich bei den Angreifern. Als wir den Gegner entdecken, stürzen sich drei, vier Jungen auf den Fähnleinführer. Ich bin auch dabei. Er balgt sich mit uns herum, auf die Kleidung, die Uniform, wird keine Rücksicht genommen. Er schüttelt uns lachend ab wie junge Hunde, doch schließlich überwältigen wir ihn doch und reißen ihn zu Boden. Er ist tot und darf nicht mehr weiterkämpfen.

Ich weiß nicht mehr, wer gewonnen hat. Es spielt auch gar keine Rolle. Müde und hungrig komme ich nach Hause. Dort erzähle ich das alles begeistert meiner Mutter. Die hatte nichts dagegen gehabt, daß ich zu den Pimpfen gegangen bin. In Essen hatte sie mich nicht zu den Pimpfen angemeldet, als ich zehn Jahre alt geworden war. Nicht etwa aus Prinzip. Es hatte sich nicht ergeben. Ich war ja auch so lange im Krankenhaus gewesen. Jetzt, in Clarholz, gehöre ich dazu, ohne jemals förmlich oder gar feierlich aufgenommen worden zu sein.

»Ich will auch eine Uniform haben«, sage ich zu meiner Mutter. Wie immer, wenn sie von einer Sache überzeugt ist, wird sie gleich aktiv. Sie sorgt dafür, daß ich von Großvetter Fränzken Pötter ein abgelegtes Braunhemd bekomme. Und eine schwarze Manchesterhose und ein kerniges Lederkoppel bringt sie aus Altenessen von Hans Mersch mit, der die Hitlerjungen-Uniform ablegte, als er zum Arbeitsdienst und später wie sein älterer Bruder Franz zur Marine ging.

Immer wieder fährt meine Mutter im Verlauf des Krieges nach Essen - oft fahre ich mit -, um in der Wohnung, die von meinem nach Breslau dienstverpflichteten Vater verlassen ist, nach dem Rechten zu sehen. »Die setzen mir sonst Ausgebombte da rein!«

Die Hose paßt einigermaßen. Aber das Braunhemd. Ich hätte nie gedacht, daß Großvetter Franz so ein breites Kreuz hat. Fast hätte ich zweimal in das Hemd gepaßt. Doch ich ziehe es an und würge es in den Hosenbund, über das es bauschig wie eine Bluse fällt. Mißlich ist zudem, daß das breite, kernige Koppel nicht in die Schlaufen der Manchesterhose paßt. Dieses schöne Koppel wird Hans Mersch wohl erst nach seiner Pimpfzeit bei den Hitlerjungen bekommen haben. Ich schnalle es einfach so um den Hosenbund. Beim längeren Marsch oder beim Spielen im Gelände rutscht es mir ständig vom Hosenbund nach oben, so daß ich es schließlich nicht mehr auf der Hose, sondern darüber auf dem Braunhemd trage. Dennoch ist es das schönste und kernigste Koppel im ganzen Fähnlein. Manche Jungen tragen nur einen dünnen Lederriemen auf der Hose, und das ist doch noch lange keine Manchesterhose. Doch niemand im Fähnlein, auch die Führer nicht, nimmt Anstoß an meinem Aussehen. Dafür sitzen aber auch das Halstuch und der Lederknoten, die meine Mutter ebenfalls von Hans Mersch mitgebracht hat, sehr gut.

Mit der Uniform geht eine wunderbare Verwandlung mit mir vor. So, als wäre ich im »Kleid des Führers« plötzlich unverwundbar. Ohne Angst gehe ich abends, etwa nach Bastelstunden im Winter 1943/44, durch den stockdunklen Busch nach Hause auf »unseren« Bauernhof. Und meine Mutter fördert mit feinem Gespür mein neues Gefühl. Hole ich sie nach dem »Dienst« bei Tante Änne oder Tante Cläre ab, hakt sie sich bei mir ein, faßt Tritt und sagt: »So, jetzt marschieren wir.« Und im dunklen Busch fühle ich mich wie der Beschützer dieser resoluten Frau.

Der Fähnleinführer, Sohn des Bahnhofsvorstehers, ist zweifellos beliebt bei den Jungen. Wenn er nicht kommandiert, verliert seine Stimme ihre Schärfe. Im Gelände, beim Sport oder beim Basteln wird er zum Kumpel. Er läßt uns über seine Scherze lachen - auf Kommando natürlich: »Dreimal kurz lachen! Aus!« Und er nennt diejenigen, die nach dem Aus noch weitergrinsen, Honigkuchenpferde. »Ihr Honigkuchenpferde! Bis an die Kirchenmauer, marsch, marsch! Kehrt marsch! Stillgstann!« Mit den jüngeren, die auf dem Marsch ständig aus dem Gleichschritt kommen und sich gegenseitig in die Hacken treten, ist er nachsichtig. Er marschiert neben ihnen her und zeigt ihnen, wie man durch einen Wechselschritt wieder in den richtigen Tritt kommt.

Nie habe ich im Dienst bei den Pimpfen ein politisches Wort gehört. Von Indoktrination keine Spur. Und das Wort »Hitler« wird nur ausgesprochen, wenn jemand die Hand zum Gruß dabei hebt. Niemand nimmt auch Anstoß daran, wenn man in Uniform in die Kirche geht, weil sonntags nach der Messe ein Appell angesagt ist. Und niemand scheint auch Anstoß daran zu nehmen, daß die Bauernsöhne an den Werktagen zumeist dem Dienst fernbleiben. Die Scholle, der Bauernstand, bleiben im »Dritten Reich« unantastbar. Es gibt auch keine Aufmärsche an den Nazi-Gedenktagen, kein Zeltlager, kein Lagerfeuer. Geländespiele? Ja, die Wälder liegen vor der Haustür. Kartenlesen, Marschkompaß einstellen. Dem Fähnleinführer dabei über die Schulter geschaut. Nichts kapiert. Und immer wieder im Sommer Fußballspielen auf dem Sportplatz. Bei der Gelegenheit lerne ich, was ein Elfmeter ist. Abwartend stehe ich als letzter Mann vor dem Torwart, als die gegnerischen Stürmer mit dem Ball anrücken. »Mensch, nu nimm doch schon den Ball.« Ich nehme ihn - mit der Hand, im Strafraum. Ein Aufstöhnen geht durch meine Mannschaft. »Der ist ja wahne!« Elfmeter, Tor. Ich schleiche mich vom Platz. Niemand scheint mich zu vermissen.

Kartoffelkäfersuchen. - »Die englischen Flieger werfen Kartoffelkäfer ab, um unsere Ernte zu vernichten.« - In Uniform gehen wir durch die Furchen auf dem Acker, streifen mit den Händen die Blätter der Stauden um. Nie hat jemand einen Käfer gefunden. Heilkräutersammeln. Wie macht man denn so was? »Fast alle Pflanzen und Blumen sind Heilkräuter.« - »Alle?« - »Alle!« Die werden dann getrocknet und kommen an die Front in die Lazarette. »Heil Hitler, Heil Kräuter!« Der Junge macht das wohl nicht zum erstenmal. Alle Blumen also! Vor dem Bauernhof, auf dem wir wohnen, ist eine Heuwiese übersät mit Gänseblümchen. Ich lasse mir von meiner Mutter eine dieser spitzen Einkaufstüten geben und gehe los. Blütenkopf um Blütenkopf zupfe ich von der Gänseblümchenwiese, bis mir der Rücken weh tut. Dann ist die Tüte voll, und ich trage sie nach Hause. Wiegt fast gar nichts.

Am nächsten Morgen müssen wir die Heilkräuter vor dem Unterricht in der Schule im Keller beim Hausmeister abgeben. Die Jungen und Mädchen - augenscheinlich hat der BDM auch Heilkräuter gesammelt - stehen in einer langen Schlange. Ich reihe mich mit meiner Tüte ein. Die meisten Jungen schleppen

Säcke, die Mädchen haben Körbe am Arm. Der Hausmeister steht im Keller an einem Tisch und dirigiert. »Was hast du?« - »Brombeerblätter.« - »Hier in die Ecke.« Es raschelt, als der Junge seinen Sack ausleert. »Was hast du?« - »Hirtentäschel.« - »Da auf dem Tisch an der Wand.« Das Mädchen schlenkert den Korb über dem Tisch aus. So geht das eine Weile. Brombeerblätter, Himbeerblätter, Schafgarbe, Hirtentäschel. »Und was hast du?« Ich bin gemeint. »Gänseblümchen.« Der Hausmeister zeigt mit dem Finger auf den Tisch, hinter dem er steht. Ich öffne meine Tüte und stülpe sie um. Ein elendes Häufchen angewelkter Gänseblümchenköpfe rieselt auf die Tischplatte. Der Hausmeister guckt auf das Häufchen. Er sieht aus, als kämen ihm gleich die Tränen. Ich warte eine weitere Reaktion gar nicht ab und sehe zu, daß ich Land gewinne.

»Samstag Badezeug mitbringen. Wir gehen zum Mühlenteich schwimmen. Fähnlein nach hinten weggetreten!« Schwimmen? Ich kann doch gar nicht schwimmen. »Mutti, ist es schwer, schwimmen zu lernen?« - »Gar nicht. Man darf nur keine Angst vor dem Wasser haben. Dann kommt alles ganz von selbst.« Meine Mutter ist in ihrer Jugend in Essen eine begeisterte Schwimmerin gewesen. Sie gehörte dem renommierten Schwimmclub »06« an. Eine Siegertrophäe in Gestalt eines Schwimmers, der zum Startsprung ansetzt, steht in Altenessen auf der Frisiertoilette. Durch eine Vereinskollegin hatte sie dort meinen Vater kennengelernt. Die Kollegin war eine Kusine meines Vaters.

Wie sollte ich bloß bis zum Samstag schwimmen lernen? Ein Hitlerjunge, der nicht schwimmen kann!

»Im Gleichschritt, marsch!« Das Fähnlein marschiert zum Mühlenteich. Ob die wohl alle schwimmen können? Raus aus der Uniform, rein in die Badehose. Falsche Scham gibt es nicht. Die Jungen rennen in den Bach hinein, der den Mühlenkolk speist. Ich als letzter hinterher. Die älteren Jungen schwimmen schon im Kolk, planschen und schreien, einige klettern auf den Mauervorsprung neben dem Wasserrad. Eleganter Kopfsprung in den Teich. Der Fähnleinführer vorneweg. Die können ja doch wohl nicht alle schwimmen! Einige kleinere Jungen planschen im seichten Wasser herum, dort wo der Bach den Kolk wieder verläßt. Ich bin größer als sie. Ich kann doch da nicht mit herumplanschen.

Tiefer und tiefer gehe ich vorsichtig ins Wasser, in den Kolk hinein. Plötzlich stoße ich auf einem runden Mühlenstein, der im Wasser liegt, das mir bis an die Brust reicht. Ich hocke mich auf den Stein. Das Wasser reicht mir bis unter das Kinn. Ich bewege die Arme. Es sieht aus, als wenn ich schwämme. In etwa drei Meter Entfernung von mir liegt ein zweiter Mühlenstein auf dem Grund des Kolks. In der Hocke strecke ich die Hände vor, stoße mich mit den Füßen ab. Mein Gesicht ist unter Wasser. Es rauscht in meinen Ohren. Ich halte die Luft an. Aber ich gleite, gleite, bis ich den Rand des zweiten Mühlensteines mit den Händen fassen kann. Jetzt spiele ich das Spiel umgekehrt und gleite zu dem ersten Stein zurück. So geht das hin und her und her und hin. Ein Glücksgefühl erfaßt mich. Ich bin mit mir selbst beschäftigt. Ich habe keine Angst vor dem Wasser.

Als ich so richtig in Schwung bin in meinem Pendelverkehr, kommt der Fähnleinführer vorbei, der bachabwärts den Kolk verlassen will. Er tippt mir auf die Schulter, als ich auf meinem Mühlenstein hocke: »Na, tauchen üben? Gut so!« Ich platze fast vor Stolz. Von diesem Tage an habe ich nie wieder Angst vor dem Wasser gehabt.

Noch am nächsten Tag, dem Sonntag, kann ich meine Mutter dazu bewegen, mit mir mit dem Pengelanton nach Rheda ins Schwimmbad an der Ems zu fahren. Tante Cläre und Marita fahren mit an diesem strahlenden Sommertag. Meine Mutter macht das ganz geschickt. »Über Eck geht es am besten.« Sie setzt sich an eine Ecke des Beckens, des »Großen«, ich stehe auf der schmalen Laufkante am Beckenrand im Wasser und halte mich an der Stange fest. Dann übe ich Schwimmzüge in dem Beckenwinkel, und immer weiter verlängere ich die Strecke. »So«, sagt meine Mutter, »jetzt einmal quer durch das Große. Ich schwimme neben dir her.« - »Marita, Marita, guck mal, ich kann schwimmen!« - »Und jetzt lang durch«, sagt meine Mutter.

Bei besonderen Appellen, wenn der Stammführer mit der weißen Kordel aus Rheda zu uns kommt zum Beispiel, tritt der Fanfarenzug des Fähnleins in Aktion. Der Fanfarenzug ist nur klein in Clarholz. Sechs bis sieben Pimpfe blasen die Fanfare, drei schlagen die lange Landsknechtstrommel mit den aufgemalten Flammenzungen. Tätä, tä, tä täteretä! Das gefällt mir. Ich möchte auch

in den Fanfarenzug. Geführt wird er von Berni, einem Jungzugführer, Bruder des Fähnleinführers. Der Jungzugführer hat nichts
dagegen. Er gibt mir das Mundstück einer Fanfare mit zum Üben.
In unserer Wohnung auf dem Bauernhof blase ich in das Mundstück hinein, was das Zeug hält. »Mann, Junge, geh nach draußen,
da wird man ja rammdösig von!« Also blase ich draußen. Doch
was ich auch in das Mundstück hineinblase, mehr als Spucke
kommt am anderen Ende nicht heraus.

Ich gebe dem Jungzugführer Berni das Mundstück zurück und
zucke die Achseln. Der grinst und sagt: »Komm mal mit!« Im
Keller der Schule steht in einer Ecke des Bastelraums eine
Landsknechtstrommel. Die ist aber viel kleiner als die anderen
Trommeln. »Willst du die?« Ich nicke. »Wir haben aber keine
Trommelstöcke mehr dafür!« Glücklich nehme ich die Trommel
mit nach Hause. Aus einem Haselnußstrauch schneide ich mir
zwei Stöcke heraus. Die Klöppel an den Enden der Stöcke näht
mir meine Mutter. Dazu knubbelt sie Stoffreste zusammen, zieht
sie über die Stockenden, und ich befestige sie mit Draht.

Jetzt kann ich auf meiner Trommel üben. Bumbum, bum, bum,
bubububum. »Mensch, Junge, üb draußen. Da wird man ja
rammdösig von!« Nach kurzer Zeit sind die Stoffballen flach wie
Berliner Pfannkuchen. Jetzt machen sie baffbaff, baff, baff,
babababaff. Doch das tut meiner Begeisterung keinen Abbruch.
Ich lerne das Trommeln im richtigen Rhythmus, reihe mich in den
Fanfarenzug ein und mache baffbaff, baff, baff, babababaff.
Niemand nimmt in dieser Zeit der Improvisationen Anstoß daran.

Im Herbst 1944 bekommt der Bauernhof, auf dem ich mit meiner
Mutter wohne, Einquartierung. Die Front ist nähergerückt im
Westen, und die Jäger starten bei feindlichen Fliegerangriffen
jetzt auch auf dem kleinen, nahen Flugplatz Marienfeld. Drei
ganz junge Jagdflieger, ein Leutnant und zwei Unteroffiziere,
erhalten als Quartier die gute Stube, in der auch das Klavier steht,
auf dem eine der Bauerntöchter, die Mia, immer übt. Wenn ich
ihnen in der Jungvolkuniform begegne, legen sie betont stramm
die Hand zum Gruß an die Mütze und lachen. Eigentlich kommen
sie nur zum Schlafen auf den Bauernhof. Ansonsten sind sie
ständig auf dem Flugplatz. Oft spielen sich jetzt Luftkämpfe
direkt über unseren Köpfen ab. Die Rümpfe der Flugzeuge blitzen

am blauen Himmel in der Wintersonne. Die amerikanischen Jagdflieger sind immer in der Überzahl. Die Lightnings erkennt man sofort an ihren Doppelrümpfen. Kommen die Flieger bei ihren Kurvereien tiefer, ballern die Bordwaffen, daß es einem in den Ohren dröhnt.

Drei Jagdflieger wohnen immer in der guten Stube. Doch insgesamt habe ich sieben kennengelernt. Immer wieder kehrte einer vom Feindflug nicht zurück. Einmal bin ich nachmittags in das Zimmer gegangen, da standen auf dem Klavier die Fotos derer, die gefallen waren. An der linken oberen Ecke des Rahmens trugen sie einen Trauerflor.

Im Spätherbst 1944 besucht uns ein Unteroffizier der Infanterie in der Schule. Er ist nur gekommen, um uns ein Lied beizubringen. In seiner abgehackten Sprechweise spricht er uns den Text vor: »Die Königin der Waffen ist die Infanterie.« Wir müssen den Text nachsprechen, bis wir ihn auswendig können. Dann singt er uns die Melodie vor, bis wir auch die nachsingen können.

Am Mittwoch darauf steht das Fähnlein angetreten auf dem Schulhof. Der Fähnleinführer kommandiert. »Zur Meldung an den Herrn Feldwebel, die Augen links!« Aus der Schule kommt ein Soldat die Treppe herunter. Er hat einen Karabiner umgehängt. Der Fähnleinführer meldet ihm das angetretene Fähnlein. Der Feldwebel ist etwas dicklich und hat ein volles, gemütliches Gesicht. Lässig heb er den rechten Arm. »Heil Hitler, Fähnlein.« - »Heil Hitler, Herr Feldwebel.« - »Rechts um!« kommandiert der Fähnleinführer. Der Feldwebel und der Fähnleinführer setzen sich an die Spitze des Fähnleins. Der Feldwebel dreht sich halb um, winkt uns mit dem Arm und ruft: »Ohne Tritt marsch!« Das ist ja ganz was neues, daß wir nicht im Gleichschritt marschieren müssen. Ab geht es in Richtung Sportplatz. Und singen müssen wir auch nicht. Der Feldwebel hat das Gewehr umgehängt, der Fähnleinführer trägt was unter dem Arm, das aussieht wie ein großes Stück Pappdeckel. Die plaudern richtig miteinander.

Als wir auf dem Sportplatz ankommen, steht der Feldwebel mit dem Gewehr vor dem Fußballtor. Wieder winkt er: »Macht mal 'nen Halbkreis!« Wir lassen uns von seiner Lockerheit anstecken und drängen uns um ihn herum. »Wir üben jetzt Karabinerschießen. Mit Platzpatronen natürlich. Jeder hat einen Schuß.« Dann streckt er den Karabiner vor. »Das hier ist ein Spiegelvisier.« Er zeigt auf einen kleinen Kasten, der auf dem Gewehrrücken steckt. »Darin kann ich sehen, wie ihr zielt und kann euch korrigieren. Und damit ihr nicht meint, Platzpatronen sind harmlos, und damit ihr keine Dummheiten macht. Mal mitkommen!« Der Feldwebel geht zum Rand des Sportplatzes hinüber, wo der Wald beginnt. Hier hält er den Lauf des Karabiners mit der Mündung an einen daumendicken Ast über seinem Kopf und drückt ab. Es kracht, und der Ast wird vom Stamm gefetzt. Wir sind beeindruckt. Was der Fähnleinführer unter dem Arm hielt, ist eine große Zielscheibe. Er hat sie inzwischen im gegenüberliegenden Tor des Fußballfeldes aufgestellt. Beim Schießen liegen wir auf dem Bauch. Der Feldwebel hockt neben uns und schaut in das Spiegelvisier. »Höher, höher. Etwas links. Ruhig halten das Gewehr. Etwas ausatmen. Jetzt!« Krach! »Der nächste.«

Ab Winter 1944 ist es vorbei mit der Unverwundbarkeit, die mir die Uniform der Pimpfe verliehen hatte. Die Angst aus Keller- und Bunkertagen meldet sich wieder. Immer öfter hören wir tagsüber Bomben fallen. Sie fallen auf Hamm und Beckum und Gütersloh und Münster. Ständig brausen feindliche Tiefflieger über das Dorf hinweg. Parolen machen die Runde. »In Warendorf sollen die Tiefflieger die Lokomotive des Pengelanton beschossen haben.« Bomberpulks ziehen tagsüber unbehelligt über uns hinweg. Ihr Brummen geht einem an die Nerven. Man sieht am blauen Himmel zuerst die Kondenzstreifen, wenn sie kommen. - »Die fliegen bestimmt nach Berlin.« - Wenn die Luft dröhnt vom Brummen der Hunderte von Viermotorigen - sie machen sich gar nicht mehr die Mühe, besonders hoch zu fliegen - blicke ich gebannt nach oben und zittere vor Angst. Da nützt es auch nichts, wenn meine Mutter sagt: »Dummer Junge, die schmeißen doch keine Bomben auf ein Dorf!«

An der Jahreswende 1944/45 löst sich unser Fähnlein sang- und klanglos auf. Der Fähnleinführer ist noch eingezogen worden. Die Hitlerjugend hat im Dorf keine Bleibe mehr. In unserer Schule hat sich eine Einheit der Waffen-SS eingenistet. Die exerziert jetzt auf dem Schulhof. Ich gehe manchmal hin, um zuzusehen. Einmal machen sie eine Schneeballschlacht. Als ein junger Offizier von einem Schneeball am Kopf getroffen wird, läßt er den Übeltäter strammstehen. »Nehmen Sie die Knochen zusammen, Mann!« Der Soldat ist älter als mein Vater. Ich sehe sein ängstliches, unterwürfiges Gesicht. Mir wird unbehaglich. Daß ein junger Offizier einen alten Mann so rumkommandieren darf!

Da die Schule von der Waffen-SS besetzt ist, fällt der Unterricht für den Rest des Krieges aus.

Nur einmal noch haben sie kurz vor Kriegsende unser Fähnlein zusammengetrommelt. Man drückte uns Hacke und Spaten in die Hand. Und wir zogen die Landstraße entlang vor das Dorf und hoben links und rechts von der Straße Panzergräben aus. Als ich von der Arbeit zurückkehrte und es meiner Mutter erzählte, sagte sie: »Die werden doch wohl nicht noch Kinder in den Krieg schicken!« Das alles weckte in mir nicht das Gefühl, daß das Kriegsende nahte. Was war das überhaupt: Kriegsende? Ich war so mit den Krieg und seinen Begleiterscheinungen verwachsen, daß ich mir keine Zeit vorstellen konnte, in der es keinen Krieg geben würde.

»... daß es noch einen Herrgott gibt.«

»Helmut, Helmut, aufstehen. Fliegeralarm!« Fliegeralarm in Clarholz, wieso das denn? Ach nein, wir sind ja nicht in Clarholz, wir sind ja in Essen, sozusagen zu Besuch in der eigenen Wohnung. Es ist Spätsommer 1943. Mein Vater ist bei Krupp auf der Nachtschicht. Wahrscheinlich steht er jetzt auf dem hölzernen Turm hinter dem Vierlingsgeschütz der Werksflak. Ich habe im Ehebett neben meiner Mutter geschlafen. Im dunklen Zimmer ziehe ich Hose, Sporthemd und Schuhe an. Das muß schnell gehen. Denn wir gehen nicht in unseren Luftschutzkeller. Der ist meiner Mutter seit den Großangriffen auf Essen im Frühjahr nicht mehr sicher genug. Wir müssen zum Tiefbunker unter dem Karlsplatz laufen. Das dauert fünf Minuten, auch wenn man rennt. Alle anderen Hausbewohner gehen weiter in den Luftschutzkeller, zu dem ja der Trockenraum ausgebaut worden war.

Obwohl jede Minute nach dem Aufheulen der Sirenen kostbar ist, hat sich meine Mutter bisher nicht dazu entschließen können, ihr umfangreiches Korsett im Bett anzubehalten so wie ich meine Unterwäsche. »Ich kann in dem Ding nicht schlafen. Die Stangen drücken so.« Darum erlebe ich die Prozedur mit, die meine Mutter erst unterläßt, als 1944 die feindlichen Flieger immer schneller nach dem Alarm am Nachthimmel über Essen erscheinen. Mit fliegenden Händen versucht meine Mutter, die unzähligen Haken und Ösen zu schließen. Dabei wendet sie schon den Trick an, daß sie das Korsett auf ihrer Vorderseite schließt und es anschließend herumdreht. »Das Hemd verrutscht mir zwar jedesmal. Aber das ist mir scheißegal.« Klak, klak, klak, schlagen die Haken an die Ösen. Die zitternden Hände schaffen es meist nicht, im ersten Anlauf die Haken in die Ösen zu bringen. Und um so mehr ich, bereits angezogen, flehe »Mutti, mach doch!«, desto nervöser wird sie. Ich sitze auf der Bettkante und zittere vor Angst.

Endlich verlassen wir das Haus und rennen zum Karlsplatz. Meine Mutter hat eine Tasche an der Hand, die ständig gepackt bereitsteht. Darin sind die Papiere und der Schmuck. Sie bleibt alle hundert Meter stehen und schnauft: »Ich kann nicht mehr, ich kann nicht mehr. Ich habe schon Seitenstiche!« Wir können uns ja auf dem Lande in Clarholz gut ernähren, und sie hat ein paar Pfunde zuviel auf den Hüften. Ich ziehe an ihrer Hand: »Komm,

Mutti, komm doch!« Los geht es auf die nächste Hundermeter-strecke. Wieder bleibt meine Mutter stehen: »Ich kann nicht mehr, ich kann nicht mehr, und wenn sie mich totschmeißen!« Wieder verschnaufen, wieder los.

Am Ende unserer Siedlung, noch etwa hundert Meter vom Karls-platz und dem Bunkereingang entfernt, kommt eine ältere Frau aus einer Haustür gestürzt: »Nehmt mich mit, nehmt mich mit!« Sie krallt sich hinten in meiner Kleidung fest. In panischer Angst schlage ich der Frau ins Gesicht, bis sie mich losläßt. Ich muß doch schon meine Mutter ziehen.

Der Mann in der Luftschutzuniform schließt die schwere Stahltür hinter uns. »Da kommt noch jemand«, japst meine Mutter. Schwer atmend geht sie mit mir durch die einzelnen Bunkerkammern, bis sie einen Sitzplatz gefunden hat. Ich stelle mich zwischen ihre Knie. Im Bunker ist es wie in der Straßenbahn. Kinder dürfen nur sitzen, wenn kein Erwachsener stehen muß.

Obwohl in Clarholz keine Bomben fallen, lerne ich doch die Kasematten kennen, in die sich Menschen Nacht für Nacht flüchten. In regelmäßigen Abständen fährt meine Mutter nämlich von Clarholz nach Altenessen. »Wir müssen uns in der Wohnung ab und zu sehen lassen, sonst setzen die mir da Ausgebombte rein.« Drei- oder viermal auf diesen Reisen in der überfüllten Eisenbahn nimmt sie mich mit. Trotz der Bombengefahr fahre ich gerne mit, denn so sehe ich mal meine einstigen Spielgefährten Heinz und Männe wieder, die in Essen geblieben sind.

Der Bunker unter dem Karlsplatz, dem Platz in der Nähe unserer Volksschule, auf dem jene Straßenbahnen in einer Schleife wen-den, die nicht nach Gelsenkirchen durchfahren, hatte die Organi-sation Todt, die OT, gebaut. Sie hatte den Platz eines Tages in eine Wagenburg nach Wildwest-Art verwandelt. Es waren Bauwagen mit dem großen weißen OT darauf. Nach dem Schulunterricht standen wir Kinder immer noch eine Weile am Rand der tiefen Baugrube und schauten den Männern bei der Arbeit zu. Einmal benutzten wir die Wagen als Versteck, um unbemerkt, wie wir meinten, unsere Stutenkerlpfeifen mit Pfefferminztee zu rau-chen. Wir saßen unter den Wagen, rauchten und kamen uns sehr erwachsen vor. Da kam einer der OT-Männer aus der Baugrube die Leiter hinaufgehastet. »Der Wagen brennt, der Wagen brennt!« Wir konnten noch so eben türmen.

Wenn wir von Clarholz nach Altenessen fahren, ist meine Mutter übrigens immer schwer bepackt. Sie bringt »Vitamine« für Onkel Willy und Tante Minchen mit. Unter »Vitaminen« verstand man damals Eier, Speck, Wurst, Schinken und Butter. Das beste Vitamin von allen war jedoch das Vitamin B. B wie Beziehung.

Im Herbst 1943 schreibt mein Vater uns nach Clarholz: »Wir bauen uns jetzt selbst einen Bunker, auf der Bleiche, genau vor unserem Balkon. Zwölf Familien machen mit.« Alles wird mit der Hand gemacht, die Baugrube ausgehoben, der Beton gemischt. Das Material hatten die Bergleute in der Siedlung besorgt. Auch die Frauen greifen zur Schüppe, angetan mit Kittel und Kopftuch, dem späteren Markenzeichen der Berliner Trümmerfrauen.
Im Frühjahr 1944 bin ich mit meiner Mutter wieder für zwei Tage in Altenessen. Im Winter haben die Arbeiten an dem Bunker geruht. Die Baugrube ist ausgehoben, die Stützmauern sind hochgezogen, in deren Zwischenräume jetzt der Beton gegossen werden muß. Vom Balkon aus kann ich in das Bunkerloch gucken. »Es ist drei Meter tief, zehn Meter lang und vier Meter breit«, klärt mich Spielkamerad Heinz vom Nachbarbalkon aus auf.
Jetzt, am Mittag, herrscht Ruhe auf der Baustelle, denn gearbeitet wird erst, wenn die Männer von der Schicht kommen. »Gehst du mit Mäuse fangen?« ruft Heinz zu mir herüber. »Mäuse fangen? Wieso denn Mäuse fangen?« - »Die fallen da nachts immer rein!« Mit Stöcken bewaffnet steigen wir beide die Leiter in das Bunkerloch hinunter. Das ist ganz schön tief, wenn man so unten auf dem Lehmboden steht. »Hier ist schon eine!« Heinz stürmt mit erhobenem Stock über die Lehmsohle. Die Maus piept und läuft zickzack. Auch mich packt das Jagdfieber, und ich schneide der Maus den Weg ab. Wir stellen sie schließlich in einer Ecke, und Heinz schlägt sie tot. Dann hebt er sie am Schwanz hoch und zeigt sie mir. Was die für kleine Augen hat!
Als Heinz und ich die Leiter wieder hochsteigen, sagt er: »Wir gehen nicht mehr in den Karlsplatzbunker.« - »Wer?« - »Mein Vater und ich. Wir fahren jeden Abend in den Freiheitbunker.« - »Jeden Abend?« - »Ja, jeden Abend, ob Alarm kommt oder nicht.« Freiheit, so heißt der große Platz hinter dem Hauptbahnhof in der Innenstadt. Unter diesem Platz ist ein riesiger Tiefbun-

ker angelegt worden. Er soll der sicherste Bunker in Essen sein. Ich erzähle meiner Mutter von dem Freiheitbunker und davon, daß Heinz und sein Vater jeden Abend dort hinfahren. »Mutti, laß uns auch in den Freiheitbunker fahren«, bettele ich. Meine Mutter findet das zwar sehr umständlich, abends mit der Straßenbahn bis zum Hauptbahnhof zu fahren, aber sie meint: »Für zwei Abende kann man das ja mal machen.«

So schließen meine Mutter und ich uns abends Herrn Greiler und Heinz an. Frau Greiler fährt nicht mit. Ebenso wie unsere Hausgemeinschaft geht sie in den Luftschutzkeller, wenn die Sirenen aufheulen. Sind die mutig oder dickfällig wie Onkel Willy? Die gehen nicht einmal in den Karlsplatzbunker. Als Heinz und sein Vater aus dem Haus kommen, sehe ich, daß Heinz eine Fußbank unter dem Arm trägt. »Wir gehen nicht dahin, wo die Bänke und die Pritschen stehen«, erklärt Herr Geiler, »wir gehen dahin, wo noch gebaut wird, da ist es nicht so voll, und da ist auch bessere Luft.« Daraufhin geht meine Mutter wieder zur Tür rein und kommt mit der Fußbank wieder zum Vorschein. Heinz zeigt mir, wie man sie am besten trägt. Man klemmt sie sich um die Taille und braucht dann nur noch den Arm darum zu legen.

Als wir kurz vor neun Uhr in dem Bunker ankommen, sind schon viele Menschen darin. Ältere Männer und viele Frauen mit Kindern. Die Frauen tragen das typische Kopftuch, das vorne über der Stirn geknotet wird. Herr Greiler ist viel älter als mein Vater. »Der Heinz ist ein Nachkömmling«, hat meine Mutter gesagt. Er hat noch eine ältere Schwester.

Unter der zielstrebigen Führung von Herrn Greiler durchqueren wir die Kasematten mit den Menschen darin, die sich alle vorsorglich hier verkrochen haben. Schließlich erreichen wir einen ausbetonierten Stollen, der irgendwo im Dunkeln endet. Hier sitzen die Essener auf Mauervorsprüngen an den Stollenrändern, wie ich sie später in U-Bahn-Schächten sehen sollte. Man muß einen kleinen Anlauf nehmen und sich dann mit Schwung darauf hocken. So machen es Herr Greiler und meine Mutter, und dann sitzen sie da mit baumelnden Beinen. Heinz und ich hocken zu ihren Füßen auf den Fußbänken. Meine Mutter holt ihr Strickzeug hervor. »Das vertreibt die Zeit.« - »Hier sind wir ganz sicher«, sagt Herr Greiler, »man hört nicht mal die Bomben, wenn welche fallen.«

Nur wenige Kinder sehe ich in dem Stollen. Sie sitzen neben ihren Müttern auf den Mauervorsprüngen. Manche haben sich an die Mutter gekuschelt und dösen.

Heinz holt ein Mäusespiel aus der Hosentasche. Es sieht aus wie eine Schuhwichsdose. Oben hat das runde Ding eine Glasscheibe und unten als Boden einen Spiegel. Wenn man das Spiel herumdreht, kann man richtig in den Spiegel sehen. In der Dose sind unter der Glasscheibe fünf winzige Mäuse. Man muß die Dose so bewegen, daß die fünf Mäuse in fünf Löcher huschen. Das ist gar nicht so einfach. Hat man drei drin und will die anderen beiden auch in ihren Löchern unterbringen, kommen zwei von den drei Mäusen bestimmt wieder heraus. Heinz kann es viel besser als ich. Aber es ist ja auch sein Spiel.

Ich bin gerade beim Mäusehuschen, als vom Ende des Tunnels aus dem Halbdunkel Kinderstimmen zu uns herüberklingen. Heinz nimmt mir das Spiel aus der Hand und läuft gleich los. Ich hinter ihm her. Meine Mutter ruft irgendwas, das ich aber nicht mehr verstehe. Am Ende des Tunnels, im Halbdunkel, da wo die Holzverschalung ist, spielen fünf Jungen in unserem Alter mit einer Feldlore, die auf einem schmalen Schienenstrang steht. Vier Jungen sitzen in der Lore, der fünfte schiebt. Das macht Spaß. Heinz und ich spielen mit. Jetzt sitzen immer fünf Jungen in der Lore und zwei schieben. Immer abwechselnd und immer vor und zurück auf dem etwa zwanzig Meter langen Schienenstrang. Wir spielen das Spiel, bis meine Mutter auftaucht und uns holt. »Wir fahren nach Hause. Es ist halb vier. Herr Greiler hat gesagt, jetzt kommen sie nicht mehr.«

Eine Straßenbahn nach Altenessen fährt noch nicht. Aber auch hier weiß Herr Greiler Bescheid. »Wir fahren mit dem Zug bis Katernberg Nord. Und dann laufen wir.« Der Zug fährt pünktlich. Vom Bahnhof Katernberg Nord ist es noch eine halbe Stunde zu Fuß bis zu unserer Siedlung. Ein Teil des Weges führt einsam am Nordfriedhof vorbei. Als wir zu Hause ankommen, ist es fast hell. »Jetzt wird erst einmal richtig ausgeschlafen«, sagt meine Mutter.

Am nächsten Abend die gleiche Tour. Wieder spielen Heinz und ich und die übrigen Kinder mit der Feldlore. Doch während wir unten unter der Erde spielen und den Krieg vergessen, fallen oben Brandbomben auf die Stadt. Es sollen nicht viele gewesen sein. Doch der Zug nach Katernberg Nord fährt nicht. »Wir laufen zu

Fuß nach Altenessen«, entscheiden Herr Greiler und meine Mutter. Heinz und ich klemmen uns unsere Fußbänkchen um die Taille. »Stopp«, sagt meine Mutter. Sie kramt zwei Sicherheitsnadeln aus ihrer Handtasche hervor und steckt damit ihren Rock zwischen den Beinen zusammen, so daß er sich eng um die Schenkel schmiegt. »In der Dunkelheit sehe ich jetzt aus wie ein Mann«, erklärt sie, »gestern der Weg am Friedhof vorbei, da ist es mir doch ein bißchen schummerig geworden.«

Wir machen uns auf den Weg durch die Innenstadt nach Norden heraus. Stockdunkel ist es in der Stadt. Es riecht nach angekohltem Holz und nach Mörtelstaub. Herr Greiler deutet mit der Hand nach Westen, auf einen Feuerschein am Himmel: »Wahrscheinlich Frohnhausen.« Ich kann nicht beurteilen, welche der Zerstörungen, die ich in der Dunkelheit erkenne, alt oder neu sind. Die Frage interessiert mich auch nicht sonderlich. Zerstörungen, Trümmerberge und leere Fassaden sind in der Großstadt auch für mich, der ich nur ab und zu zur Stippvisite nach Essen komme, selbstverständlich.

Im Sommer 1944 sind meine Mutter und ich wieder für einige Tage in Essen. Jetzt ist die Wohnung wirklich leer, denn mein Vater ist ja mit Krupp nach Schlesien verlegt worden. »Ich muß nach Essen«, hatte meine Mutter wieder gesagt, »sonst setzen sie mir Ausgebombte in die Wohnung.« Auf welche Weise sie das verhindern wollte, habe ich nie erfahren. Ich habe auch nicht danach gefragt. Ich war nicht gewohnt, Entscheidungen meiner Mutter zu hinterfragen.

Wir müssen nicht mehr wie bei unserem vorherigen Besuch abends die mühsame Fahrt zum Freiheitbunker machen. Denn »unser« Bunker auf der Bleiche direkt vor unserem Balkon ist fertiggestellt. Er trägt einen zwei Meter hohen Erdwall. »Da haben wir kaputte Möbel und Öfen aus ausgebombten Häusern reingetan«, erklärt Heinz, sachkundig wie immer, »da kommt bestimmt keine Bombe durch.« Gott sei dank hat der Bunker den Beweis dafür nie erbringen müssen. Im Ernstfall hätte aber auch noch eine fünfzig Zentimeter dicke Betondecke unter dem Erdhaufen für Schutz gesorgt. Der Bunker hat einen verwinkelten Sicherheitseingang, der von einer Stahltür wie mit einem schräg stehenden Deckel verschlossen wird und einen Notausstieg. »Wenn der Eingang mal verschüttet wird«, erklärt Heinz.

Zwölf Familien oder Ehepaare, die, die sich am Bau beteiligt haben, sitzen nachts bei Fliegeralarm vor unserem Balkon unter der Erde. Die übrigen 24 Familien oder Ehepaare aus den beiden Häuserblocks unserer Straße müssen weiterhin in den Luftschutzkeller gehen oder in den Karlsplatzbunker rennen. Mir ist kein Fall bekannt, in dem auch jene Einlaß begehrt hätten, die keinen »Anspruch« darauf hatten. Wohl hatte man einigen unmittelbaren Nachbarfamilien angeboten, ihre Kinder in den Bunker zu schicken.

In den Nächten, in denen wir in Essen sind, brauche ich bei Fliegeralarm nicht mehr darauf zu warten, bis meine Mutter sich angezogen hat, weil sie inzwischen auf ihr Korsett verzichtet. »Die tun es im Bunker auch«, sagt meine Mutter und zeigt mir zwei Einweckringe, die ihre aufgerollten Strümpfe unter den Knien festhalten sollen. Heulen die Sirenen auf, ziehe ich schnell Hose und Pullover an und renne durch den Keller und über den Hof in den Bunker, ohne auf meine Mutter zu warten. In einer Nacht, ich bin bereits im Bunker, findet meine Mutter im Stockdunkel nicht gleich den verwinkelten Bunkereingang. In der Panik, die Pfadfinder der feindlichen Flieger haben schon die Christbäume an den Himmel gesetzt, stürzt meine Mutter seitlich in den Treppenschacht. Sie bekommt nur ein paar Prellungen ab. »Es hat doch seine Vorteile, wenn man etwas gepolstert ist«, stellt sie selbstironisch fest.

Als wir am nächsten Tag das Haus verlassen, um nach Clarholz zurückzufahren, hängt Frau Stattner auf der Bleiche der gegenüberliegenden Häuserzeile Wäsche auf. »Frau Spiegel, Frau Spiegel!« Sie ruft meine Mutter an die schulterhohe Ligusterhekke. »Haben Sie schon gehört! Auf den Führer ist ein Attentat gemacht worden. Er lebt aber. Er hat schon im Radio gesprochen. Da kann man sehen, daß es doch noch einen Herrgott gibt!«

Kapitulation aus der Hosentasche

»Damit spießen wir sie auf, wenn sie kommen.« Franz, ältester Sohn auf dem Bauernhof, auf den meine Mutter und ich im Januar 1945 in Clarholz umgezogen sind, verteilt an seine jüngeren Brüder mittelalterliche Waffen. In der Dorfschmiede, in der er arbeitet, hat er Spieße und Lanzen geschmiedet und sie auf Schäfte aus Haselnußholz gezogen. Es ist Ende März. Franz' Drohung gilt nicht den Amerikanern, die bald kommen müssen. Sie sollen gar nicht mehr weit sein. Doch niemand weiß etwas Genaues. Die Drohung gilt vielmehr den Fremdarbeitern, wie man sie nennt, den Kriegsgefangenen und Verschleppten, vor allem den Russen und Polen, über die die wildesten Gerüchte im Umlauf sind. »Die rotten sich zusammen, sobald die Amis vor der Tür stehen, sie plündern die Läden, sie schlachten das Vieh auf der Weide und in den Ställen und vergewaltigen Frauen und Mädchen.« Ihr Nachrichtendienst soll prima funktionieren. Zum erstenmal in diesem Krieg haben die Bauern Angst vor einer persönlichen Bedrohung. Wenn es Abend wird, werden alle Türen verrammelt. Franz stellt die Spieße und Lanzen gleich neben die Türen, damit sie sofort greifbar sind.

Der Bauernhof, auf dem meine Mutter und ich nun wohnen, liegt weitab vom Dorf in einer Bauernschaft. Meine Mutter und ich gehen in diesen Märztagen des Jahres 1945 nur noch ins Dorf, eine Dreiviertelstunde zu Fuß, um sonntags die Messe zu besuchen. »Ich will zu Hause sein, wenn die Amerikaner kommen, oder die Russen, oder die Polen«, sagt sie. So schauen wir nach der Messe vielleicht nur mal kurz bei Tante Änne rein, oder bei Tante Cläre, oder bei Tante Hilde. Von Onkel Josef und von Onkel Alfred kommt keine Post mehr von der Front. Und auch Tante Änne weiß nicht, wo ihre Söhne Theo und August sind. Die Stimmung ist gedrückt im Dorf.

Ein Brief war von meinem Vater noch gekommen nach Clarholz. Aus dem Eulengebirge. Die obere linke Ecke des Briefes war weggebrannt, der Umschlag bis zur Anschrift hin angesengt. Wahrscheinlich war eine Poststelle oder unterwegs der Zug, mit dem der Brief befördert worden war, bombardiert worden. Dem Brief war zu entnehmen gewesen, wenn es auch nicht wörtlich so geschrieben stand, daß die Kruppianer von Breslau auf der Flucht vor den Russen waren. Sie wüßten noch nicht, wohin es gehe, und sie hätten gerade in einem Wirtshaussaal Quartier gemacht. Meine Mutter zeigte den angebrannten Brief überall herum und hütete ihn wie eine Reliquie.

Ich lebe auf dem Bauernhof in der dorffernen Bauernschaft wieder in einer neuen Welt. Die Bauersleute sind schlicht und von einer stillen Freundlichkeit. Sieben Kinder haben sie. Heinz, einen kräftigen, rotbackigen Jungen, kannte ich schon vorher aus meiner Klasse. Wie seine Geschwister strahlt er eine selbstbewußte Gelassenheit aus, die sich auf mich überträgt. Den Bomberpulks, den kämpfenden Jagdfliegern und den lärmenden Tief fliegern über unseren Köpfen sehen sie zu wie einem Schauspiel. Damit nehmen sie mir die Angst. Hier sind wir auch weit weg von Zielen, die vielleicht die Tiefflieger reizen könnten, dem Bahnhof, der Schule oder der Molkerei.

Im Januar waren meine Mutter und ich umgezogen vom Bauernhof im Dorf auf den Hof in der Bauernschaft, der kleiner und nicht so reich ist. Auf einem Zimmer wohnen wir. Doch meine Mutter ist zufrieden. »Hier werde ich wenigstens nicht ausgenutzt.« Auch hier muß sie für die Bauersleute nähen. Aber in die Stube, in der sie an der Nähmaschine sitzt, kommen die Bauersfrau und die älteste Tochter Lucy und plaudern mit ihr, wenn sie nicht auf dem Feld oder im Haus zu tun haben.

Den Bauernhof im Dorf hatten wir verlassen, weil meine Mutter nach einem erneuten Streit mit der Bäuerin festgestellt hatte: »Ich kann mit dieser Frau nicht mehr unter einem Dach leben.« Ich war der Anlaß für den Streit gewesen. Und das kam so. Wohl wegen meiner Leistungen als Pimpf bei den Trommlern, so dachte ich mir das wenigstens - »baffbaff, baffbaff, babababaff« -, hatte der Führer des Fanfarenzuges zu mir gesagt: »Ich habe dich beim Fähnleinführer zur Beförderung zum Jungenschaftsführer vorgeschlagen.« In meinem Stolz erprobte ich sofort, ob ich in der Lage sein würde zu kommandieren. Auf dem Hof ließ ich Mia, Heini und Bernd antreten. »Stillgstann! Im Gleichschritt marsch! Links um! Rechts um! Stillgstann! Kehrt marsch!«

»Ich habe mich gewundert«, erzählte meine Mutter später, »daß die Bäuerin immer so nervös an die Tür gelaufen ist und auf den Hof rausgeguckt hat. Und dann hat sie gerufen: Mia, jetzt mußt du aber auch mal kommandieren! Und als sie im Flur gesagt hat: Der Flegel, kommandiert da meine Kinder herum! da bin ich raus auf den Flur und habe zu ihr gesagt: Wer soll denn sonst wohl kommandieren, wo der Helmut doch jetzt Jungenschaftsführer wird. Und da hat sie gesagt: Meine Kinder hat niemand zu kommandieren, schließlich bin ich hier die Bäuerin! Und da habe ich gesagt: Ich brauche mich noch lange nicht hinter Ihnen zu verstecken. Mein Vater war immerhin Schuhmachermeister, und wir waren eine angesehene Familie in Essen. Da hat sie die Tür hinter sich zugeknallt.«

Also waren wir noch einmal umgezogen am Ende des Krieges. Unser neuer Bauer aus der Bauernschaft - Tante Änne hatte uns bei ihm empfohlen - hatte uns und unsere Möbel mit Pferd und Wagen abgeholt. »Vorsicht, mein Tiefbauherd!« hatte meine Mutter beim Aufladen gerufen, »einmal haben die Dösköppe ihn mir schon fallengelassen!« Als wir an jenem Tag den Hof verließen, rief meine Mutter der Bäuerin vom Pferdewagen aus zu: »Ich wünsche Ihnen, daß sie Ihnen jetzt ausgebombte Kölner reinsetzen. Die sind nämlich viel frecher als die Essener!«

Das Ende des Krieges kommt lautlos. Es hatte sich angekündigt und kommt doch überraschend. Eine Woche vor Ostern hatte bereits die Einheit der Waffen-SS, die den Winter über in unserer Schule Quartier bezogen hatte, das Dorf verlassen. »Gott sei Dank«, hatte meine Mutter gesagt, »dann schießen die hier wenigstens nicht.«

Am Ostermorgen machen meine Mutter und ich uns nach dem Besuch der Messe auf den Heimweg in unsere Bauernschaft. Meine Mutter hatte noch ein wenig geredet mit Tante Cläre, die mit Marita auch in der Kirche war. Tante Hilde hatten wir auch diesmal nicht getroffen. »Die geht schon lange nicht mehr in die Kirche«, hatte meine Mutter irgendwann gesagt.

Als wir beiden losziehen auf unseren langen Fußmarsch, haben sich die übrigen Kirchenbesucher bereits verlaufen. Wir biegen von der Dorfstraße in die Landstraße ein, so etwa nach drei Minuten Weges, als meine Mutter plötzlich ruckartig stehenbleibt und mich fest an die Hand nimmt. »Da sind sie!« In etwa hundert Meter Entfernung steht ein offenes Auto mitten auf der Straße. In dem sitzen hinter einem aufgebockten Maschinengewehr, dessen

Lauf zu uns herüberdroht, vier Soldaten. »Komm weiter«, sagt meine Mutter. Ich aber stehe wie angenagelt. »Nu komm schon, die tun doch Frauen und Kindern nichts!« Meine Mutter zerrt an meiner Hand. »Wir müssen uns ergeben«, sage ich. »Quatsch, nu komm! Wir können doch nicht ewig hier stehenbleiben!« Meine Mutter geht los und zieht mich mit. Halb verdeckt gehe ich hinter ihr her. Heimlich ziehe ich mein weißes, frisch gefaltetes Sonntagstaschentuch aus der Hosentasche. Als wir an dem Auto vorbeigehen, winke ich damit leicht in Hüfthöhe. Die vier Männer in dem Auto grinsen. »Na siehste«, sagt meine Mutter. Ihr Schritt wird fester.

Ich schaue mich noch einmal um. Die vier Soldaten haben Helme auf, die wie Töpfe aussehen. Und Uniformen sollen das sein? So unmilitärisch. Und sie sehen gar nicht so aus wie die Soldaten von der Waffen-SS aus unserer Schule, Brust raus und Bauch rein.

Zu Hause auf dem Bauernhof vergräbt meine Mutter hinter dem Haus von meiner Pimpfenuniform das Braunhemd, das Koppel und das Halstuch mit dem Lederknoten. »Die Manchesterhose nicht«, bestimmt sie, »das ist eine Hose wie jede andere auch. Die kannst du gut gebrauchen.«

Das Leben auf dem Bauernhof geht weiter wie immer. Die älteren Bauernsöhne verzichten nicht einmal auf ihr Osterböllern. Dazu haben sie in den Boden einer Milchdüppe, einer jener großer Kannen, mit denen die Milch zur Molkerei gebracht wird, ein Loch gebohrt. Dann geben sie ein paar Brocken Karbid und etwas Wasser in die Kanne. Fest wird der Deckel daraufgesteckt und die Kanne wie ein Kanonenrohr auf eine Böschung gelegt. Nach kurzer Wartezeit - in der Kanne muß sich erst Gas entwickeln - hält Franz eine lange Stange, an deren Ende ein Stück Fahrradreifen brennt, an das Loch in dem Düppenboden. »Krach«, fliegt der Deckel wie eine Kanonenkugel aus der Düppe. Geschossen wird von einer Böschung am Rande der Heuwiese in den kleinen Busch hinein. Die jüngeren Bauernsöhne und ich haben unseren Spaß daran, den Deckel immer wieder zurückzuholen. Manchmal streift er einen Baum und fetzt ein Stück Rinde vom Stamm.

Im Morgengrauen hören wir manchmal auch andere Schüsse aus dem nahen Waldgebiet. Wie Franz zu berichten weiß, gelten diese Schüsse aber nicht etwa versprengten deutschen Soldaten oder gar Werwölfen. Die Amis haben die Freuden des Waidwerks im deutschen Wald entdeckt.

Seit meiner Begegnung auf der Landstraße nach dem österlichen Kirchenbesuch habe ich keine Amis mehr zu Gesicht bekommen. In unsere Bauernschaft kommen sie nicht. Im Dorf sollen ab und zu welche sein. Doch da die Schule noch nicht wieder begonnen hat, gehe ich mit meiner Mutter nur sonntags zur Messe ins Dorf. Wenn meine Mutter ab und zu Tante Hilde oder Tante Cläre besucht, geht sie allein. »Was sollst du den ganzen Weg mitlatschen!« Von einem solchen Besuch bringt sie eine Geschichte mit, die sie sofort auf dem Bauernhof erzählt und die mich neidisch macht. »Ein Neger hat der Marita eine Packung Kaugummi von einem Lastwagen heruntergeworfen. Dabei hat er laut gejubelt und so gemacht, als er die Marita sah.« Meine Mutter stößt zur Demonstration beide Arme in die Luft. »Man weiß ja, daß die Neger besonders blonde Mädchen mögen.« Natürlich Marita! Die kriegte ja früher schon immer alles, was sie haben wollte. »Und die Amerikaner nehmen den Bauern gar nichts weg«, erzählt meine Mutter weiter. »Die haben ja alles, alles, alles. Aber natürlich nur in Dosen.«

Die Gerüchte von umherziehenden und plündernden Zwangsarbeitern halten sich. So bleiben die Spieße und Lanzen auf unserem Bauernhof nachts hinter den Türen stehen. Aber es bleibt ruhig in unserer Bauernschaft. Und doch weiß meine Mutter von umherziehenden ehemaligen Zwangsarbeitern eine Geschichte zu erzählen. »Ich habe die Eva wiedergetroffen. Du weißt doch, die Russin, die für uns immer die Eier geklaut hat. Arm in Arm ging sie mit anderen Russenmädchen spazieren, als ich gestern abend von Tante Cläre nach Hause ging. Die hat gelacht und mich sofort begrüßt. Da habe ich sie gefragt, Eva, habe ich gesagt, hast du Pappa, den Bauern, wegen der Schläge bei den Amis angezeigt? Sie hat den Kopf geschüttelt. Nein, hat sie gesagt, ich gedacht, Pappa neun Kinder. Da kannst du mal sehen«, sagt meine Mutter, »und das ist doch 'ne Russin!«

Auf dem Nachbarbauernhof hat es der italienische Kriegsgefangene, der Badoglio-Gefangene Luigi, gar nicht eilig, nach Hause ins bella Italia zu kommen. Auf dem Hof - die Italiener wurden ohnehin nicht so streng auf Distanz gehalten wie die Russen und die Polen - wird Luigi jetzt besonders freundlich behandelt. Dafür revanchiert er sich. Er gibt den älteren Töchtern des Bauern Tanzunterricht. An dem Abend des Tages, an dem meine Mutter auf diesem Bauernhof für »Vitamine« genäht hat, wird ein kleines Fest gefeiert. Man hat Schnaps aus Zuckerrüben gebrannt. Der Bauer holt seinen alten Trecksack hervor. Der hat keine Tasten, sondern Knöpfe und funktioniert wie eine Mundharmonika, auf Zug oder Druck des Balges jeweils ein anderer Ton. Wenn die Luft auf Zug oder Druck nicht mehr ausreicht, drückt der Bauer mit dem Daumen den Luftknopf. »Fritzchen, freu dich - pfft, macht der Luftknopf - Fritzchen, freu dich - pfft - morgen gibt's Selleriesalat.«

Getanzt wird auf der Tenne. Luigi, der elegante Tänzer, ist bei den Damen des Abends Hahn im Korb. Sein schwarzes Haar glänzt. »Wo der nur die Pomade herhat?« sagt meine Mutter, »aber ist ja 'n schicker Kerl!«

»Wenn der Krieg zu Ende ist, schieße ich Kusselkopp zurück nach Essen«, hatte meine Mutter immer gesagt. Jetzt schießt sie zwar nicht Kusselkopp, aber unter all den Verwandten, die sich mit der Zeit auf der Flucht vor den Bomben in Clarholz eingefunden hatten, ist sie die erste, die zielstrebig die Rückkehr in die Stadt betreibt. Für uns sind auch die Voraussetzungen am günstigsten. Unsere Essener Wohnung ist heil geblieben, wenn nicht in den letzten Kriegstagen, über die wir nichts wissen, noch etwas passiert ist. »Ich muß nach Essen«, sagt meine Mutter, »ich muß wissen, was zu Hause los ist.« Und sie hofft: »Vielleicht ist der Papa schon längst in Essen.«

Etwa drei Wochen nach Kriegsende erfährt sie, daß nachts ein Milchwagen von der Clarholzer Molkerei ins Ruhrgebiet fährt, der dort am frühen Morgen die Milch abliefert. Es ist ein Tanklastwagen. Er fährt nach Gelsenkirchen und wird von einem Holländer gesteuert. Der nehme schon mal jemanden mit, heißt es. Gegen »Vitamine« natürlich. »Ich versuche es mal«, sagt meine Mutter, »von Gelsenkirchen aus werde ich schon irgendwie nach Altenessen kommen.«

Dann macht sie sich eines Nachts auf den Weg ins Dorf zur Molkerei, bepackt mit »Vitaminen«, nicht nur für den Tankwagenfahrer, sondern auch für Onkel Willy und Tante Minchen. Aus dem Nachbardorf Herzebrock, wo sie auf einem Zimmer wohnt, ist Oma Eschen auf unseren Bauernhof gekommen, um bei mir zu bleiben, bis meine Mutter aus Essen zurückkommt. »Ich nehme an, so in drei bis vier Tagen«, hatte meine Mutter gesagt, als sie loszog.

Es sind aber fünf Tage vergangen, als sie aus Essen zurück- kommt. »Mensch, das war vielleicht 'ne Himmelfahrt«, erzählt sie gleich. »Als ich bei dem Tankwagen an der Molkerei ange- kommen bin, saßen da schon zwei Frauen drin im Führerhaus, die auch ins Ruhrgebiet wollten. Da habe ich zu dem Fahrer gesagt: Ich muß mit, egal wie. Ich latsch doch jetzt in der Nacht nicht wieder zu dem Bauernhof zurück. Doch der Holländer wollte und wollte nicht, bis ich auf das Stück Speck noch fünf Eier draufge- legt habe.«

Um den großen Milchkessel des Wagens war ein eiserner Lauf- gang befestigt, wie ich es später selbst sehen sollte. Darauf setzte sich meine Mutter. »Auf eigene Gefahr, hatte der Holländer gesagt. Das war vielleicht schmal«, erzählt meine Mutter weiter. »So hab ich die ganze Zeit gesessen. Ich mit meinem dicken Hintern.« Und sie setzt sich zur Demonstration auf die Stuhlkante und preßt die Handflächen neben sich auf den Sitz. »In jeder Kurve hätte ich gewettet, daß ich runterfalle. Und kalt war es die ganze Zeit am Rücken. Von der Milch in dem Kessel.«

Also: Unser Haus in Altenessen steht noch. In der Wohnung sind einige Fensterscheiben zu Bruch gegangen. »Onkel Willy hat Pappe davorgenagelt.« Aber da bringt meine Mutter noch eine ganz andere Nachricht mit: In unserer Wohnung sind Tante Em- ma, die Frau des Onkel Franz, und Emmy, ihre erwachsene Toch- ter. »Stell dir vor, die sind zum zweitenmal ausgebombt.«

Aber meiner Mutter ist das egal. »Ich will endlich nach Hause. Wir haben das schon besprochen. Tante Emma zieht in dein Zimmer, und Emmy kann oben bei Tante Minchen schlafen. Der Onkel Franz ist nicht da. Den haben sie zum Schluß noch zum Volkssturm geholt. Und der Papa ist auch nicht da. Keiner weiß, wo er steckt. Hoffentlich haben ihn die Russen nicht doch noch kassiert!« Das mit Papa erzählt sie zum Schluß. Und dann weint sie.

Und nach einigen Tagen wird es noch schlimmer für sie. Onkel Alfred, Tante Hildes Mann, und Onkel Josef, Mutters Bruder und

Tante Cläres Mann, kommen aus der Gefangenschaft zurück. Sie wollen zunächst in Clarholz bleiben. Was sollen sie auch in Essen, wo doch ihre Wohnungen in Trümmern liegen. »Wenn doch der Papa auch käme«, sagt meine Mutter, »hier in Clarholz auf den Bauernhof könnte ich ihn richtig aufpäppeln!«

Anfang Juni 1945 ist es soweit. »Auszug aus Jerusalem«, sagt meine Mutter, als wir uns von den Bauersleuten verabschieden. Mit einem Handwagen, dem Bollerwagen von Tante Änne Pötter, ziehen wir los. Zu Fuß wollen wir in die Nachbarstadt Oelde, elf Kilometer von Clarholz entfernt. Von dort soll nachmittags ein Zug ins Ruhrgebiet fahren. Genaues weiß man natürlich nicht. Onkel Alfred will uns mit dem Fahrrad begleiten. Er wird den Handwagen ans Fahrrad binden und ihn wieder zu Tante Änne zurückbringen.

Auf dem Handwagen steht ein großer Holzkoffer. Der hat einen dünnen Eisenbügel zum Tragen, der einem immer so in die Finger schneidet. Dann sind da zwei Einkaufstaschen und ein Kissenbezug voller Kartoffeln. Und noch was ist auf dem Bollerwagen: eine Bretterkiste, oben mit Maschendraht vernagelt und mit einem von mir angefertigten Tragebügel, der auch in die Finger schneidet. In der Kiste sind meine beiden Kaninchen, die ich auf dem Bauernhof halten durfte, ein schwarz-weißer junger Bock und eine ältere graue Häsin. »Mutti, laß sie uns mitnehmen«, hatte ich gebettelt. Als wir damit in Richtung Oelde ziehen, wissen wir noch nicht, daß die beiden Kaninchen in Altenessen das Stammpaar für eine nahrhafte Zucht werden sollten.

Unterwegs nach Oelde schimpft meine Mutter dauernd. »Daß das auch ausgerechnet ein Herrenfahrrad sein muß!« Denn unterwegs können Onkel Alfred und ich uns mit Radfahren abwechseln. Sie aber muß den ganzen Weg zu Fuß gehen und mit an dem Handwagen ziehen. Gott sei Dank ist das Land flach wie eine Sperrholzplatte.

Nur meine Kaninchen haben es gut. Friedlich mümmeln sie an den Löwenzahnblättern, die ich am Straßenrand pflücke. In den Pausen setzen wir uns an den Straßenrand und lassen die Beine in den Graben baumeln. Und dann gibt es große Butterbrote. Mangkornbrot mit dicker Butter und Schinken. Der Himmel über uns ist strahlend blau.

Gegen drei Uhr nachmittags kommen wir am Bahnhof in Oelde an. Jetzt, da der lange Marsch zu Ende ist, spüren wir erst, wie weh uns die Füße tun. Onkel Alfred hilft uns, das Gepäck auf den Bahnsteig zu tragen. Dort sind Himmel und Menschen, wie meine Mutter feststellt. »Fahr man zurück, Alfred«, sagt meine Mutter, »sonst klauen sie dir noch das Fahrrad vor dem Bahnhof!« Onkel Alfred wünscht uns viel Glück. »Eure Wohnung steht wenigstens noch«, sagt er beim Abschied, »aber ich wüßte nicht, wo ich jetzt in Essen mit Hilde und dem Jungen hingehen sollte.«

Meine Mutter und ich sitzen auf dem Bahnsteig in der Menschenmenge auf dem Holzkoffer und warten auf den Zug, der um vier Uhr kommen soll. Alle Menschen haben Unmengen von Gepäckstücken um sich herum stehen. Frauen und Kinder sitzen auf Koffern. Viele Männer haben abgetakelte Wehrmachtsuniformen an.

Der Zug kommt nicht um vier Uhr. Er kommt auch nicht um fünf und nicht um sechs Uhr. Parolen machen auf dem Bahnsteig die Runde. »Bleib bei dem Gepäck! Ich hör mich mal um«, sagt meine Mutter. Als sie wiederkommt, ist sie auch nicht schlauer. »Er soll noch kommen. Aber was Genaues weiß keiner.« Zwei Meter von uns entfernt sitzt ein etwa sieben Jahre altes Mädchen neben seiner Mutter auf einem Koffer. Ich lache sie an. Sie lacht zaghaft zurück.

Um sieben Uhr ist der Zug immer noch nicht gekommen. Wieder machen Parolen die Runde. Der Zug soll heute überhaupt nicht mehr kommen. Aber morgen um elf soll einer kommen. »So 'ne Scheiße«, sagt meine Mutter, »morgen um elf. Wir können doch jetzt nicht nach Clarholz zurück, ohne Handwagen!« In ihre lauten Ausbrüche stimmt die Mutter des kleinen Mädchens neben uns mit ein. Meine Mutter kommt mit ihr ins Gespräch. Die Frau will mit ihrer Tochter nach Bochum. Sie ist gut dran. Sie ist mit ihrer Tochter in Oelde evakuiert. »Kommen Sie mit«, sagt sie, »bei der Familie finden Sie bestimmt eine Möglichkeit zu übernachten.« Was sollen wir anderes tun.

Obwohl die Familie, bei der wir hoffen, einen Schlafplatz zu finden, nur wenige Minuten vom Bahnhof entfernt wohnt, ist der Weg dorthin für meine Mutter und mich mühsam, so ohne Handwagen. Wir schaffen es nur in Etappen. Meine Mutter schleppt den schweren Holzkoffer immer einige Meter weit, ich mit den Einkaufstaschen hinterher. Dann bleibe ich bei dem Holzkoffer, und meine Mutter holt die Kiste mit den Kaninchen und den Kissenbezug mit den Kartoffeln. Die Frau mit dem kleinen Mädchen geht langsam und mit viel Geduld voraus. Helfen kann sie uns nicht. Sie hat ja ihr eigenes Gepäck zu tragen. Als wir endlich vor der Tür des betreffenden Hauses stehen, läßt meine Mutter schlapp die Arme baumeln. »Meine Arme sind so lang. Ich glaube, ich könnte mich jetzt in den Kniekehlen kratzen, ohne mich zu bücken.«

Der Empfang ist nicht gerade überwältigend. Mißtrauisch beäugt die Frau des Hauses meine Mutter und mich, nachdem die Mutter des kleinen Mädchens mit ihr gesprochen hat. Wir stehen im Eingang zum Vorgarten und warten. Dann kommt die Mutter des Mädchens zu uns. »Sie sagt, im Haus sei kein Platz mehr, aber wenn Sie wollen, könnten Sie mit dem Jungen im Hühnerstall auf Stroh schlafen.« Meine Mutter nickt ergeben.

Die Mutter des kleinen Mädchens, es heißt Lore und ist acht Jahre alt, nimmt uns mit in ihre Zwei-Zimmer-Wohnung unter dem Dach. Die Zimmer sind winzig. Wir sitzen zusammen, essen gemeinsam zu Abend. Und meine Mutter und Lores Mutter erzählen sich was, von Essen und von Bochum und daß mein Opa Schuhmachermeister gewesen ist und daß die Spitzbuben ihm im Weltkrieg die Werkstatt leergeklaut haben, als er in Frankreich an der Front war, und daß er sich nicht mehr davon erholt hat. Geschäftlich nicht. Und daß der Hitlerjunge, dieser Saujunge - »So hat er immer die Ellenbogen ausgefahren, wenn er unserem Vater im Treppenflur begegnet ist.« - ihren Vater auf dem Gewissen hat. »Wer kriegt denn sonst schon so früh einen Schlaganfall!«

Unterdessen zeigt mir Lore ihr Spielzeug. Da ist ein kleiner Kaufladen, viel kleiner natürlich als der von Marita und Inge damals in Altenessen. Aber dafür hat Lore einen Puppenherd mit winzigen Töpfen. Und in den Herd kann man einen Kerze stellen und richtig in den Töpfen kochen. »Aber eine Kerze haben wir nicht mehr«, sagt Lore. Ich beginne gerade zu erklären, daß das mit der Kerze gar nicht schlimm sei, man könne ja Papierschnitzel anstecken und dann in dem kleinen Topf Erbsen aus dem Kaufladen kochen, als meine Mutter mich mit einem ihrer giftigen Blicke zum Schweigen bringt.

Gegen zehn Uhr abends gehen meine Mutter und ich zum Hühnerstall hinunter. Vorher hat Lores Mutter wieder mit der Frau gesprochen. »Wir schlafen in den Klamotten, die wir anhaben«, sagt meine Mutter, »ich habe keine Lust, in dem Holzkoffer herumzukramen und morgen wieder alles einzupacken.« Lores Mutter begleitet uns in den Anbau. Sie hat zwei Wolldecken in der Hand. Als wir die Tür zum Stall öffnen, ist da ein großer Mann in dem Stall und fegt mit einem Reisigbesen. Er hat riesengroße Holzschuhe an. »Guck mal, was der für Füße hat«, flüstert meine Mutter, »da kann man Schlesien mit an Polen abtreten.« Der Mann schüttet nun Stroh auf den Boden. »Für eine Nacht wird das gehen«, sagt er wortkarg und verläßt den Stall. Meine Mutter und ich legen uns auf das Stroh. Die Decken brauchen wir eigentlich gar nicht. Es ist muffig warm in dem Stall. Die Hühner sind natürlich schon alle da. Sie sitzen auf den Stangen und stören sich nicht an uns. Sie schlafen, und ab und zu wackelt eines ein bißchen im Schlaf auf der Stange. Aber es fällt nicht herunter.

Am anderen Morgen gehen Lore und ich zu einem Bauern, um Milch in einer Kanne für das Frühstück zu holen. Das Mädchen kennt den Weg.
Nach dem Frühstück ziehen wir bald wieder zu viert los zum Bahnhof. »Man muß früh genug dasein«, sagt meine Mutter, »damit man einen Platz an der Bahnsteigkante kriegt.« Wieder diese elende Hampelei mit dem Holzkoffer. Lore und ihre Mutter warten diesmal nicht auf uns. Sie gehen schon voraus. Wir werden sie nicht mehr wiedersehen.
Diesmal sind nicht so viele Menschen auf dem Bahnsteig, und wir ergattern einen Platz an der Bahnsteigkante. Das ist wichtig. Denn man kann bestimmt damit rechnen, daß eines der Wagenabteile, von denen ja jedes seine eigene Tür hat, vor einem hält.
Der Zug kommt nicht auf die Minute pünktlich. Aber er kommt. Noch bevor die Bremsen quietschen, geht der Ansturm los. Meine Mutter reißt die hölzerne Abteiltür vor sich auf und benutzt den Holzkoffer als Rammbock. Sie wuchtet ihn die Stufen hoch und schiebt ihn mit voller Kraft in das Abteil. Den Moment, in dem die Insassen, besser Instehenden, ihre Schienbeine in Sicherheit bringen, nutzt sie, um mich hinterherzuschieben. Dann reicht sie mir die Kaninchen und den »Kartoffelsack« an und steigt mit

entschlossener Miene nach. Die Menschen im Abteil murren etwas wie »Rücksichtslosigkeit«, aber sie sind solche Szenen wohl zu sehr gewohnt, um sich noch groß darüber aufzuregen. Meine Mutter stemmt den Holzkoffer hochkant. Dadurch gewinnt sie Platz für ihre Füße. »Auf einem Zeh bis Altenessen, das würde ich wohl nicht durchhalten«, grinst sie. Ich setze mich auf den Koffer und nehme die Kiste mit den Kaninchen auf den Schoß. Die Kaninchen stinken, obwohl ich ihnen am Morgen frisches Stroh gegeben habe.

Auf jedem Bahnhof, auf dem der Zug hält, versuchen Menschen vergeblich, sich auch noch in unser Abteil zu zwängen. Das gelingt in Dortmund nur einer Frau so Ende zwanzig. Sie kommt aber nicht durch die Tür, sondern wird von draußen durch das Fenster gehoben. Zwei Männer haben sie einfach kopfüber hineingeschoben. Die Frau kreischt und strampelt mit den Beinen, ehe sie endlich drin ist. Sie landet mit dem Hintern auf Köpfen und Schultern der stehenden Reisenden. Schimpfen und Fluchen im Abteil. Der Frau gelingt es eine Weile nicht, festen Boden unter die Füße zu bekommen. Bis endlich ein Mann ruft: »Mensch, beiß die Alte doch in den Arsch!« Da löst sich die Spannung in Lachen. Und während sich ihre Röcke hochschieben, rutscht die Frau zwischen zwei Männern herunter auf den Fußboden.

»Altenessen! Altenessen!« Raus aus dem Zug! Das ist gar nicht so einfach. Denn kaum hat meine Mutter die Abteiltür aufgemacht, drängen die Menschen schon von draußen herein. »Erst aussteigen lassen!« ruft meine Mutter und benutzt wieder den Holzkoffer als Rammbock. In dem Gewürge reißt der Kissenbezug mit den Kartoffeln auf, und die Kartoffeln purzeln auf den Bahnsteig und unter den Zug. »Verdammte Scheiße«, schimpft meine Mutter. Nachdem der Zug wieder abgefahren ist, klauben wir die Kartoffeln zusammen. Ich springe von der Bahnsteigkante hinunter und sammle sie zwischen den Schienen auf. »Gib mal her«, sagt meine Mutter, »die haben zwar da unten im Dreck gelegen. Aber wenn der Zug auf dem Bahnsteig hält, darf man ja da auf dem Zugklo kein Groß machen.«

Wir haben unsere Siebensachen gerade wieder beisammen, da verlassen meine Mutter die Nerven. Sie hockt sich auf den Holzkoffer und sagt: »Ich muß erst mal ein Stücksken heulen.«

Und dann laufen ihr die Tränen die Backen herunter. »Hoffentlich haben die zu Hause 'ne Zigarette für mich!«

Noch einmal haben wir, Etappe für Etappe, eine gute halbe Stunde lang unser Gepäck geschleppt. Dann sind wir endlich zu Hause. »Die Änne, die Änne!« ruft Tante Emma, die uns die Tür aufgemacht hat, durch den Hausflur. Tante Minchen kommt aus ihrer Wohnung die Treppe herunter. Zu dritt liegen die Frauen sich auf der Türschwelle in den Armen. Dann packt sich jede ein Gepäckstück. Und ich stehe da mit meinen Kaninchen. »Wo sollen denn die Kaninchen hin?« frage ich etwas ratlos. »Zuerst mal auf den Balkon«, sagt meine Mutter, »abends bringen wir sie dann in den Keller, damit sie nicht gestohlen werden.«

Unsere »Pappschachteln«, wie meine Mutter unsere rechteckigen Häuser mit den flachen Dächern genannt hat, stehen noch. Ein Häuserblock zwei Straßen weiter ist stark beschädigt. Allerdings gibt es an fast allen Fassaden Pappvernagelungen in den Fenstern. Wir können gut zusammen wohnen, Tante Emma, Emmy, meine Mutter und ich. Meine Mutter schläft mit mir im Eheschlafzimmer in den schweren Eichenbetten, Tante Emma in meinem Zimmer, Emmy auf der Couch im kleinen Zimmer von Onkel Willy und Tante Minchen.

Tante Emma hat ihren Herd aus den Trümmern ihrer Wohnung retten können. Der steht jetzt bei uns in der Kochnische. Er ist leicht verbeult und hat Sprünge in der Emaille. »Es ist ja nicht mein Tiefbauherd, aber es geht«, sagt meine Mutter. Von meinem Vater gibt es auch in Altenessen keine Nachricht.

Onkel Willy zieht das linke Bein etwas nach. Kurz vor Kriegsende hat er einen leichten Schlaganfall bekommen. »Schrecklich für einen solchen stolzen Kerl«, sagt meine Mutter. »Immer noch besser, als von den Bomben totgeschmissen«, sagt Tante Minchen.

Wieder lebe ich in der zerstörten Stadt in einer neuen Welt. Hatte ich die ersten Schritte in meiner »zweiten« Heimat, dem Dorf Clarholz, noch zögernd getan, so nehme ich diese neue Trümmerwelt gierig in mich auf. Mein Spielkamerad Heinz aus dem Nachbarhaus, der den gesamten Krieg in Altenessen erlebt hat, nimmt mich nicht nur auf, als sei ich nie weggewesen, er macht mich auch mit diesem gigantischen Abenteuerspielplatz vertraut, in den die Bomben unsere Heimatstadt verwandelt haben. Sie haben Lücken gerissen in die Straßen rund um die Siedlung. An unserer früher so stolzen Chaussee, der Einkaufsstraße zwischen Bahnhof und Karlsplatz, wechseln zerstörte Obergeschosse sich mit Trümmergrundstücken und rauchgeschwärzten, hohlen Fassaden ab. Am Eingang zu unserer Wohnstraße, dicht an der Hecke der Schrebergärten, ist ein Bombentrichter notdürftig zugeschüttet. Die katholische Kirche am Karlsplatz, in der ich die Messe gedient hatte, steht schwer zerstört mit halbem Turm da. Die Fassade der Villa des Bergwerkdirektors, des Herrn Assessors, ist punktiert von Granateinschlägen.

Auf der Bleiche hinter der Häuserzeile, die vom Suppenkasper einst so eifersüchtig bewacht wurde, blüht der Löwenzahn und wuchert das Gras wadenhoch. Und wer behauptet eigentlich, daß Hecken ständig geschnitten werden müssen? Die Ligusterhecken an den Vorgärten stehen schulterhoch und strotzen vor Grün. Und der Bunkerberg vor unserem Balkon mit seinem spärlichen Grasbewuchs auf dem kargen Lehmboden, dem Aushub der tiefen Bunkergrube, sieht aus wie ein schlecht rasierter Jüngling.

Meine Spielkameraden und ich - Männe ist auch wieder da - sind frei wie die Vögel. Von Schule kann gar keine Rede sein. Die meisten Väter sind noch nicht wieder zu Hause, die Mütter auf der Jagd nach dem täglichen Brot. Niemand beaufsichtigt uns. Wir streifen herum in diesem Frühsommer nach dem Krieg in der Trümmerlandschaft bis in die Innenstadt hinein.

So komme ich erst jetzt, nach dem Kriege, dazu, über den Tellerrand meines Stadtteils hinwegzuschauen. Jetzt kann ich nicht nur hinter die Kulissen schauen, ich kann durch sie hindurchschauen. Die Essener Innenstadt zum Beispiel hatte ich nur in Erinnerung als den Ort, an dem meine Großeltern wohnten. Und nur einmal im Jahr war ich vor dem Krieg mit meiner Mutter »in die Stadt« gefahren, um vor Weihnachten in den großen Kaufhäusern »Christkinnekes« zu gucken. Der Geruch von frischem Sägemehl, das damals auf den Parkettböden lag, um den Schmutz an den Schuhen von den winterlich feuchten Straßen aufzunehmen, ist dem Geruch von verkohlten Balken, Mörtelstaub und angekokelter Dachpappe gewichen.

Jetzt lerne ich endlich die Stadt richtig kennen, da ich alt genug bin, um mich vom Elternhaus weit zu entfernen, mit Ruinen und

Trümmern, mit Ofenrohren, die aus Kellerlöchern gucken, und mit freigeschaufelten Trampelpfaden dort, wo früher Geschäfts- und Flanierstraßen waren. Von dieser »Landschaft« geht für mich eine nie gekannte Freiheit aus. Ich bin zu jung und zu gefangen von all den Eindrücken, um den Schmerz all jener zu teilen, die Hab, Gut und nicht gar Kostbareres in dieser Trümmerlandschaft gelassen haben. Ich bin mit meinen fast dreizehn Jahren nicht anders als alle Halbwüchsigen aller Zeiten, denen jede Art von Chaos willkommen ist.

Allmählich sickern aus Verwandtschaft und Bekanntschaft Nachrichten durch, die es gestatten, Bilanz zu ziehen. Tante Emma und Onkel Franz: zweimal ausgebombt. Tante Hilde und Onkel Alfred: ausgebombt. Tante Cläre und Onkel Josef: ausgebombt. Oma Eschen: ausgebombt. Onkel Hermann, Ehemann der Tante Agnes, der jüngsten Schwester meiner Mutter: in Rußland vermißt. Mein Vater: Aufenthalt unbekannt. Onkel Franz, sein Bruder: Aufenthalt unbekannt. Fritzchen von Steele, ältester Sohn der Tante Traudchen, der Schwester meines Vaters: als blutjunger Fallschirmjäger in Rußland gefallen. - »Ein Heckenschütze hat ihn von einem Baum aus in den Rücken geschossen.« Werner Passenberg, einziger Sohn eines Ehepaares im Nachbarhaus, junger Offizier, infiziert von den »Idealen« des Nationalsozialismus: in den letzten Kriegstagen gefallen. - »Dreimal haben die Amis hands up gerufen. Dreimal hat der Werner die Hände gehoben, aber sie jedesmal wieder fallengelassen. Da hat einer der Amis schließlich die Maschinenpistole durchgezogen.« - Beging Werner Passenberg so Selbstmord, als er glaubte, ohne seine Ideale nicht mehr leben zu können? Und das gehört auch zur Bilanz, wir werden es aber erst viel später erfahren: 6384 Essener hatten im Bombenkrieg ihr Leben verloren. Die Bomben hatten nur 3,4 Prozent der Essener Wohnungen verschont.
Die neue Freiheit, die für mich diese abenteuerliche Trümmerwelt bedeutet, beherrscht mein Sein so sehr, daß die Erinnerung an die Nächte im Luftschutzkeller und in Bunkern nahezu völlig ausgelöscht ist, obwohl ich die »Denkmäler« ständig vor Augen habe. Da sind nicht nur die Trümmerberge und die Ruinen, da ist der Bunkerberg vor unserem Balkon, auf dem jetzt die Kinder spielen - »Daß die aber auch ausgerechnet vor unserer Nase so

einen Krach machen müssen!« sagt meine Mutter -, da ist der Trockenraum im Keller, der jetzt wieder Trockenraum ist und dessen hölzerne Stützstempel längst in die Öfen der Hausbewohner gewandert sind - »Auch im Sommer muß man ja Feuer machen für's Kochen« -, da ist der Bunker unter dem Karlsplatz, an den jetzt nur noch die eiserne Eingangstür erinnert, und da ist der Bunker unter der »Freiheit« am Hauptbahnhof, der nur noch in meiner Erinnerung auftaucht, wenn die Erwachsenen von ihm erzählen, daß er zweistöckig ist, daß es in ihm Schlafräume und sogar eine Küche gegeben habe und daß 15 000 Menschen Unterschlupf gefunden hätten.

Wer unsere intakt gebliebene Siedlung nicht verlassen muß oder will, diese Oase »Klein Jerusalem«, bleibt unberührt von dem neuen Geschehen da »draußen«, das nun die Militärregierung bestimmt. Nur an die Chaussee muß man natürlich wie früher gehen, um vor dem, was von Geschäften übriggeblieben oder notdürftig wieder aufgebaut worden ist, Schlange zu stehen. Dann sieht man sie manchmal, die Jeeps, diese kastenförmigen, offenen Autos mit den heruntergeklappten Windschutzscheiben, und diese mächtigen Lastwagen mit den weißen Sternen darauf. Wie steif die Kotflügel über den mächtigen Rädern stehen. Amis in voller Lebensgröße bekommt man kaum zu Gesicht. Die gehen wohl nie zu Fuß!

Eines Tages habe ich Gelegenheit, mir einen Jeep und einen Ami aus der Nähe anzugucken. Der Wagen steht vor einem Haus am Rande unserer Siedlung. Die Musik hatte mich angelockt. Sie kommt aus einem Koffergrammophon, das auf der platten Kühlerhaube steht. Jedesmal, wenn das Lied zu Ende ist, setzt der Soldat die Nadel von neuem an. So ertönt immer wieder dieselbe Musik. Sie gefällt mir. Und später sollte sie mir noch viel mehr gefallen: »In The Mood« von Glenn Miller. Der Soldat schnippt die Finger im Takt. Dazu kaut er Kaugummi. Näher als so etwa fünf Meter traue ich mich nicht heran. Der Soldat grinst zu mir herüber: »You wonna gum?« Ich verstehe kein Wort und gehe nach Hause.

Zu Hause erzähle ich alles meiner Mutter. »Ist doch ganz klar«, sagt sie, »das kann nur der Chauffeur gewesen sein. Der Offizier war im Haus. Da wohnt bestimmt ein Amiliebchen drin.«

»Was essen wir morgen?«

»Was essen wir morgen?« Das ist die Frage, die in der Nachkriegszeit den Lebensrhythmus der Hausfrauen bestimmt. Oft
lautet die Frage sogar: »Was essen wir heute?«
In den ersten Wochen nach unserer Rückkehr aus Clarholz
kommen meine Mutter und ich gut über die Runden mit dem, was
wir bei unserem »Auszug aus Jerusalem« vom Dorf mitgebracht
haben. Sehr weit langt das aber nicht hin, denn jetzt gehören ja
auch noch Tante Emma und Kusine Emmy zur Familie. - »Da
kann man ja nicht so sein.« - Und Onkel Willy und Tante Minchen
müssen auch etwas abhaben. Dafür steuert Onkel Willy aus dem
Schrebergarten Gemüse zum täglichen Mittagstisch bei. Die
Ligusterhecken um den Schrebergarten, der mit zahlreichen Parzellen inmitten der Siedlung liegt, sind inzwischen mannshoch
gewachsen. Die kleinen, früher so schmucken Eingangstörchen
hat man mit Stacheldrahtverhauen aufgestockt. »Die klauen ja
wie die Raben«, sagt Onkel Willy.
Bald sind unsere Vorräte aus Clarholz aufgezehrt. Und auch für
uns beginnt der Hungeralltag in der großen zerstörten Stadt, die
Zeit vorher nie gekannter Improvisationen.
Was mich betrifft, so habe ich zwar immer Hunger, ich kann mich
aber nicht erinnern, jemals in der Nachkriegszeit richtig gehun-
gert zu haben. Meistens habe ich auch gar keine Zeit, den Hunger
zu spüren. Denn mit meinen Spielkameraden Heinz und Männe
streune ich in diesem Sommer und Herbst 1945 immer irgendwo
herum. Wir sind frei wie die Vögel. Keine Schule, keine Polizei,
Väter - so sie schon wieder zu Hause sind - und Mütter haben in
der Sorge um das tägliche Brot etwas anderes zu tun, als uns zu
beaufsichtigen.
Und es ist ratsam, sich tagsüber möglichst wenig zu Hause
blicken zu lassen. Dann heißt es gleich: »Helmut, geh mal zu
Nettelbeck, der soll heute Mehl zum Brotbacken bekommen!«
Oder: »Helmut, geh mal rüber zu Rosenbach, da sollen heute
Kartoffeln ankommen!« Oft taugen solche Parolen nicht viel.
Man steht in der Schlange, und die Kartoffeln kommen gar nicht.
Oder beim Bäcker muß man nach stundenlangem Schlangestehen
mit ansehen, wie der Vordermann das letzte Brot bekommt.
Solche Erfahrungen führen dazu, daß man sich morgens ganz früh

»auf Verdacht« vor einen Laden stellt, um unter den ersten zu sein, wenn Mehl zum Brotbacken, Kartoffeln oder Gemüse mal doch kommen sollten. »Helmut, geh schon mal hin. Ich lös dich nach zwei Stunden ab.« Aber man kann noch so früh hingehen, irgendeiner steht doch immer schon vor dem Scheißladen. Und wenn meine Mutter dann kommt, um mich abzulösen, kann es sein, daß sie sagt: »So, stell dich gleich beim Bäcker an, da komm ich dich dann später auch ablösen.« Von einer Schlange in die andere, das ist überhaupt das ärgste.

Einmal muß ich doch wohl richtig Kohldampf gehabt haben. Ich habe bei Nettelbeck ein Brot erwischt. Auf dem Nachhauseweg beginne ich, mit den Fingern am weichen Ende des ofenfrischen Brotes zu knibbeln. Die warmen Krumen lasse ich mir auf der Zunge zergehen. Aber das regt wohl nur den Appetit an. Immer größer werden die Brocken, die ich herausknibbele. Als ich zu Hause ankomme, habe ich förmlich einen Tunnel in das Brot hineingegraben. »Bist du denn ganz von Gott verlassen!« ruft meine Mutter, als sie das Brot entgegennimmt, »wie sieht das denn aus!« Nur ihr Wissen um den Hunger erspart mir eine Tracht Prügel.

Mit der Zeit gehen Heinz, Männe und ich, die oft in derselben Schlange stehen, die Sache mit Methode an. Wir nehmen einen aus Papierfetzen zusammengebundenen Ball oder eine leere Blechbüchse mit. Dann stellen wir unsere Einkaufstaschen oder Körbe stellvertretend für uns auf unsere Plätze in der Schlange und spielen nebenan Fußball. Erst wenn die Schlange in Bewegung gerät, nehmen wir unsere Plätze wieder ein. Daß einige Leute in der Schlange immer wieder darüber murren, stört uns nicht.

Und noch eine Pflicht habe ich, die meine Mutter mir für täglich aufgetragen hat. Ich muß das Futter für die beiden Kaninchen suchen, die in einer Bretterkiste in unserem Kohlenkeller hausen. Das ist nicht schwierig. Der Sommer hat die Trümmerlandschaft und die Bombentrichter mit Butterblumen, Löwenzahn, Huflattich und jungen Disteln geschmückt. Und die Wiesen hinter unserer Häuserzeile, die früher so behütete Bleiche, wuchert, sich selbst überlassen, darauflos.

Tante Emma ist eine Meisterin im Erfinden von Brotaufstrichen. Aus Apfelschalen macht sie einen dünnen Gelee, der, ohne Butter aufgestrichen, so richtig tief in das klätschige Brot einzieht. Aus

Griesmehl und Zwiebeln entsteht in der Pfanne ein fast fettloses Schmalz. Die Kartoffeln werden hauchdünn geschält. Die Schalen werden gekocht. Aus dem zähen Brei formen wir Klöße und füttern damit die Kaninchen.

Wir sind immer noch besser dran als die Familien von Heinz und Männe oder die übrigen Bewohner bei uns im Haus. Denn meine Mutter fährt in regelmäßigen Abständen nach Clarholz, wo auf dem Bauernhof ja immer noch die Möbel in unserem Zimmer stehen. Und dann bringt sie »Vitamine« mit und Kartoffeln und Obst und Korn. Mit dem Handwagen, den wir von Herrn Mersch ausleihen, muß ich sie dann vom Bahnhof Altenessen abholen. Das ist für mich ein ebenso ödes Geschäft wie Schlangestehen. Denn der Zug, der für vier oder fünf Uhr angekündigt ist, kommt oft mit Verspätung bis zu zwei Stunden. Dann sitze ich vor dem Bahnhof auf dem Handwagen und graule mich.

Die Fahrten in den überfüllten Zügen mit soviel Gepäck, wie meine Mutter eben schleppen kann, vor allem mit diesem sperrigen Holzkoffer, sind eine elende Plackerei für meine Mutter. »Aber«, sagt sie, »ich bin froh, daß ich den Holzkoffer habe. Erstens können sie mir die Eier nicht darin kaputtquetschen, und zweitens habe ich immer meinen Sitzplatz bei mir.« Wie immer gelingt es ihr, der Sache die besten Seiten abzugewinnen. »Wir können doch froh sein, daß ich die Verbindungen in Clarholz habe. Denk doch mal an Dommers und an Mersch und Meiers. Die müssen richtig hamstern fahren. Nee, so von Bauernhof zu Bauernhof latschen und betteln, das könnt ich nicht.« Die Manzels bei uns im Haus brauchen nicht zu hamstern. Herr Manzel ist ja Bergmann. Und die Bergleute bekommen Sonderzuteilungen.

So schicksalsergeben, wie meine Mutter den Krieg angenommen hatte als etwas, das man nicht beeinflussen kann, so akzeptiert sie jetzt klaglos die Nachkriegszeit mit dem Wettrennen um das tägliche Brot. Wie ein Spuk ist die Nazizeit verschwunden. Weder wird ihr nachgetrauert - wenn auch der Führer dem Papa wieder Arbeit gegeben hatte -, noch wird ihr Schuld zugewiesen an den Umständen, unter den man jetzt leben muß. Meine Mutter bleibt unpolitisch. Noch ist das volle Ausmaß der Naziverbrechen an den Juden nicht bekannt. Und der Kriegsverbrecherprozeß in Nürnberg steht noch bevor. Außerdem ist man ja nicht Nazi gewesen, wenn man den Führer auch gewählt hat. Mein Vater war nicht in der Partei gewesen, niemand in unserer Familie war in der Partei gewesen.

So tut nur Onkel Willy in unserer Familie eine politische Nachkriegstat. Das Buch »Mein Kampf«, das man ihm zum fünfundzwanzigjährigen Dienstjubiläum bei der Straßenbahn zusammen mit einem Führerbild im Rahmen in die Hand gedrückt hatte, hängt er demonstrativ auf die Toilette. Dort macht es sich eine ganze Weile nützlich. »Du mußt die Blätter in der Hand zerknittern, bevor du sie gebrauchst«, sagt Onkel Willy, »sonst sind sie zu glatt.« Wenn ich oben bei Onkel Willy bin und mal muß, versuche ich, in dem Buch zu lesen. Doch ich kann mit den verschlungenen Bandwurmsätzen nichts anfangen. Und da ist später noch eine Äußerung von Onkel Willy, die mich aufmerksam macht, nur aufmerksam, ohne eine politische Reflexion in mir auszulösen. Als über das Radio die Urteilsverkündung im Nürnberger Kriegsverbrecherprozeß übertragen wird, bin ich zufällig oben bei ihm in seiner Wohnung. »Generaloberst Jodl, Tod durch den Strang«, höre ich den Sprecher gerade sagen. Da sagt Onkel Willy mit einem gehässigen Ernst, den ich noch nie an ihm beobachtet hatte: »Jetzt kann er jodeln, am Strick!«

»Der Franz, der Franz kommt!« Tante Minchen stürzt die Treppe hinunter in unsere Wohnung. Es ist Ende Juli 1945. »Gerade ist er bei Peters Bude vorbeigekommen.« Peters Bude, eine Trinkhalle, eine Seltersbude, die einem Herrn Peters gehört, ist der magische Grenzstein zwischen unserer Siedlung und der Chaussee mit ihren Straßenbahnschienen und den Geschäften. Und wer von dort in unsere Siedlung hineinkommt, den sieht man frühestens dann, wenn er an Peters Bude auftaucht. Dort hat Tante Minchen Onkel Franz zufällig vom Balkon aus entdeckt.

Minuten später liegen sich Tante Emma, Tante Minchen, meine Mutter und Onkel Franz auf der Türschwelle in den Armen. Die Frauen sind hinuntergelaufen, um Onkel Franz an der Haustür zu erwarten. »Franz, Franz, komm rein!« Onkel Franz hat eine Wehrmachtsuniform an, die ihm eigentlich viel zu groß ist. Er ist mager und unrasiert und trägt auf seinem Rücken einen merkwürdig kleinen Rucksack. Aber in seinen Augen ist immer noch das listige Blinzeln, mit dem er mich empfing, wenn ich früher in der

Innenstadt, schräg gegenüber von der Schuhmacherwerkstatt meines Großvaters, in seine »Schnellschuhmacherei« trat, um ihn zu begrüßen. »Hast du denn heute schon ein Eis gehabt?« Dann klingelte die Ladenkasse. Onkel Franz nahm einen Groschen heraus und gab ihn mir.

Abends erzählt Onkel Franz, den sie kurz vor Kriegsende noch zum Volkssturm geholt haben. »In Köln sind wir ohne einen Schuß in Gefangenschaft gegangen. Und dann haben uns die Amis in den Rheinwiesen zusammengetrieben. Zu Tausenden haben wir da in den Rheinwiesen gehaust. Unter freiem Himmel. Und Kohldampf haben wir geschoben. Das könnt ihr euch gar nicht vorstellen. Und ständig ist einer abgekratzt. Und die Landser haben trotzdem noch ihren Quatsch gemacht. Einer hat unter einer Zeltplane seine Stiefel hervorgucken lassen und einen Zettel daran geheftet, auf dem geschrieben stand: Mit Mühe und Not aß er sein Achtel Brot, fiel um und war tot.«

Nun, da Onkel Franz da ist, wird es eng in unserer kleinen Wohnung. Und meine Mutter stellt prompt fest: »So geht das nicht weiter.« Sie fährt wieder nach Clarholz und von dort nach Rheda und bringt Onkel Bernhard, den Bruder ihrer Mutter, dazu, noch einmal zu helfen. Mein Großonkel Bernhard bringt mit seinem Lastwagen, mit dem er schon die Möbel von Essen nach Clarholz geschafft hatte, diese nach Altenessen zurück. Und bald steht meiner Mutter geliebter Tiefbauherd - »Hätten die Dösköppe ihn mir bloß nicht fallengelassen« - wieder an seinem angestammten Platz in der Kochnische.

Tante Emmas kleiner Herd - »Der ist ganz schön verdötscht« - wird in meinem Zimmer aufgestellt. Mein schöner Kanonenofen, der schon die Werkstatt meines Großvaters erwärmt hatte, wandert in den Keller. Nun kocht Tante Emma für ihre Familie selbst. Nur um das Badezimmer wird morgens gerangelt, vor allem, weil Onkel Franz immer so lange braucht, um sich mit dem Messer zu rasieren. »Ohne richtige Rasierseife kriegst du den Bart kaum runter.«

Tante Minchen hat ihn wieder zuerst entdeckt, vom Balkon aus, als er um Peters Trinkhalle herumkam. »Der Fritz, der Fritz kommt!« Es ist Mitte August 1945. Meine Mutter, die gerade in der Kochnische an einer undefinierbaren Suppe werkelt, läßt den

Kochlöffel fahren. Zu viert rennen wir aus der Haustür. Da biegt mein Vater in unsere Straße ein. »Fritz, Fritz!« Meine Mutter läuft ihm entgegen, fällt ihm um den Hals, nimmt ihm den verbeulten Vulkanfiberkoffer ab. Als die beiden an der Haustür ankommen, fallen auch Tante Minchen und Tante Emma meinem Vater um den Hals. Ich stehe verlegen herum. »Fritz, Fritz, wo kommst du denn jetzt her? Wir haben so lange nichts von dir gehört.« - »Direkt aus dem Gefängnis«, sagt mein Vater. Dann steht er vor mir. »Junge, was bist du groß geworden. Du hast ja 'nen richtigen Schuß gemacht.« Er zwickt mich mit Daumen und Zeigefinger in den Haaren, wie er es früher so oft gemacht hat. »Nu komm erst mal rein«, sagt meine Mutter, »du hast doch sicher lange nichts gegessen.«

Dann sitzen wir alle vor den Suppentellern. Auch Onkel Willy ist herunter gekommen. »Das langt für alle«, sagt meine Mutter, »ich hab noch mal 'nen Schuß Wasser reingetan.« Mein Vater betrachtet die dünne Gemüsesuppe. »Monokelsuppe«, sagt er. »Was heißt das, Monokelsuppe?« will ich wissen. »Schwimmt nur ein Fettauge drauf«, grinst mein Vater und deutet mit seinem Löffel in den Teller. »Ja«, sagt meine Mutter, »da gucken mehr Augen rein als raus.« - »Immer noch besser als der Fraß im Gefängnis«, sagt mein Vater.

Das Stichwort ist gefallen. »Jetzt erzähl aber mal, Fritz!« Doch bevor er beginnen kann, holt meine Mutter den letzten, vom Feuer eines Bombenangriffes angesengten Brief meines Vaters hervor und legt ihn wie zur Illustration auf den Tisch. »Hals über Kopf haben wir in an der Oder die kruppschen Wohnbaracken verlassen, als es plötzlich hieß: Die Russen kommen! Einige wie ich hatten ja Fahrräder. Die haben wir vollgepackt. Fahren konnte man damit nicht mehr. Andere haben Stühle zerschlagen und aus den Rückenlehnen Schlitten gemacht. Zu Fuß sind wir ins Sudetenland. An jedem Bahnhof haben wir gehofft, einen Zug zu bekommen. Aber es fuhren keine Züge. In den Wartesälen haben wir die Tische zusammengeschoben und darauf geschlafen. Endlich bekamen wir einen Güterzug mit, der nach Dresden fuhr.«

Wenige Tage vor dem Bombenangriff, an dem in der Nacht zum 14. Februar 1945 fast 140 000 Menschen, Einwohner und vor allem Flüchtlinge, in Dresden unter den Bomben sterben, kommen die Kruppianer in dieser Stadt an.

»Mit dem Zug fuhren wir weiter nach Wittenberg«, fährt mein Vater fort. »Dort haben wir zum erstenmal wieder richtige Betten gesehen. In Wittenberg hieß es dann, wir könnten nicht nach Essen zurück. Krupp sei völlig ausgebombt. Wir müßten nach Hamburg in eine kruppsche Fabrik und da Flakgeschütze bauen. Mit dem Zug sind wir nach Hamburg. Hier wurden wir wieder in Baracken untergebracht. Und dann haben wir wieder Flakgeschütze gebaut. Aber zuerst habe ich mal einen Brief geschrieben.« - »Den habe ich nie gekriegt«, sagt meine Mutter.

Als die Engländer Hamburg besetzten, war auch für meinen Vater der Krieg zu Ende. Das bedeutete aber für ihn nicht die Rückkehr in die Heimat. Die Besatzungstruppen konnten die Kruppianer in Hamburg gut gebrauchen. »Im Hafen mußten wir Schuten beladen mit leeren Kanistern, die nach England zurück sollten. Am zweiten Tag dieser Arbeit hatte aber keiner von uns mehr etwas zu essen. Und das haben wir den Engländern gesagt. Da haben wir gesagt, wir würden nur noch arbeiten, wenn wir was zu essen kriegten. Da ist ein Offizier mit einem Dolmetscher gekommen. Der Dolmetscher hat uns vielleicht angeguckt! Was? hat der gesagt, Sie wollen nicht arbeiten, weil Sie nichts zu essen haben? Wir haben im KZ manchmal wochenlang nichts zu essen gehabt. Das wollen wir doch mal sehen!«

Die Engländer machten kurzen Prozeß mit den Kruppianern. Sie steckten sie ins Gefängnis, ins Polizeigefängnis. »Wo soll ich denn die vielen Leute unterbringen? hat der Gefängniswärter gejammert«, erzählt mein Vater weiter. »Was glauben Sie denn, wer hier schon alles sitzt? hat er gesagt. Zu je zwanzig Mann haben sie uns in eine Zelle gepfercht. Und dann Wassersuppe und klätschiges Brot. Und dann sind die englischen Truppen abgezogen, die uns eingelocht haben. Und die Deutschen haben nicht gewagt, uns freizulassen. Nach sechs Wochen sind wir endlich wieder rausgekommen.«

Wie mein Vater erzählt, kam die Befreiung von unerwarteter Seite. Ehefrauen hatten in Essen auf irgendeine Weise Wind von der Sache bekommen. »Sie haben eine Fahrt nach Hamburg organisiert und sind von Pontius nach Pilatus gelaufen. Aber keiner wollte zuständig sein. Bis sie uns dann endlich doch rausgelassen haben.« - »Und wo ist dein Fahrrad?« fragt meine Mutter. »Geklaut«, sagt mein Vater, »als ich aus dem Gefängnis kam, hatten sie es mir geklaut. Auf dem ganzen Weg auf der Flucht von Breslau habe ich es mitgeschleppt. Und ausgerechnet in Hamburg haben sie es mir geklaut. Hier in Essen könnte ich es jetzt bestimmt gut gebrauchen!«

Das Fahrrad geklaut! Das schöne Miele-Fahrrad mit den Vollballonreifen, mit denen man über Kopfsteinpflaster fahren konnte. Jeden Samstag hatte mein Vater es auf Hochglanz gewienert. Und dann hatte er mich einmal darauf mitgenommen kurz vor dem Krieg. Ein Sofakissen wurde auf die Stange gebunden, für einen Kindersattel hatten wir kein Geld, nur für die beiden kleinen Fußrasten, die mein Vater an die Fahrradgabel schraubte. Dann ging es zum Flughafen Essen-Mülheim. Da hat die Flak geschossen mit Platzpatronen. Flugzeuge sind geflogen, und Fallschirmjäger sind abgesprungen.

»Du wirst jetzt erst einmal wieder hochgepäppelt!« wischt meine Mutter energisch den Hinweis meines Vaters vom Tisch, der Meister habe in Hamburg gesagt, er könne jederzeit in Essen bei Krupp wieder anfangen. »Was sollen wir mit dem Geld! Da kann man sowieso nichts für kaufen. Wir fahren erst einmal nach Clarholz. Dir kann man ja das Vaterunser durch die Backen blasen.«

Das Gesicht meines Vaters ist eingefallen und grau. Ich hatte ihn anders in Erinnerung, als er uns im vergangenen Jahr das letztemal in Clarholz besucht hatte, mit seinem auf Hochglanz gewienerten Fahrrad, braungebrannter Glatze und mit dem schicken Knickerbocker-Anzug, der auf dem Fahrrad so praktisch war, weil man keine Hosenklammern brauchte.

Meine Mutter fährt mit meinem Vater nach Clarholz. Nach unserem Auszug von dem Bauernhof hatte Oma Eschen, die Mutter meiner Mutter, die vorher im Nachbardorf wohnte, unser Zimmer übernommen. Für drei Tage wird Oma Eschen zu ihrer Schwester Änne Pötter, meiner Großtante, ziehen, damit mein Vater und meine Mutter in dem Zimmer auf dem Bauernhof wohnen können. Fast ein Jahr lang haben sie sich nicht gesehen. Für die drei Tage der Abwesenheit meiner Eltern bleibe ich in der Obhut von Tante Emma und Onkel Franz, die schon darüber nachdenken, wie sich bald wieder ein eigenes Zuhause schaffen können. »Dieser Behelf ist auf die Dauer ja kein Leben!«

Wenn wir abends zusammensitzen, spielt meine Kusine Emmy, die oben bei Tante Minchen schläft, auf der Waldzither meines

Vaters. - »Schön ist die Nacht. Der Mond tanzt auf den Wolken«.
- Ein ganz schweres Lied. Man muß ganz kompliziert greifen auf
den Saiten. Ich glaube, das hätte mein Vater nun doch nicht
gekonnt. Emmy hatte früher selbst eine Waldzither, eine schöne
große. Aber die ist beim Bombenangriff verbrannt.
Eines Abends kommt ein amerikanisches Weißbrot auf den
Tisch. Onkel Franz hat es auf dem schwarzen Markt gekauft. Er
verdient Geld damit, daß er auf dem kleinen Schusterdreifuß
meines Vaters für die Nachbarn Schuhe ausbessert. Etwas Leder
hatte er noch aus seiner Werkstatt gerettet, als sie abbrannte. So
ein Brot habe ich noch nie gesehen. Weiß wie Schnee sind die
Schnitten, und man kann sie mit Daumen und Zeigefinger zusam-
mendrücken wie Schaumgummi. Aber schmecken tun sie wie
Kuchen. Da braucht man eigentlich nicht mal die dünne Marmelade, die Tante Emma da draufkratzt. Als ich, mit vollen Backen
kauend, noch einmal die Hand nach den Schnitten ausstrecke,
haut mir Tante Emma mit der flachen Seite des Tafelmessers auf
die Finger. »Du nicht mehr. Du hat schon sieben Schnitten
gehabt!«
An den Tagen, da meine Eltern nicht dasind, gehe ich öfter zu
Onkel Willy hinauf. Tante Minchen hat braunen Zucker ergattert.
»Ich mache dir einen Dauerlutscher«, sagt Onkel Willy, als Tante
Minchen nicht im Hause ist. Er tut zwei Eßlöffel von dem braunen
Zucker in die Pfanne und stellt sie auf den Herd. Dann schneidet
er von einem Stück Brennholz einen dünnen Span ab. Mit dem
rührt er in der Pfanne herum, bis der Zucker allmählich verläuft.
Und als die Masse Fäden zieht, wickelt er sie auf das Ende des
Spans. Jetzt schnell damit unter den Wasserhahn. Es zischt. Die
Zuckermasse am Stil wirft Blasen und erstarrt. »So«, sagt Onkel
Willy, »jetzt kannste lecken!« Der Zuckerklumpen sieht aus wie
geronnene Lava. Und so hart ist er auch. Man leckt sich die Zunge
wund. Aber es schmeckt prima. »Da, Onkel Willy, willst du auch
mal lecken?«
Da kommt Tante Minchen zur Tür herein. Mißtrauisch schnup-
pert sie. »Willy!!!« Sie eilt in die Kochnische und sieht ihren
Verdacht bestätigt. Demonstrativ schwenkt sie die Pfanne, in der
sich die Lavareste unablöslich mit dem Pfannengrund vereinigt
zu haben scheinen. »Wie soll ich denn das da wieder rauskriegen?
So ohne Fett kann man doch den Zucker nicht in die Pfanne tun!

Und außerdem brauche ich den Zucker ja wohl noch für andere Gelegenheiten!« Onkel Willy, bar jeglicher Argumente, verfällt in seine alte Taktik, das gedehnte Ja-ja-ja! Aber gerade das bringt Tante Minchen zur Weißglut. Als ich flüchtend die Tür hinter mir schließe, höre ich noch wie Tante Minchen schreit: »Du alten finnigen ostpreußischen Hund!« Das tut ihm weh. Denn er ist Westpreuße.

Als meine Mutter mit meinem Vater von der Mastkur in Clarholz zurückkehrt, hat sie nichts eiligeres zu tun, als zu erzählen, wie mein Vater auf dem Bauernhof nicht mehr früh genug zum Klo kommen konnte, nachdem er die erste fette Milchsuppe gegessen hatte. »Da war sein Magen nicht mehr dran gewöhnt. Und schließlich war das Klo ja auch auf dem Hof.« Mein Vater grinst nur still vor sich hin. Aber er sieht schon besser aus im Gesicht. Und seine Glatze ist in der Sommersonne auf dem Dorf auch braun geworden.

Mein Vater und meine Mutter haben nicht nur »Vitamine« mitgebracht vom Bauernhof. »Endlich brauchte ich mal nicht alles alleine zu schleppen«, sagt meine Mutter - sie hat auch mein Hitlerjungenkoppel wieder ausgegraben, das sie in Clarholz vor den heranrückenden Amis versteckt hatte. »Das ist doch gutes Leder. Das kann man doch bestimmt mal gebrauchen!« Onkel Franz, der Schuhmacher, prüft es zwischen Daumen und Zeigefinger. »Kernleder. Das gäbe ein Paar guter Schuhsohlen.«

Und das Koppel wurde zu Schuhsohlen. Und zwar für mich. »Ich mach dem Jungen ein Paar Schuhe«, hatte Onkel Franz gesagt, »etwas Oberleder hab ich ja noch.« So geschieht es, daß im Sommer 1945, in einer Zeit, da alle Welt in behelfsmäßigem Schuhzeug herumläuft, ich, ein knapp dreizehn Jahre alter Junge, zu einem Paar Maßschuhen komme, handgearbeitet. »Die ziehst du aber nur sonntags an. Und wenn du damit Fußball spielst, kannst du was erleben, dann hat dein Föttken Kirmes!«

Fußball gespielt habe ich mit den Schuhen nicht. Aber eines Sonntags sind wir spazierengegangen, Heinz, Männe und ich. Heinz und Männe riefen unter unserem Balkon, und als ich heraustrat auf den Balkon, standen sie da und hatten jeder einen Spazierstock in der Hand. »Gehste mit spazieren?« Tante Emma war nach mir auf den Balkon gekommen. Sie sah die Jungen, ging in die Wohnung zurück und kam mit einem ganz zierlichen

Spazierstock wieder. »Da, jetzt haste auch einen!« Ich konnte kaum glauben, was ich sah. Wo zum Teufel hatte diese Frau, zweimal ausgebombt, diesen geckenhaften Spazierstock her! Und ich erinnerte mich daran, daß meine Mutter gesagt hatte: »Die Emma ist immer für 'ne Überraschung gut!«

Ich muß quengeln, ehe meine Mutter es mir erlaubt, die »sonntagsen« Schuhe anzuziehen. »Aber boller nicht gegen jeden Stein damit!« Heinz, Männe und ich ziehen los. Wir staksen mit den Spazierstöcken oder schwingen sie am Griff in der Luft herum. Über die Gladbecker Straße geht es in Richtung Borbecker Büschken am Rhein-Herne-Kanal.

Als wir das kleine Waldstück verlassen, sehen wir im Stadthafen die schweren Ladekräne, die Ausleger abgeknickt oder schiefstehend, die Kräne von den Schienen gekippt. Ein imposanter Anblick, den die Bomben da hinterlassen haben. »Da geh'n wir mal hin«, sagt Heinz. Am Kanalufer entlang nähern wir uns dem zerstörten Hafen. Schwimmer tummeln sich im Kanal. Mutige springen von den abgeknickten Kranauslegern ins Wasser.

Bald beginnen die schweren Schienenstränge, auf denen die Kräne am Ladekai gefahren sind. Heinz steigt auf eine Schiene und balanciert, Spazierstock quer vor der Brust, auf ihr herum. Männe und ich natürlich in gleicher Manier sofort hinterher. »Wer ist schneller?« Heinz rennt auf der Schiene los. Wir hinterher, ich als letzter. Plötzlich rutsche ich von der Schiene ab und rutsche mit dem linken Fuß in die Spurrille. Fast hätte ich mir den Knöchel gebrochen, als ich vornüberfalle und mich mit den Händen abfange, so fest sitzt der Schuh in der Spurrille. Ich rufe. Heinz und Männe drehen sich nach mir um. »Was ist, warum kommste nicht?« - »Ich sitze fest!« Heinz und Männe finden das zunächst mal zum Totlachen komisch. »Versuch mal!« sagt Männe. »Versuch mal, versuch mal. Meinst du, wenn das so einfach wär, dann säß ich noch hier drin!« - »Dann müssen wir wohl helfen«, stellt Heinz fest, und er winkt Männe mit den Augen. Die beiden stellen sich, jeder auf einer Seite, neben mich und fassen mich unter die Achseln. »Hau ruck!« kommandiert Heinz. Ein Ruck, ich bin frei. Aber das ist für mich kein Grund aufzuatmen. Blankes Entsetzen packt mich. »Meine Mutter schlägt mich tot!« Ich bin heraus aus der Spurrille. Nicht so die Schuhsohle. Die steckt noch drin. Ich puhle die Sohle aus der Schiene und bin ratlos. »Hätteste ja auch den Schuh ausziehen können und dann versuchen«, sagt Heinz. »Hätteste, hätteste! Hätteste ja auch eher sagen können!«

Mein Gehirn ist umnebelt. »Ich muß nach Hause.« Heinz und Männe gehen mit. Gesprochen wird wenig auf dem Rückweg. Doch die beiden können sich immer wieder ein Grinsen nicht verkneifen, wenn ich so daherhumpele, die Schuhsohle in der Hand. Als ich nach Hause komme, klettere ich über den Balkon und schaue vorsichtig zur Tür herein. In der Wohnküche ist niemand. Vorsichtig schleiche ich an meinem Zimmer vorbei, in dem Tante Emma und Onkel Franz sich, Gott sei Dank, laut unterhalten - »Ist ja woll!« - »Ist ja nicht!« - »Ist ja woll!« - »Ist ja nicht«! - und verstecke die Schuhe im Badezimmer unter der Wanne. Wie es weitergehen solle, weiß ich auch nicht. Nur weg müssen die Schuhe, weg aus dem Gesichtskreis meiner Mutter. Zwei Tage geht das gut. Am dritten Tag sitze ich morgens vor meinem Graubrot mit Marmeladenersatz, als meine Mutter von der Toilette wiederkommt. Sie öffnet die Tür zur Wohnküche und wirft mir stumm die Schuhe vor die Füße. Ich krieche in mich zusammen. Diesen Blick kenne ich. Die Unterlippe meiner Mutter bebt. Dann bricht es aus ihr heraus. »Da kann man sich den Mund fusselig reden, aber nein, du kannst ja nicht hören! Ich weiß auch nicht, warum diese dämlichen Schulen nicht endlich wieder anfangen. Aber warte Männeken, jetzt werd ich andere Seiten mit dir aufziehen. Da setzt der Onkel Franz sich hin und macht dir ein Paar Schuhe und du, du, du ...« Auch das kenne ich. Jetzt, wo ihr die Worte fehlen, wird sie gleich zu Taten übergehen. Jetzt wird sie diesen ekligen, großen, abgesplitterten Kochlöffel aus der Schublade holen. Aber nein, der ist ihr nicht gut genug. Sie dreht sich um und holt aus der Nische im Korridor, dem Kabüffken, in dem die Putzsachen aufbewahrt werden, den großen Teppichausklopfer. Mit dem stürzt sie auf mich los. Ich flüchte in Richtung Elternschlafzimmer, reiße die Tür auf. Zwei, drei Schläge erwischen mich auf dem Rücken und am Hintern. Ich schreie wie am Spieß und hechte mit einem Bauchfletscher unter die Betten. Dort schreie ich weiter, so laut ich kann. Schimpfend läuft meine Mutter immer von einer Seite auf die andere und stochert unter den Betten mit dem Ausklopfer nach mir. »Ich werd dir helfen, ich erwisch dich doch noch, du Saujunge!«

Nicht einmal habe ich in Clarholz meine Mutter so wütend erlebt. Dort hatte sie immer die Hand über mich gehalten, auch wenn andere Leute sich wegen Raufereien mit Kindern bei ihr beschwert hatten. Nur einmal hatte sie zuvor so getobt. Das war zu Anfang des Krieges, als wir Kinder draußen spielten. Irgendeiner Eingebung folgend, hatte sich der Heinz plötzlich die Beinlinge der kurzen Hosen so hochgezogen, daß die blanken Hinterbacken herausschauten. Und so stolzierte er dann über den Rasen. Ich hatte nichts Eiligeres zu tun, als es ihm gleichzutun. Meine Mutter hatte es vom Balkon aus entdeckt. Mit dem kurzen Kommando »Reinkommen!« warf sie mir den Haustürschlüssel auf den Rasen. Drinnen lag dieser Kochlöffel schon auf dem Tisch. »Wie hast du dir die Hosenbeine hochgezogen?« fragte meine Mutter mit teuflischer Wißbegier. »Das wollen wir jetzt noch einmal machen.« Sie schnappte mich, legte mich übers Knie, zog mir die Hosenbeine hoch und drosch mir den schweren Holzlöffel auf die nackten Hinterbacken. Dazu rief sie im Takt: »Ich will dir helfen. Was sollen denn die Leute von uns denken!« Drei Tage lang konnte ich nicht sitzen.

Jetzt, unter den Ehebetten, bin ich zunächst sicher. Aber da ich weiß, wie das weitergehen wird, und da meine Mutter immer noch vor Wut schnaubt, schreie ich erst mal aus Leibeskräften weiter. Wer soll mir helfen? Tante Emma und Onkel Franz sind nicht da. Doch da lockt das Getöse endlich Tante Minchen aus ihrer Wohnung. Sie hat, Gott sei Dank, einen Schlüssel zu unserer Wohnung. »Änne, Änne!« höre ich sie schon im Korridor rufen. Im Schlafzimmer fällt sie meiner Mutter in den Arm. »Änne, Änne, versündige dich nicht! Du kannst dem Jungen ja mit dem Ding die Knochen kaputtschlagen!« Tante Minchen streckt mir unter dem Bett ihre Hand entgegen. »Nun komm da mal raus!« Vorsichtig krieche ich unter den Betten hervor.

Als ich vor Tante Minchen stehe, kriegt die einen Lachanfall. Ich bin voller dicker Staubflocken. Als meine Mutter das sieht, will sie einen neuen Wutanfall kriegen. Doch Tante Minchen sagt energisch: »Jetzt muß es gutsein, Änne!« Meine Mutter erzählt Tante Minchen die Sache mit den Schuhen. »Und dann ist er auch noch feige und versteckt die Schuhe unter der Badewanne.« Tante Minchen schüttelt den Kopf und sieht mich an: »Du machst aber auch Sachen.« Und dann beschwichtigend: »Das bringt der Franz schon wieder in Ordnung.« Meine Mutter hat sich inzwischen eine Zigarette gedreht. Aus Pfälzer Tabak. Ihre Hände zittern. Sie hält sie mir entgegen und sagt: »Guck mal, wie ich mich aufregen muß!« Dann nimmt sie einen tiefen Zug und fragt: »Wo hast du denn die Sohle?« - »Auch unter der Badewanne«, sage ich.

In der Folgezeit lerne ich einen Vater kennen, meinen Vater. Er ist nicht mehr der Papa, der abends hundemüde früh ins Bett geht, der seinen Akkordlohn selbst ausrechnen muß und der Handballen wie Leder hat vom vielen Feilen. In drei Wochen muß er wieder bei Krupp anfangen. Die Zeit will er nutzen, um einiges auf Vordermann zu bringen, wie er sagt. Meine Mutter näht derweil, um das wenige Geld zu verdienen, das man in dieser Zeit braucht.

»Wir müssen Holz haben zum Feuern«, sagt mein Vater, »und dann brauchen die Kaninchen einen ordentlichen Stall. Die müssen raus aus dem Keller, die werden ja krank.« Die beiden Kaninchen, die ich aus Clarholz mitgebracht habe, hausen immer noch in ihrer Kiste im Kohlenkeller. Einmal am Tag hole ich sie heraus aus ihrer Dunkelhaft und lasse sie auf der Bleiche grasen. Dann muß ich aber dabeisein und aufpassen, daß sie nicht weglaufen. Das Streu in der Kellerkiste ist nur spärlich. Es ist Heu, das ich auf der Bleiche selbst gemacht habe. Die guten Halme fressen die Kaninchen jedoch auf, so daß sie meistens mehr auf dem Kistenboden sitzen als auf dem Streu. Dieser ist ständig naß. »Das ist kein Zustand«, sagt mein Vater, »bevor der Winter kommt, muß ein richtiger fester Stall her.«

Mein Vater borgt sich von Herrn Mersch, dem Kriegsexperten - »Wir damals im Argonnerwald« - den Handwagen, und dann gehen wir zu dem ausgebrannten Barackenlager der ehemaligen »Ostarbeiter« der Schachtanlage Emil-Emscher. Mit Hammer und Beil klopfen wir heraus, was da an Balken und Brettern noch zu holen ist. Auch angekohlte Balken nehmen wir mit. »Das wird Feuerholz«, sagt mein Vater.

Zu Hause weist mein Vater mir meinen Teil der Arbeit zu. Während er auf dem Hof unter unserem Balkon die Feuerholzbalken zersägt, muß ich aus Brettern und Balken die Nägel herausziehen und sie auf dem Treppenabsatz geradeklopfen. »Die können wir gut gebrauchen«, sagt mein Vater. Zwischendurch muß ich ab und zu beim Sägen einen störrischen Balken festhalten. Aber ich bin nicht richtig bei der Sache. Denn auf der Bleiche liegen Heinz und Männe in der Sonne auf dem Bauch vor einem Wilhelm-Busch-Album. Sie kichern und glucksen, und machmal spielen sie mit komischen Bewegungen eine Szene nach. »Hier sieht man Bruder Franz und Fritzen zu zweit in einer Wanne sitzen.« - »Junge!«

Ein Blick meines Vaters trifft mich bis ins Mark. »Halt den Balken fest! Merkst du denn nicht, daß die Säge schon klemmt!« Heinz und Männe haben es gut, die brauchen keine Balken festzuhalten und keine Nägel geradezuklopfen.

Nachdem mein Vater wieder bei Krupp angefangen ist, geht er mit der Gründlichkeit des altgedienten Handwerkers zu Werke, um unseren Kaninchenstall zu bauen. Denn jetzt kann er in dem zerstörten kruppschen Lokschuppen organisieren, was er außer Holz sonst noch braucht. Wieder muß ich mithelfen, und wir bauen einen großen Stall mit drei Fächern übereinander.

Vor jedes Fach kommt ein Törchen mit eisernen Schanieren, die mein Vater bei Krupp geschlossert hat. Die Törchen haben nicht den bei Kaninchenställen üblichen Maschendraht, sondern Gitterstäbe wie Raubtierkäfige. Es sind Schweißelektroden aus Kruppstahl. »Den Maschendraht knipst mir jeder Spitzbube doch sofort durch«, sagt mein Vater. Der Stall hat vier kurze Beine wie ein Schrank. »Damit von unten Luft drankommt.« Die Törchen bekommen kleine Vorhängeschlösser, die mein Vater - weiß Gott, woher - besorgt hat. Aber das ist noch nicht alles. Er baut vor den gesamten Stall noch eine große Tür mit einem richtigen Schloß.

Dann steht er da, der Stall, vor der Weißdornhecke auf der Bleiche direkt neben dem Bunkerberg. Wie ein Tresor sieht er aus. Und so unüberwindlich soll er auch sein. »Wer jetzt unsere Kaninchen klauen will, der muß den ganzen Stall mitnehmen. Und der wiegt seine drei Zentner«, sagt mein Vater. Wohlwollend betrachtet er unser Werk. »Und aufbrechen kann man den auch nicht. Rundherum Winkeleisen und dann Eisenblech auf Holz befestigt. Da soll mal einer dran bohren oder sägen. Was meinst du, wie das quietscht!« Auf seinem Gesicht macht sich eine listige Freude breit, so als könne er es kaum erwarten, daß sich mal so ein Langfinger an seinem Kaninchentresor die Zähne ausbeißt. »Änne,

komm mal gucken, er ist fertig!« Meine Mutter kommt durch den
Keller auf den Hof und begutachtet das imposante Ding vor der
Weißdornhecke. »Stabil wie eine Lokomotive, was?« grinst sie.
Und es ist viel Anerkennung in ihrer Stimme.
Meine Mutter näht wieder für die Nachbarn. Rote Faltenröcke aus
Nazifahnen, weiße Blusen aus Fallschirmseide, Kinderhosen aus
umgefärbten Uniformen. Aus einer Uniform, die sie für »Vitami-
ne« aus Clarholz eingetauscht hat, näht sie mir für den Winter
einen Skianzug. Mit der typischen Hose, die man über den
Knöcheln zubindet und einer taillenlangen Jacke. Der Stoff ist
grün, und bald werde ich von meinen Spielkameraden »Der
Grüne« genannt.
Unsere Hauptmahlzeiten sind Wassersuppen aus gemahlenem
Korn. Das Korn hat meine Mutter aus Clarholz mitgebracht. Es
wird in der Kaffeemühle gemahlen. Wenn dann noch brauner
Zucker hineinkommt, schmeckt das sogar. Manchmal erwischen
wir beim Schlangestehen ein Weißbrot - die Bäcker backen
wahllos mit dem Mehl, das sie gerade bekommen können. Daraus
werden keine Schnitten gemacht, das wird in eine Magermilch-
suppe hineingebrockt. »Brockmanns Futterkalk«, sagt mein Vater dann jedesmal, wenn er mit vollen Backen kaut. Und meine
Mutter ergänzt: »Ja, das steht in den Rippen!«

»Die Emmy hat sich bestimmt in den Hans verguckt«, sagt meine
Mutter eines Tages. Hans, das ist Hans Mersch, der Matrose war
und von dem ich die Manchesterhose und das schöne Koppel für
meine Hitlerjungenuniform bekommen hatte. Er ist kürzlich aus
der Gefangenschaft nach Hause gekommen.
Meine Mutter hat sich nicht geirrt. Denn Emmy und Hans verkün-
den kurz darauf, daß sie Weihnachten heiraten würden. »So
schnell heiraten«, sagt meine Mutter«, »die haben bestimmt
Vorschuß genommen. Sollst mal sehen, das wird bestimmt ein
Sechsmonatskind!« Das ganze Haus soll mitfeiern. Die Manzels
natürlich nicht. - »Wer schon den Hausflur mit Stiefeletten
putzt!« - Oma Meier ist alt und krank. Sie liegt nur noch im Bett.
»Die wird es wohl nicht mehr lange machen!« sagt meine Mutter.
Bei einem Besuch am Krankenbett sagt Emmy: »Sie machen mir
doch keinen Kummer, Oma Meier, ich will Weihnachten heiraten!« - »Nee, ne, Kind«, sagt Oma Meier, »heirate du mal, so

lange halte ich noch durch.« Sie hat Wort gehalten. Kurz nach der Hochzeit ist sie gestorben.

Die Hochzeit Weihnachten 1945 ist im Hause das erste große Fest seit langer Zeit. Es gibt Selbstgebrannten vom schwarzen Markt und gestreckte Butterkremtorte. Meine Mutter probiert den Kartoffelsalat. »Ba, so ohne einen Tropfen Öl. Der schmeckt ja, als hätte man ihn im Spülstein angemacht!«

Das Brautpaar fährt mit einer weißen Kutsche zur Kirche, das heißt, zu dem Teil der Kirche, den die Bomben übriggelassen haben. Mein Vater betrachtet das Kutschpferd. »Sieht aus wie ein Garderobenständer. Da kannst du ja an jedem Knochen 'nen Hut aufhängen.«

Das Pferd sieht wirklich nicht so aus wie der Braune, mit dem der Gemüsemann vor dem Krieg durch unsere Siedlung kam. Wenn der Gemüsemann mit seiner großen Glocke läutete, lief meine Mutter in ihrer Kittelschürze mit dem Korb auf die Straße. »Helmut, gib dem Hansi mal 'ne Kartoffel!« sagte sie einmal, als ich mit ihr hinausgegangen war. Hansi, der Braune, wußte genau Bescheid. Vor unserer Haustür rührte er sich nicht eher wieder vom Fleck, bis er von meiner Mutter seine Kartoffel bekommen hatte. Sicher der Einfachheit halber nahm meine Mutter die Kartoffel für das Pferd gleich vom Gemüsewagen.

Auf der Fahrt zur Kirche darf ich neben dem Kutscher, der einen abgewetzten Zylinder trägt, auf dem Kutschbock sitzen. Unterwegs spiele ich mit meinem Weihnachtsgeschenk. Es ist ein billiges Taschenmesser. Immer wieder klappe ich die beiden Klingen raus und rein. Da rüttelt die Kutsche, und das Messer fällt mir aus der Hand. Noch ein Ruck. Das linke Hinterrad der Kutsche ist über mein Messer gefahren. Es knirscht ein bißchen, und dann ist mein einziges Weihnachtsgeschenk des Jahres 1945 Schrott. Noch etwas hat übrigens dran glauben müssen, an diesem Weihnachten. Es war der schwarz-weiße Kaninchenbock, der auf der Hochzeitstafel landete.

Im Frühjahr 1946 findet mein Vater, wir müßten nun mit der Kaninchenzucht beginnen, bevor wir die graue Häsin, die noch aus Clarholz stammt, ebenfalls aufgegessen hätten. »Das Tier muß zum Bock!« Herr Koßmann aus der Parallelstraße ist der anerkannte Kaninchenzüchter weit und breit. In seinem Garten hat er einen Stall, aus Backsteinen gemauert. Unsere Häsin wird in Mutters Einkaufskorb gesetzt, und mein Vater und ich gehen mit ihr zu Herrn Koßmann.

Herr Koßmann zieht an seiner kurzen Pfeife, in der der Stengeltabak knistert, packt die Häsin bei den Ohren, hebt sie auf die Hinterbeine und betrachtet sie fachmännisch. »Das wird aber auch Zeit. Die wird allmählich alt.« Dann schiebt er sie zu seinem Bock in den Stall. Sofort schnuppert der silbergraue Bock an ihr herum. Doch jedesmal, wenn er zu einer Liebesattacke ansetzt, klopft sie drohend mit den Hinterläufen. Dämliches Vieh, denke ich, denn ich will endlich wissen, was hier passiert. Jetzt hält sie still. Der Bock steigt von hinten mit den Vorderpfoten auf ihren Rücken und ruckt mit dem Hintern. »Solange sie den Schwanz nicht hochhebt, kann er nichts machen«, sagt Herr Koßmann. Doch dann werden die Stöße des Bocks immer schneller. Jetzt stößt er einen Quieklaut aus und fällt mehr von der Häsin herunter, als daß er absteigt. Es riecht streng. »Na, also!« sagt Herr Koßmann.

Die Häsin bekommt fünf Junge. Nackt und blind liegen sie in ihrem Nest. Das kenn ich schon von Clarholz her. »Wie gut, daß wir jetzt den festen Stall haben«, sagt mein Vater. Als die Kleinen sechs Wochen alt sind, kriegt Herr Koßmann eins davon ab. »Für's Decken«, sagt mein Vater.

»Das mit dem Bunkerberg vor unserem Balkon«, sagt mein Vater, »das gefällt mir gar nicht.« Der Bunkerberg, der unmittelbar vor unserem Parterre-Balkon liegt, hat einiges von seiner Fasson verloren. Wir Kinder spielen auf ihm herum. »König, König, ich bin auf deinem Berg!« Dabei treten wir die Erde herunter. Seine Ausläufer befinden sich bereits auf dem schmalen Aschenhof zwischen Bleiche und Häuserwand. Auch spielen wir am Bunkerberg Artillerieduell. Zu zwei Parteien hocken wir an den Schmalseiten des Berges, den künstlichen Hügel zwischen uns. Die kleinen Jungen Wolfgang und Herbert dürfen auch mitspielen. Sie müssen mit auseinandergebrochenen Holzwäscheklammern die Munition aus dem Lehm der Böschung stechen. Handliche Klumpen, mit denen wir größeren Jungen uns über den Bunkerberg hinweg bewerfen. Jeder Treffer löst große Freude bei dem Schützen aus, weniger ein solcher, der die auf der Bleiche ausgelegte Wäsche in Mitleidenschaft zieht.

Das alles gefällt meinem Vater nicht. Und meine Mutter assistiert: »Außerdem kann jeder Affe, der auf dem Bunkerberg steht, in unsere Wohnung gucken.« So gibt es wieder Arbeit für meinen Vater und für mich. Diesmal mit Schüppe und Spaten. Wir stechen die Böschung glatt und planieren die Oberfläche des Bunkerberges. Wir ziehen Stacheldraht, den mein Vater von Krupp besorgt hat, um den Bunkerberg herum und bauen eine Treppe, die mit einem Törchen verschlossen wird. Dann säen wir den Bunker mit Rasen ein. Auf dem kargen Mergelsboden, wie mein Vater das nennt - es ist ja der Aushub aus der Bunkergrube - wächst das Gras nur spärlich. »Wie bei einem Glatzkopf, bei dem endlich das Haarwuchsmittel gewirkt hat«, stellt meine Mutter anzüglich fest.

Nach der Bunkerberg-Kultivierung - bei den Kindern heißt der Berg künftig »Spiegels Bunkerberg« - wendet sich mein Vater einer neuen Aufgabe zu. »Ich brauche unbedingt ein Fahrrad. Jeden Tag zu Fuß, da latscht man sich die Hacken ab.« Der kruppsche Lokschuppen liegt im Stadtteil Bergeborbeck, hart an der Grenze zu unserem Stadtteil Altenessen. »So dreiviertel Stunde läuft man ja einen Weg.« Ich sollte das noch kennenlernen.

Mein Vater beginnt zu organisieren und baut sich ein Fahrrad zusammen nach dem Motto »Aus drei mach eins«. Zwei unserer jungen Kaninchen wechseln den Besitzer für die Bereifung. »Ich will doch nicht auf Wasserschläuchen fahren.« Das tun viele Bergleute in unserer Siedlung, die Wasserschlauchstücke aus der Grube mitbringen, die dann wie Reifen um die Räder gezogen werden. »Es fährt«, sagt mein Vater, »natürlich nicht so wie mein Miele-Rad, das sie mir in Hamburg geklaut haben.« Aber eines hat der Eigenbau doch mit dem Miele-Rad gemeinsam: Das Rad wird jeden Samstag auf Hochglanz gewienert.

Mit dem neuen Gefährt macht mein Vater sich auf den Weg zur Tante Sophie, jener Tante in der Soester Börde, die ihn nach dem Tode seiner Eltern großgezogen hat. - »Da wurde nur gebetet.« - Über den Ruhrschnellweg fährt er von Essen nach Niederbauer. Schwer bepackt kommt er zurück. Er hat Korn mitgebracht und Heu für die Kaninchen und einen Sack, in dem es gackert. Daraus kommen zwei Hühner zum Vorschein. »Die werden nicht geschlachtet«, macht er die Erwartungen meiner Mutter auf Gaumenfreuden zunichte, »die sollen Eier legen!«

Die Hühner werden zunächst in den Kohlenkeller gesperrt. Dann gehen mein Vater und ich wieder an die Arbeit. Die Kaninchen müssen zusammenrücken. Das untere Fach des Kaninchenstalls auf der Bleiche wird in einen Hühnerstall mit Sitzstangen und Fäckel zum Einsteigen verwandelt. Meinem Vater gefällt das Werk so gut, daß er feststellt: »Da passen noch mehr Hühner rein.« Diesmal radelt er zur Tante Agnes nach Rheda, zur jüngsten Schwester meiner Mutter, die immer noch auf ihren in Rußland vermißten Mann wartet. Mit einem Huhn kommt er zurück. Jetzt haben wir drei, und die legen Eier. Das gibt jede Menge Rührei, mit Mehl gestreckt. Und: »Da hat man doch wenigstens was zum Tauschen«, sagt meine Mutter und wiegt ein frisches Ei in der Hand.

Sie entdeckt an den Hühnern, die sich auf unserer einstmals so vornehmen Bleiche wohlzufühlen scheinen, menschliche Züge und gibt ihnen Namen. Das älteste Huhn, das am fleißigsten legt, heißt Großmutter, das freche, das sich immer an der Futterstelle den ersten Platz erkämpft und Konkurrenten wie Stare und Schwarzdrosseln energisch abwehrt, heißt Polizist. Und das kleinste, offenbar etwas zurückgeblieben, heißt einfach Hühnchen.

Mein Vater hat mir aufgetragen, jeden Abend bei Einbruch der Dämmerung den Kaninchen- und Hühnertresor auf der Bleiche mit dem großen Schlüssel abzuschließen, der im Korridor an der selbstgezimmerten Flurgarderobe hängt. Geht die Sonne unter, marschieren Großmutter und Polizist zielstrebig in den Stall. Nur Hühnchen nicht. Es hockt sich vor die Kellertreppe und wartet darauf, daß ich von dort aus dem Haus erscheine. Dann duckt es sich, läßt sich greifen und in den Stall tragen. Dämliches Vieh! Kaninchen brauchen nicht nur Futter, sondern auch Streu für den Stall. Auch die Hühner. »Die kacken sonst auf den Boden, und man muß es mühsam abkratzen.« Das Heu, das wir auf der Bleiche ernten können, reicht gerade als Winterfutter. Und Herr Peters erntet auch Heu. Er hat einen Kaninchenstall auf dem Balkon im dritten Stock. Ideal wäre Stroh gewesen. Doch woher? Wir versuchen es mit Laub, das im Herbst von den Bäumen fällt. Das funktioniert nicht schlecht. Kaninchen und Hühner scheinen sich darauf wohlzufühlen. Sie knabbern daran herum, ohne Schaden zu nehmen. »Die Tiere sind schlauer als die Menschen«, sagt mein Vater, »die fressen nur das, was sie vertragen können.«

Also ziehe ich im Herbst - der treue, unkomplizierte Männe geht oft mit - mit Sack und Besen durch die mit Bäumen bestandenen Straßen. Oft ist es gar nicht so einfach, in der näheren Umgebung fündig zu werden, denn andere Kaninchenzüchter haben die Vorzüge des Laubstreus offenbar auch entdeckt. So ziehen wir immer größere Kreise, um Vorrat für den Winter anzulegen. Dabei singen wir auf die Melodie »Nun, Mädchen, weine nicht«:
»Wenn das so weitergeht ein halbes Jahr,
dann ist im Kaiserpark und am Halloh kein Laub mehr da!«

»Jetzt haben wir Mist«, sagt mein Vater, »jetzt könnten wir auf dem Bunkerberg was pflanzen.« Und er pflanzt Kohl und Kohlrabi, Salat und Kartoffeln, sät Mohrrüben und Radieschen. Kümmerlich wachsen die Pflanzen auf dem Bunkerberg. Das Wasser versickert immer sofort auf dem Hügel, und wir schleppen Gießkanne um Gießkanne die kleine Treppe hinauf. Meine Mutter macht sich lustig über den rachitischen Wuchs der Mohrrüben. »Die sind ja höchstens als Zahnstocher zu gebrauchen.« - »Das kommt mit der Zeit«, sagt mein Vater, »der Bunker muß erst mal wieder richtigen Mutterboden ansetzen.«
Auch Onkel Willy findet, daß sein Schrebergarten besseren Dünger braucht. Doch er hat keinen Hühnerdung und keinen Kaninchenmist. Den originellen Dingen des Lebens zugeneigt, verfällt er auf eine Idee, die Tante Minchen die Schamröte ins Gesicht treibt.
Er gräbt ein Loch in seinem Garten und versenkt einen Einweckkessel darin. »Willy, mein guter Einweckkessel!« Darüber baut er ein Brett. Das ist nun ein Plumpsklo. Und das mitten in der schönen Rosenlaube. »Damit niemand reingucken kann«, sagt Onkel Willy. Er animiert mich und meine Spielkameraden, die Rosenlaubentoilette zu benutzen. Dafür zahlt er Honorar. Für Klein gibt es eine, für Groß zwei Mohrrüben oder wahlweise eine Stange Rhabarber. »Die treibt besonders gut«, sagt Onkel Willy.
Mein Vater zieht es vor, mich Pferdeäpfel suchen zu lassen. »Gehste mit Pferdeköttelschrappen!« Der gutmütige Männe geht mit. Mit Dreckschüppe und Marmeladeneimer suchen wir die Straße ab. Manchmal verrät ein feuchter Fleck auf dem Straßenpflaster, daß die Konkurrenz schneller war.

139

Als mein Vater dazu übergeht, Tabak auf dem Bunkerberg anzupflanzen, bemerkt meine Mutter: »Daran denkst du natürlich. Aber für ein paar Blumen für mich reicht der Platz wohl nicht!« Unsere kleine Wohnung, gut 49 Quadratmeter, aber geschickt aufgeteilt, ist mir zu keiner Zeit, in der ich dort mit meinen Eltern wohnte, eng vorgekommen. Auch nicht jetzt, da außer meinen Eltern und mir noch Tante Emma und Onkel Franz darin wohnen. Doch meine Mutter fühlt sich mit der Zeit wohl eingeengt. »Fisch und Besuch stinken nach drei Tagen«, sagt sie einmal. Doch ich weiß das nicht zu deuten. Tante Emma und Onkel Franz sind ja nicht zu Besuch, die wohnen ja hier. Und die Lebhaftigkeit der Tante Emma ist mir eher kurzweilig als störend.

So merke ich nicht, daß sich die Atmosphäre allmählich aufläd. Tante Emma hat auf dem schwarzen Markt Fallschirmseide gekauft. »Da nähste mir 'ne schicke Bluse draus, Änne.« Als die Bluse fertig ist, fragt Tante Emma: »Und wo ist der Rest der Seide?« - »Aber Emma, da ist kein Rest, das ist alles draufgegangen.« Tante Emma will das nicht glauben. »Aber Emma, die Seide ist so dünn. Ich habe die Beläge an Knopfleisten, Kragen und Manschetten dreifach nehmen müssen. Da geht doch mehr Stoff bei drauf. Und dann der Verschnitt.« Tante Emma ist nicht zu überzeugen. Sie spricht ihren bösen Verdacht aus: »Den Rest hast du für dich behalten!«

Meine Mutter ist zu Tode beleidigt. Es gibt einen Riesenkrach. Tante Emma und Onkel Franz ziehen aus unserer Wohnung aus, rauf zu Tante Minchen. Emmy wohnt ja jetzt nicht mehr bei Tante Minchen. Nach ihrer Hochzeit mit Franz wohnt sie bei Mersch. Unversöhnlich leben die beiden Frauen nebeneinander her. Mein Vater ist wütend auf seinen Bruder Franz, weil der nicht beschwichtigend eingegriffen hat. »Der kennt doch die zänkische Emma am besten. Die ist mal auf den Franz mit einem Messer losgegangen, weil sie glaubte, daß er ein Liebchen hat.«

Erst viele Jahre später, auf Onkel Willys Beerdigung, geht Tante Emma auf meine Mutter zu und drückt ihr stumm die Hand. Ihren Vorwurf hat sie dennoch nie zurückgenommen. Ich profitierte von diesem Zerwürfnis. Ich bekomme mein Kinderzimmer wieder. Der schöne Kanonenofen mit den bunten Scheiben vor der Feuerkiste wird wieder aus dem Keller hervorgeholt. Aber er wird nur stundenweise angemacht, wenn es besonders kalt ist.

»Oh, du lieber Augustin.«

»Schau nicht hin,
schau nicht her,
schau nur gradeaus,
und was dann auch kommt,
mach dir nichts daraus ...«

Helmut sitzt in seiner Matrosenuniform auf dem Bunkerberg vor unserem Balkon und läßt die Beine baumeln. Ein heller Sommerabend 1946. Der kann vielleicht Akkordeon spielen! 120 Bässe, da ist Musik drin. Ich sitze neben ihm, und während er spielt, kann er sich noch mit mir unterhalten, so gut spielt der. »Mein Schifferklavier habe ich im Krieg überall mit hingenommen.«

Helmut ist so um die zwanzig. Nicht viel älter als jene Jungen und Mädchen, die an diesem Abend auf dem Aschenhof unterhalb des Bunkerberges zu seiner Musik tanzen. So nach und nach waren sie in diesem Sommer wieder eingetrudelt, von der Front oder aus Lagern. Die Jungen hatten alle noch in den Krieg gemußt, auch wenn sie erst sechszehn oder siebzehn Jahre alt gewesen waren. Die Mädchen waren Krankenschwestern gewesen, Landjahrmädchen bei einem Bauern oder Wehrmachtshelferinnen. »Die Blitzmädels hatten ja meist was mit den Offizieren«, sagt meine Mutter. Viele hatten sich lange nicht mehr gesehen. Und auch das Tanzen war ja lange Zeit verboten gewesen. So gibt es Nachholbedarf, der jetzt unter freiem Himmel auf dem Aschenparkett zünftig befriedigt wird.

Die Paare singen oder summen die Melodien mit, die der Helmut vom Bunkerberg aus auf sie herunterspielt. Sie sind ausgelassen und unbekümmert fröhlich. Bei einigen Schlagern singen die Jungen eigene, umgedichtete Texte mit, wie zum Beispiel bei dem Titel »Was eine Frau im Frühling träumt ...«

»Bei uns zu Haus auf dem Balkon
da steht ein alter Pappkarton.
Und darin wohnt der Hans, und das ist ein Kaninchen.
Gleich nebenan da wohnt ein kleines Suppenhühnchen.
Und eines Nacht ist es passiert.
Da hat der Hans das Hühnchen verführt.
Nun stellen Sie sich einmal vor:
Ein Hühnchen mit Kaninchenohr'n.«

Plötzlich unten auf dem Hof großes Hallo: »Mensch, Hans, daß du auch wieder da bist!« - »Bald wär' es schiefgegangen«, sagt Hans. Er zeigt auf eine Narbe am Kopf: »Wir wollten über'n Bahndamm rüber. Da hat der Iwan mich erwischt.«

Hans zieht sofort die Aufmerksamkeit der Mädchen auf sich. Er ist ein hochgewachsener, gutaussehender Junge aus einer Nachbarstraße. Doch noch etwas an ihm erregt die Aufmerksamkeit der Korona. Das ist die Flasche Schnaps, die er in der Hand schwenkt: »Mensch, Hans, ist ja prima, wo hast du die denn her?« - »Brennabor«, grinst Hans, und jeder weiß sofort, daß das ein »Schwarzgebrannter« ist.

Die Flasche beginnt zu kreisen. An mir geht sie natürlich vorüber. »Willste auch einen?« lacht Helmut neben mir. Aber er meint das nicht ernst. Ich bin ja noch ein Kind. Der Alkohol tut bald seine Wirkung. »Man ist ja nichts Gutes mehr gewöhnt.«

»Helmut, mach mal den Pannenflicker!« Gemeint bin nicht ich, sondern mein Namensvetter mit dem Akkordeon. Der legt sogleich los, und die Jungen singen:

»Als Pannenflicker bin ich bekannt.

Als Pannenflicker zieh ich durch das Land.«

Man kann das »l« auch weglassen. Dann kichern die Mädchen. Unter ihnen auch meine Kusine Emmy.

Ich sehe erschrocken zu den Balkonen hinüber. Denn auf vielen Balkonen stehen die Nachbarn und schauen dem fröhlichen Treiben zu. Gott sei Dank! Auf unserem Balkon lehnt sich nur Tante Emma über die Brüstung. Und die grinst. Meine Mutter ist nicht da.

Die Jungen haben inzwischen das Lied weitergesungen. Jetzt sind sie an der Stelle angelangt, an der es heißt:

»Sie zeigte mir ein Löchelein,

das war 'nen Taler groß.

Oh, Pannenflicker, nimm dich in acht,

daß du das Löchelein nicht größer machst.«

Die Mädchen quieken wie damals Tante Minchen auf ihrer Silberhochzeit. Die steht mit Onkel Willy auch auf dem Balkon. Sie schüttelt den Kopf. Aber Onkel Willy lacht. Dabei hält er sich wieder so komisch die Hand vor den Mund.

Auf dem Hof wird die Stimmung immer ausgelassener. Die Jungen albern herum und machen mit breitem amerikanischem

Akzent die Amis nach. Karl-Heinz fragt den Manni: »How do you do?« Und der antwortet: »Hau du zuerst!« Oder Hans fragt Hildegard: »Fraulein, haben Sie eine Wiege? Ich möchte etwas wagen.« Dann wird wieder eine Runde getanzt. Nun ist meine Mutter auf dem Balkon erschienen. Und sie singt zu der Melodie, die Helmut spielt:

»In einer kleinen Konditorei,
da saßen wir zwei und fraßen für drei.
Sie sagt kein Wort, kein einziges Wort.
Da wußt ich sofort: Sie muß zum Abort.
Und das elektrische Klavier, das spielte Lieder
von warmen Brüdern, von Liebesleid und -weh.
In einer kleinen Konditorei,
da saßen wir zwei und fraßen für drei.«

Johlender Applaus auf dem Hof. »Hat unser Paul immer gesungen«, sagt meine Mutter. Jetzt haben sie wieder Sprüche drauf da unten. »Wenn das so ist, mein Herr, und Sie der Gärtner sind, dann hängen wir die Tomaten wieder an den Strauch.« - »Das heißt doch ganz anders!« ruft Hans. »Wenn das so ist, mein Fräulein, und das Gras zu naß, dann ziehen Sie das Höschen hoch und geben die Schokolade wieder her!«

Wieder fährt mein Blick zu unserem Balkon hinüber. Gott sei Dank, da ist nur noch Tante Emma. Doch mein Aufatmen dauert nicht lange. Meine Mutter erscheint auf dem Balkon, und mit giftigem Blick wirft sie den Haustürschlüssel auf den Hof. Das heißt: Helmut, sofort reinkommen! Ich rutsche vom Bunkerberg herunter.

Als ich schon im Bett liege, wird das Gelächter auf dem Hof allmählich leiser. Draußen ist es schon fast dunkel. Jetzt hat der Schnaps endgültig seine Wirkung getan. Jetzt singen sie schaurig-schön zu einer alten russische Melodie:

»Unrasiert und fern der Heimat,
fern der Heimat, unrasiert.
Unrasiert und fern der Heimat,
fern der Heimat, unrasiert.
Und der Bart wird immer länger.
Immer länger wird der Bart.
Und der Bart wird immer länger.
Immer länger wird der Bart.«

In dieser unmittelbaren Nachkriegszeit ist jenen, die noch einmal davongekommen sind, jeder Anlaß zum Feiern recht. Und der Anlaß ist meistens die Tatsache, daß jemand ein alkoholisches Getränk aufgetrieben hat. Das alkoholische Getränk der Stunde ist der selbstgebrannte Schnaps. Man kann auch Bier kaufen, gegen Brotmarken. Dünnbier. »Da muß man ja nur von pinkeln«, sagt meine Mutter. Der Schnaps wird aus Zucker gebrannt, in selbstgebauten, ausgeklügelten Destilliergeräten, die man auf die Herdplatte stellen kann. Was da herauskommt, ist ölig und kratzt in der Kehle. Doch niemand kommt auf die Idee, den Fusel noch einmal durch das Destilliergerät zu schicken, um ihn zu veredeln. »Die Betriebsverluste sind zu hoch«, sagt Hans. Da trinkt man lieber einen mehr, einen öligen. Selbstverständlich ist das Schnapsbrennen verboten. Die Destilliergeräte sind rar und ein kostbares Gut. Sie werden nur an gute Freunde verliehen und bei Nacht und Nebel transportiert. Will man feiern, weil Freunde oder Nachbarn genug Zuckervorräte zusammenlegen können, wird so ein Ding besorgt. Wenn es mit seinen Kupferschlangen auf der Herdplatte steht, bleibt die Wohnungstür fest verschlossen. Auffallend ist, daß niemand mit seinem Schnaps kniepig umgeht. Wer mitfeiern will, ist willkommen, wenn er andere nahrhafte Sachen beisteuern kann.

In unserem Haus finden solche Feiern meistens bei Meiers statt. Denn Hans geht mit der Tochter Amanda. Und der Hans versteht was vom Schnapsbrennen und vom Feiern. Seine durch den Krieg unterbrochene Lehre als Zeichner will er später wiederaufnehmen. »Jetzt lohnt sich das doch nicht.« Dafür pflegt er nützlichere Verbindungen. Tagsüber ist er oft oben bei Meiers allein in der Wohnung. Frau Meier, ihr Mann ist inzwischen gestorben, arbeitet in der Küche einer Zeche, Amanda wieder in einem Lebensmittelladen.

Ab und zu gehe ich Hans oben besuchen. Ich bewundere ihn, da er so stattlich und mit seinen zwanzig Jahren schon so erwachsen ist. Dann erzählt er mir vom Krieg und von den Kriminalromanen, die er liest. Einmal hat er sich Hemingways »Wem die Stunde schlägt« besorgt. »Ein tolles Buch, mußt du auch mal lesen!« Ihm gefällt aber nicht so sehr der Held des Romans, der amerikanische Freiwillige auf Seiten der Republikaner im spanischen Bürgerkrieg. Ihm imponiert mehr der finstere »Räuberhauptmann«

Pablo, der in den Bergen haust. »Das ist ein toller Kerl.«
Die kleinen Feiern, zu denen sich stets so acht bis zehn Jungen und
Mädchen im Alter von achtzehn bis einundzwanzig Jahren in
Meiers Wohnung einfinden, sind keine mondänen Partys. Man
trinkt Schnaps, erzählt sich schaurige Geschichten von Leuten,
die nach dem Genuß von selbstgebranntem Alkohol blind gewor-
den sind, und albert herum. Und dann treibt man harmlose
Liebesspiele. Den Anlaß dazu liefern Pfänderspiele. »Hier ist ein
Scheit, und der Scheitschleißer läßt sagen, daß der Scheit gut
geschlissen und geschleißt sei.« Wer sich verspricht, muß ein
Pfand abgeben. Die Versprecher sind eindeutig und lösen große
Heiterkeit aus. Die Pfänder wandern in einen Hut: eine Uhr, ein
Ring, ein Schlüsselbund, ein Portemonnaie. Die müssen dann
eingelöst werden. Ein Mitspieler, der nicht sehen kann, um
welches Pfand es sich handelt, kann bestimmten, was der Besitzer
zu tun hat.

»Bumm, bumm, bumm, was soll der tun, dem dieses Pfand ge-
hört? Es gehört einem Mann.« - »Er soll Inge dreimal auf den
Mund küssen!« - »Ah«, macht es in der Runde, und Inge kichert.
Inge bekommt ihre drei Küsse und der Pfandbesitzer seinen
Schlüsselbund zurück. »Bumm, bumm, bumm, was soll der tun,
dem dieses Pfand gehört? Ein Mann.« - »Er soll auf einem Bein
stehend ein Weihnachtsgedicht aufsagen.« Eine Verrichtung zum
Kringeln. »Bumm, bumm, bumm, was soll der tun, dem dieses
Pfand gehört? Eine Frau.« - »Sie soll den Ofen anbeten.« Das
Mädchen kniet vor dem Ofen nieder. »Lieber Ofen, ich bete dich
an, du brauchst Kohlen und ich einen Mann.« Das Mädchen wird
von seiner frommen Tätigkeit erst erlöst, wenn ein Mann zu ihm
geht und es küßt. Auf den Mund natürlich. Sehr beliebt ist es, ein
Mädchen, dem man eins auswischen will, eine Weile vor dem
Ofen schmoren zu lassen.

Geht der Alkohol zur Neige und hat er seine Wirkung getan,
enden die kleinen Feiern stets mit demselben Spiel: »Oh, du lieber
Augustin«. Dazu stellt sich die Gesellschaft im Kreis auf, Männ-
lein neben Weiblein. Die jungen Leute singen »Oh, du lieber
Augustin«, wiegen sich dabei leicht im Takt, und der Kreis dreht
sich langsam. Ein Mädchen oder ein Junge tritt in den Kreis und
dreht sich um sich selbst. Das Spiel hat nur einen Sinn: so viele
Küsse wie möglich zu ergattern.

»Oh, du lieber Augustin, Augustin, Augustin.
Oh, du lieber Augustin, alles ist hin.
Knie zu Fuß, knie zu Fuß,
gib deinem Schatz einen Kuß!
Oh, du lieber Augustin, alles ist hin.«

Der Mitspieler im Kreis macht neckend mal einen Schritt hierhin und einen Schritt dorthin. Schließlich sucht er sich einen Partner aus. Beide knien voreinander nieder und küssen sich. Danach muß der oder die Erwählte in den Kreis treten, und das Spiel beginnt von vorn.

Auf einem dieser Feste, in das ich hineingerate, weil ich den Hans besuchen will, bekomme ich den ersten richtigen Kuß meines Lebens. Ich hocke auf dem Sofa und schaue dem munteren Treiben zu. »Komm, spiel mit«, hatte Hans beim Pfänderspiel gesagt. Doch ich hatte nur verlegen den Kopf geschüttelt. Wieder hinuntergegangen in unsere Wohnung bin ich aber auch nicht, dazu war ich zu neugierig gewesen. Auch das Angebot, an einem Schnaps zu nippen, hatte ich abgelehnt. Nicht etwa, weil ich es nicht gerne auch mal versucht hätte. Aber ich war einfach zu befangen vor den lärmenden jungen Menschen, die alle schon ein bißchen angeheitert waren, vor allem vor den großen Mädchen. Also sitze ich da und gucke zu. »Oh, du lieber Augustin«, geht es jetzt los. Im Kreis dreht sich die schwarzhaarige Ulla, ein schönes Mädchen mit dunklen Augen und vollen Lippen. Plötzlich kneift sie ihren Mitspielern ein Auge zu und durchbricht den Kreis. Sie kommt auf mich zu. Die wird doch wohl nicht ...? Sie wird! Sie faßt mich an den Händen und zieht mich in den Kreis, der sich bereitwillig öffnet. Ich ziehe die Schultern ein. »Stell dich nicht so an!« sagt Manni, »du bist doch schon ein richtiger Mann.« Alle lachen. Ulla kniet vor mir nieder und zieht mich an den Händen zu sich herunter, bis auch ich knie. Dann drückt sie ihre vollen Lippen auf die meinen. Ganz unaufdringlich und zart. Ich schließe die Augen. Alle klatschen in die Hände. Ich rappele mich hoch, stottere: »Ich muß jetzt aber runter, ist schon spät« und verlasse den Kreis. Gelächter schallt hinter mir her, als ich zur Wohnungstür strebe. Als ich im Bett liege, denke ich darüber nach, wie weich so ein Frauenmund ist. Von meiner Mutter bekomme ich auch ab und zu einen Kuß. Auf die Backe. Und mit ihrem Temperament langt sie dann immer ordentlich zu.

Einige Wochen später gehe ich nachmittags wieder zu Hans hinauf. »Vorsicht«, sagt er, nachdem er mir die Korridortür geöffnet hat, »frisch gestrichen!« Der Fußboden der Wohnküche ist mit rotbrauner Farbe gestrichen. Da hat der Hans ja richtig gearbeitet! Man muß über schmale Bretter, die auf Holzklötze gelegt sind, wie über Brücken laufen, und man riecht die frische Farbe. Doch stärker ist der Geruch, der aus der Kochnische kommt. Auf dem Herd steht der kleine Kessel mit den kupfernen Kühlschlangen. Ölig tropft es in eine große Emailletasse. Lautlos fallen die Tropfen. Hans grinst: »Du verrätst ja draußen nichts! Woll'n wir mal einen probieren?« Mit einer Soßenkelle langt er in die Emailletasse. Dann nippt er daran und hält auch mir die Kelle unter die Nase. Ich nippe auch. Brr! Ich schüttele mich. Das Zeug ist lauwarm, und wonach das überhaupt schmecken soll, weiß ich nicht. Aber das sage ich nicht. Ich sage: »Schmeckt ganz gut.« - »Na warte, erst mal gleich«, sagt Hans. Er tritt auf den Balkon hinaus und kommt mit drei Flaschen fertiggebranntem Fusel wieder zum Vorschein. Damit balanciert er über die ausgelegten Bretter zum Tisch in der Wohnküche, der unmittelbar an den Schrank herangeschoben ist wegen der Fußbodenanstreicherei. Aus dem Schrank holt er vier knisternde kleine Tüten, sehen aus wie Brausetüten. Aber Hans klärt mich schnell auf: »Likörpulver!«

Es gehört zu den Merkwürdigkeiten jener Zeit, daß Schnapsbrennen zwar streng verboten ist, es ihn offiziell also gar nicht gibt, daß man aber in der Drogerie Essenzenpulver kaufen kann, um den Schnaps in Liköre zu verwandeln.

Hans holt aus der Kochnische einen kleinen Trichter. »Wir fangen mit Kakao mit Nuß an.« Er entkorkt eine Flasche mit dem Selbstgebrannten, setzt den Trichter darauf, reißt eine der kleinen Brausetüten auf und schüttet etwas Pulver in den Trichter. In dem Schnaps bildet sich eine kleine Wolke. Hans setzt den Korken wieder drauf, schüttelt die Flasche. Dann gießt er einen Schluck aus der Flasche in ein Schnapspinnchen und trinkt es aus. »Ich glaube, er kann noch etwas haben!« Wieder gießt er dann einen Schluck in das Schnapspinnchen und hält es mir hin. »Probier du mal!« Ich kippe den Schluck runter und werfe dabei den Kopf in den Nacken, wie Hans das vorher getan hat. »Kann noch etwas haben«, spiele ich das Spiel mit. Ich weiß bei Gott nicht, wie

Kakao mit Nuß schmeckt. Die Flasche bekommt eine neue Prise von dem Pulver. Und wieder probieren wir. »Schon besser!« So machen wir weiter Likör. Kirsch, Apricot-Brandy, Eierlikör - mit Eipulver. Und wir probieren, bis alles seine Richtigkeit hat. Ich bin mächtig stolz auf mich, daß ich die Schnapspinnchen jetzt wegkippe wie ein alter Fuhrmann.

Das Verhängnis kommt unangemeldet. Plötzlich dreht sich alles um mich. Ich habe ein Rauschen in den Ohren und das Gefühl, als bestünden meine Wangen aus Pappmaché. Dann sehe, höre und fühle ich gar nichts mehr, falle einfach um, hinein in die noch nicht ganz trockene Fußbodenfarbe.

Hans klaubt mich vom Fußboden hoch. »Was ist denn mit dir los? Man hat dir ja gar nichts angemerkt.« - »Mir ist schlecht.« Meine Oberlippe ist so merkwürdig kalt. Schweiß steht mir auf der Stirn. »Deine Jacke«, sagt Hans. Und ich werde schlagartig wieder nüchtern. Die Fußbodenfarbe! Ich trage einen hüftlangen Blouson, nagelneu und strahlend blau. Einen sogenannten Lumberjack. Meine Mutter hat das Kleidungsstück unter großen Schwierigkeiten besorgt. »Endlich hat der Junge doch mal was Vernünftiges anzuziehen!« Mitten auf dem Rücken und an den Ellenbogen ist die rotbraune Fußbodenfarbe mit dem strahlenden Blau eine innige Verbindung eingegangen. »Meine Mutter schlägt mich tot!«

Es ist gegen zehn Uhr abends. »Ich gehe mit dir runter«, sagt Hans. Behutsam erklärt er meiner Mutter den Vorfall. »Es ist alles meine Schuld, Frau Spiegel. Der Helmut hat nur mal probiert. Wahrscheinlich hat er vorher nichts Richtiges im Magen gehabt. Dann passiert so was schon mal.« Meine Mutter läßt sich beschwichtigen. Sie mag den Hans. Wahrscheinlich ist sie auch ein bißchen verliebt in ihn. Wie andere Frauen im Haus auch. Meine Mutter schlägt mich nicht. Sie kann sogar meinen Vater dazu bewegen, mit Terpentin an meiner Jacke herumzuwerkeln. Doch die Fußbodenfarbe hat sich nie wieder ganz entfernen lassen.

Das änderte nichts an der Tatsache, daß sich mein Vater einige Zeit später zum Thema Alkohol gegenüber seinem Sohn äußern mußte. Im Herbst 1947 findet meine Mutter, daß es endlich an der Zeit sei, so wie in alten Zeiten wieder einmal die Familie zusammenzutrommeln. »Da hat man sich doch bestimmt viel zu erzählen.« Meine Mutter schickt Briefe herum. Und Tante Minchen und sie beginnen gleich zu organisieren. Etwas Kaffee muß man auf die hohe Kante legen. Und gute, fette Milch wird sie aus Clarholz holen, aus der man dann durch Schockeln im Einweckglas Butter für die Butterkremtorte machen kann. »Mensch, Helmut, nicht so feste. Das spritzt ja schon alles raus. Dafür ist die Milch doch zu schade!«

Der Schnaps, den man für alle Gäste braucht, wird sich weder auf dem schwarzen Markt kaufen noch selbst brennen lassen. »Ich mache Wein«, befindet mein Vater. »ich habe das früher bei uns bei den Bauern gesehen, wie sie Wein auf Hagebutten angesetzt haben.« Meine Mutter ist skeptisch. »Wo willst du denn Hagebutten hernehmen?« Mein Vater bleibt gelassen. »Ich nehme Wurzeln.« Wurzeln, das sind im Ruhrgebiet die Mohrrüben. »Auf Wurzeln?« Meine Mutter schüttelt den Kopf. Mein Vater erklärt, daß man auf jeder Frucht, in der natürlicher Zucker vorhanden sei, Wein ansetzen könne. »Also auch auf Wurzeln.« Die Wurzeln liefert der Bunkerberg-Garten. Sie sehen jetzt nicht mehr aus wie Zahnstocher. Hühnerdung und Kaninchenmist haben ihre Schuldigkeit getan. Auch Onkel Willy steuert aus seinem Schrebergarten ein Kontingent an Wurzeln bei.

Dennoch findet er die Wurzelidee nicht besonders originell. »Wein aus Wurzeln, das wird ziemlich fade. Holunderbeeren sind besser. Da kommt Aroma dran. Auf unserem Gut in Westpreußen, da haben meine Eltern früher immer Holunderbeeren genommen.« Das erzähle ich meinem Vater. Doch der beharrt auf Wurzeln. »Weil man die am leichtesten kriegen kann!« Dann werde ich Wein aus Holunderbeeren machen, beschließe ich. Der Onkel Willy hat bestimmt recht.

Am Ententeich der Villa des Herrn Assessors, zu dem man jetzt ungestört durch die Hecke kriechen kann, sammele ich die Holunderbeeren. Indes schnetzelt mein Vater seine Wurzeln und dreht sie durch den Fleischwolf, mit dem meine Mutter und ich früher immer Spritzgebäck gebacken hatten. Den Wein setzt er an in dem großen Glasballon, aus dem Onkel Willy vor seiner Silberhochzeit den Wein ausgesoffen hatte. Zucker kommt dazu und etwas Hefe. Über den Flaschenhals des Glasballons hängt mein Vater einen Leinenlappen. »Der muß immer feucht gehalten werden. Dann können die Gärgase raus, die Luft von außen aber nicht rein.« Der Gasballon steht im elterlichen Schlafzimmer.

Ich mache auch Wein für die Feier. Aus Holunderbeeren. Sobald es darum geht, praktische Dinge zu bewältigen, entwickelt meine Mutter den Eifer des Tatmenschen. Ich bekomme von ihr den großen schwarzen Emaillekochtopf, etwas Hefe zwackt sie vom Vorrat des Vaters ab, etwas braunen Zucker gibt sie mir auch. Also kann auch ich meinen Wein auf meinen Holunderbeeren ansetzen. Ein großer Leinenlappen verschließt den Topf, und ich bin eifrig bemüht, den immer feucht zu halten. Bald ziehen ungewohnte Düfte durch unsere Wohnung, wenn man die Tür zum Elternschlafzimmer öffnet. Sie vermischen sich mit den Düften, die aus meinem Zimmer kommen. Unsere Weine gären eifrig.

Nach vier Wochen wird probiert. Ich darf auch probieren. Vaters Wein ist trübe und etwas süßlich. Dann probiert mein Vater meinen Wein. Er verzieht das Gesicht. »Der ist aber sauer. Ich glaube auch, der hat einen Nachgeschmack.« Ich probiere. Ich weiß nicht, wonach der Holunderwein schmeckt. Ich weiß auch nicht, was Geschmack und was Nachgeschmack ist. Ein bißchen schmeckt er so, als wenn ich früher ein aus einem Holunderzweig gebasteltes Pusterohr in den Mund gesteckt habe. - Zack, die dicke »Mehlbeere« vom Weißdorn dem Männe genau auf die Nasenspitze. Der springt und reibt sich seine Nase. Er selbst hat sich ein viel zu dickes Pusterohr gemacht mit einem viel zu großen Loch. Er nimmt immer gleich den ganzen Mund voller Holunderbeeren. Und dann streuen die Beeren heraus wie aus einer Schrotflinte und tun niemandem weh. - Doch ich bin stolz auf meinen selbstgemachten Holunderwein.

Am Abend des Festes ist unsere kleine Wohnung proppenvoll. Außer Tante Minchen und Onkel Willy, die ja nur die Treppe hinunterzukommen brauchen, sind Onkel Alfred und Tante Hilde da, die jetzt im Lager der Likörfabrik, in der sie beide früher gearbeitet haben, eine Notwohnung bewohnen. Onkel Josef und Tante Cläre sind aus Bottrop angereist, wo Onkel Josef dabei ist, sich eine neue Existenz aufzubauen. Er hat sogar schon wieder ein Auto, einen alten DKW-Reichsklasse. »Der macht jetzt in Autoersatzteilen«, sagt meine Mutter stolz.

Onkel Otto aus Steele ist da mit Tante Änne, einer Schwester meines Vater. Vorher war er mit Tante Traudchen, auch einer Schwester meines Vaters, verheiratet. Als Tante Traudchen an

Krebs starb, hat er gleich die nächste Schwester zur Frau genommen.

Tante Emma und Onkel Franz sind nicht da. Der Streit wegen der Fallschirmseide ist noch längst nicht beigelegt. »Ich habe keine Veranlassung, die einzuladen«, hatte meine Mutter gesagt. Tante Emma und Onkel Franz wohnen inzwischen in einem selbstgebauten Behelfsheim auf der Stadtwiese.

Natürlich ist die Hausgemeinschaft auch eingeladen. Selbstverständlich Frau Manzel und ihre Mann nicht. - »Wer schon mit Sonntagsstiefeletten den Flur putzt!« - Hans, der ja jetzt mit der Amanda Meier geht, hat eine Flasche Selbstgebrannten mitgebracht.

Vaters Wein findet allgemein Anklang. »Mensch, Fritz, wo haste den denn her?« - »Auf Wurzeln angesetzt.« - »Auf Wurzeln? Sag bloß!« Selbst Onkel Otto aus Steele mag den Wurzelwein, obwohl der doch sonst lieber Schnaps trinkt. »Der Otto schnasselt sich gerne einen«, sagt meine Mutter.

Von meinem Holunderwein bin ich nur ein paar Schlucke losgeworden. »Nee, du, laß man, der hat so'n komischen Nachgeschmack.« Nur Onkel Willy, neben dem ich sitze, hat sich sein Glas voll einschenken lassen. »Hast du prima gemacht. Schütt' mir noch mal einen ein!« Nun gut, dann trinken eben Onkel Willy und ich meinen Holunderwein. Ich habe ihn nicht in eine Flasche umgegossen. Die leeren Flaschen hat alle mein Vater für seinen Wurzelwein verbraucht. Mit einer Soßenkelle schöpfe ich den Wein direkt aus dem Emailletopf, den ich in die Kochnische gestellt habe. Die Tatsache, daß ich den Wein nicht von dem Beerenbrei abgegossen hatte, sollte sich noch als verhängnisvoll herausstellen.

»Los, Fritz, hol die Klampfe, mach mal einen!« Mein Vater holt seine Waldzither vom Kleiderschrank. »Moment, erst stimmen. Die Saiten sind schon so alt. Die verziehen sich jetzt immer so schnell. Und neue kriegst du ja nicht!« Pling, pling, pling, pläng, pläng, pläng, plong, plong, plong. Dann erklingen sie wieder, die Lieder. Und meine Mutter strahlt: »Wie in alten Tagen!« Zuerst natürlich die reizende Spanianola. Und dann das Lied vom Floh.

»Fängt der holde Frühling an,
fangen alle Weiber mit dem Flohfangen an.
Zingezange, zingezange, tirallala.«

Jetzt lache ich mit, wenn die Strophe kommt:
»Wird's dem Floh im Hemd zu kalt,
macht er einen Sprung in den Böhmerwald.«
Jetzt weiß ich ja, was das bedeutet, Böhmerwald.

»Fritz, haste nicht noch einen auf Lager?« Mein Vater hat noch einen auf Lager. Ein altes Couplet, so harmlos wie die anderen alten Lieder in jenen Tagen, jedoch ein willkommener Anlaß, bei einem Glas Wurzelwein ausgelassen zu lachen.

»Neulich wollt ich mich lassen rasier'n.
Vorher ging ich ein bißchen spazier'n.
Damit ich nicht ganz so weit lauf,
ging ich ob'n auf den Schloßberg hinauf.

Und als ich da oben so bin,
da geh ich so vor mich hin.
Und ich schau in die Höhe hinauf.
Auf'm Baum ist ein Vogelnest drauf.

Ich kletter' mal rauf auf den Baum
und will dort ins Vogelnest schaun.
Denn es kam mir so in den Sinn:
Vielleicht sind da Vögel schon drin.

Und als ich da oben so sitz',
vom Krax'ln wie 'n Tanzbär geschwitzt,
da komm'n zwei Verliebte wie im Traum
und setzen sich unter den Baum.

Ich da oben bin mucksmäuschenstill,
will mal hör'n, was der Liebhaber will.
Er nimmt sie ganz fest in den Arm
und hält sie ganz sicher und warm.

›Ach, Liebste, ich hab dich so gern.
Doch wer soll uns die Kinder ernäher'n?‹
›Vertrau nur dort ob'n auf den Herrn,
der wird uns die Kinder ernäher'n!‹

›Gleich komm ich mal runter vom Baum
und schaffe da unten mal Raum!
Dann werd ich euch zeigen den Herrn,
der euch soll die Kinder ernäher'n!‹

Die zwei sind vor Schrecken ganz stumm.
Hab'n geglaubt, daß der Herrgott sei kumm'n,
sind gerannt über Stock über Strauch,
und ich hielt mir vor Lachen den Bauch.«

Immer näher komme ich mit der Soßenkelle in dem schwarzen
Emailletopf dem Brei aus Holunderbeeren. Das Verhängnis läßt
sich nicht aufhalten. »Mutti, mir wird so schlecht!« Meine Mutter, die vorher im allgemeinen Trubel nicht auf mich geachtet
hatte, erkennt die Situation auf einen Blick. »Komm!« ruft sie und
läuft voraus ins Badezimmer. Dort komme ich keine Sekunde zu
früh an. Meine Mutter hält mir den Kopf fest, während ich mich
über dem Klotopf übergebe. »Tiefer, Junge, du kotzt ja alles
daneben!« Sie schickt mich sofort zu Bett. »Du brauchst jetzt gar
nicht erst mehr da reinzugehen. Fehlt noch, daß der Papa dich so
sieht!« Sie bringt mich hinauf zu Tante Minchen. Dort muß ich im
kleinen Zimmer auf der Couch schlafen. Denn Tante Änne und
Onkel Otto werden in meinem Bett schlafen. »Man kann ihnen bei
den Verkehrsverhältnissen doch die Fahrt nach Steele nicht mehr
zumuten.«
So zehn Minuten etwa liege ich oben auf der Couch, da kommt
Onkel Willy herauf, um nach mir zu sehen. »Na, wie geht es dir?«
- »Es dreht sich alles.« - »Du mußt ein Bein aus dem Bett hängen
lassen, dann hört es auf.« Der Trick funktioniert wirklich.
Und während ich langsam hinüberdöse, höre ich sie unten singen.
Die Worte kann ich nicht verstehen. Ich erkenne nur die Melodie.
Aber die Worte kenne ich ja.
»Und alles, was von Essen kommt,
dat süpt, dat süpt, dat süpt.
Und alles, was von Essen kommt,
dat süpt, dat süpt, dat süpt.
In der Sahara ist es gemütlich,
in der Sahara ist es so schön.
Kommt so ein Schutzmann,
packt mich am Kragen,
reißt mir den ganzen Schlips kaputt.
Dann geh'n wir wieder runter, ja runter, ja runter.
Dann geh'n wir wieder runter und langsam in die Höh.
Ein Glück, daß wir nicht rau-au-au-chen
und keine Weiber brau-au-au-chen.«

Am anderen Morgen werde ich mit einem dicken Pelz auf der Zunge wach. Wasser, ich muß dringend Wasser trinken! Mit einem Brummschädel gehe ich ins Badezimmer, halte den Mund unter den Wasserhahn und drehe auf. Auf dem Balkon höre ich Stimmen. Mit wackeligen Beinen gehe ich durch die Wohnküche auf den Balkon. Onkel Willy und Tante Minchen sitzen in der Sonne beim Frühstück. Die Sonne trifft mich wie ein Holzhammer. Schnell flüchte ich in die Wohnküche zurück. Onkel Willy bekommt einen Lachanfall, bei dem er sich wieder die Hand so komisch vor den Mund hält und nach jeder Lachsalve geräuschvoll die Luft einzieht. »Willy, wie kannst du da lachen!« schimpft Tante Minchen, »der Junge hätte sich ja mit dem Zeug vergiften können!«

Da ich sowieso gleich sterben werden, ist mir das alles ganz egal. Ich schleiche in das kleine Zimmer zurück und lasse mich stöhnend auf die Couch fallen.

»Laß dir das eine Lehre sein!« sagt meine Mutter später. Und ich verspreche, nie wieder im Leben Alkohol zu trinken. Als mein Vater mich sieht, schüttelt er den Kopf. »Der Junge fängt ja früh an! Und außerdem sieht er aus wie Käse, Bier und Spucke«, sagt er zu meiner Mutter.

Zu einem guten Tropfen gehört blauer Dunst. Doch nicht nur zu einem guten Tropfen. Die Raucherkarten langen hinten und vorne nicht, also sind viele Menschen ständig auch auf der Jagd nach Tabak.

Neben dem Eigenbau in Gärten und Blumenkästen ist schwarzer Pfälzer Tabak sehr gefragt. Man kann ihn ohne weiteres »von privat« kaufen, wenn man die zwanzig bis fünfundzwanzig Mark für zwanzig Gramm bezahlen will. »Die Ferkel machen den immer naß, damit er ordentlich was wiegt«, schimpft meine Mutter. Aber sie kann nicht abwarten, bis er einigermaßen trocken ist. Sie dreht sofort drauflos.

Zigarettenpapier gibt es aber auch nicht. - »Kameraden, Kamerädchen, wer hat Tabak, ich hab Blättchen.« - So verraucht sie nach und nach die Kanten des seidenen Kopierpapiers, das zu ihren alten Schnittmusterbögen gehört. Rundherum schneidet sie aus den bereits kopierten Bögen blättchengroße Stücke heraus, so daß die Ränder bald aussehen wie die Zinnen einer Ritterburg.

Heiß glüht der nasse Tabak an der Spitze der Zigarette. »Mensch«, sagt mein Vater, »da kann man ja mit löten.« Er raucht seinen auf dem Bunkerberg gezüchteten Tabak in seiner alten krummen Pfeife. Auch die Stengel werden geraucht. Machorka.

Tabak kann man kaum kaufen. Aber kleine Schneidemaschinen, die aussehen wie winzige Brotschneidemaschinen, die kann man kaufen. So sitze ich oft da und schneide Stengeltabak für meinen Vater. Das macht Spaß, und ich bin stolz, wenn ich die Stengel ganz fein geschnitten habe.

Onkel Willy raucht auch Stengeltabak. Er hat nie Zigaretten geraucht, früher lieber seine »Ssigare«. So hat er nie eine Pfeife gehabt. Jetzt hat er in irgendeinem Laden eine ganz neue Pfeife erwischt. Sie ist ganz hell und aus Fichtenholz gemacht.

Eines Sonntags sitzt er mit mir auf dem Balkon. Er raucht Stengeltabak in seiner neuen Pfeife. Er zieht so sehr an der Pfeife, daß der Stengeltabak knistert und manchmal kleine Funken sprüht. Die Fichtenholzpfeife ist der Glut der Stengel nicht gewachsen. Und Onkel Willy merkt nicht, daß er immer auch ein bißchen vom Pfeifenboden mitraucht. Der starke Stengeltabak lähmt ja sowieso die Zunge.

Als das Unglück dann passiert, hat Onkel Willy ausgerechnet seinen hellen Sonntagsvorkriegsanzug an. Nach ein paar kräftigen Zügen an der Pfeife brennt der Pfeifenboden durch. Glut fällt heraus auf die Hose. Jetzt riecht es nicht nur nach Tabak. »Willy, was riecht denn da so?« Tante Minchen kommt auf den Balkon und sieht gleich die Bescherung. Im Hosenbein ist ein Loch mit schwarzen Rändern. »Willy, ausgerechnet der schönen Freskoanzug!« Der Disput entwickelt sich, und es kommt, wie es kommen muß: »Du alten finnigen ostpreußischen Hund!« Das tut Onkel Willy weh, denn er ist Westpreuße.

Nicht von Maisbrot allein lebt der Mensch und nicht allein von Wurzelwein und Pfälzer Tabak. So gilt es, auch für geistige Genüsse Schlange zu stehen. Kinokarten.

»Änne, der Stewart, das ist 'n schicken Kerl. Pechschwarzes Haar. Nee, Änne, der Stewart. In den Film muß du unbedingt rein!« Frau Lenzen, die Freundin meiner Mutter, die ein paar Häuser weiter in unserer Straße wohnt, schwärmt von Stewart Granger genau so, wie sie noch im Krieg von Zahra Leander geschwärmt hatte. »Die Zahra Änne, nee die Zahra. Und, wenn die weint, Änne, so in Großaufnahme. In den Film muß du unbedingt rein!« Ich weiß schon Bescheid. »Sonntag morgen, Helmut, kannst du dich für Kinokarten anstellen.« Die »Filmbühne«, das kleine Handtuchkino an der Chaussee, ist im Bombenhagel stehengeblieben.

Kinokarten im Vorverkauf. Ab elf Uhr ist am Sonntag die Kasse geöffnet. Wer nicht mindestens um zehn Uhr vor der Kasse steht, hat keine Chance. So stehe auch ich in der Schlange, mit dem Auftrag, Kinokarten zu kaufen fast für das ganze Haus.

Filme sind keine Mangelware. Dafür sorgen die Engländer und vor allem die Amerikaner. »Madonna der sieben Monde.« - »Gefährliche Reise.« - »Die Frau gehört mir!« Das gesprochene Wort ist unwichtig. Mit einem Auge verfolgt man die spannende Handlung, mit dem anderen die Leuchtschrift der deutschen Übersetzung.

Oft ist mein Schlangestehen vor der Kinokasse ein reiner Liebesdienst für meine Eltern und unsere Nachbarn. »Ab 16 Jahre«. Ich darf manchen Film nicht sehen, für den ich die Karten besorgt habe.

Ins Kino gehen wird auch für Heinz, Männe und mich zum beliebten Sonntagsvergnügen. Zum Geheimtip wird ein kleines Kino im benachbarten Stadtteil Katernberg, das Flohkino. Dahin muß man fast eine Stunde zu Fuß laufen. Aber meistens bekommt man dort noch Karten. Doch oft steht auch hier ein Schild an der Kasse: »Ab 16 Jahre«. Pech gehabt! Jungen, die älter aussehen als wir, aber auch noch keine sechzehn sind, haben Glück, wenn sie lügen können, ohne das Gesicht zu verziehen. Wir drei brauchen es gar nicht erst zu versuchen. Man hört von Fünfzehnjährigen, die den Hut ihres Vaters aufgesetzt haben. »Da hat die Frau an der Kinokasse nicht mal gefragt.« Einen Hut braucht man also.

Zu Hause vor dem großen Spiegel der Frisiertoilette setze ich den Hut meines Vaters auf. Unmöglich. Er rutscht mir bis auf die Ohren. Ich brauche einen eigenen Hut. Schließlich bin ich ja schon fünfzehn. Meine Mutter ist nicht einmal erstaunt über meinen Wunsch. Wahrscheinlich glaubt sie, daß ein Junge, der einen Hut haben möchte, nun wohl endlich vernünftig wird. Sie treibt wahrhaftig in der Bekanntschaft einen abgelegten Burschenhut auf. Hellgrau ist er und etwas zu groß. »Das macht nichts, da legen wir innen Papier in das Schweißband.« Zerbeult ist der Hut auch. Das macht auch nichts. »Das kriege ich schon hin.« Meine Mutter setzt den großen verchromten Wasserkessel auf die Herdplatte. Dort bleibt er stehen, bis ein dicker Dampfstrahl aus der Tülle strömt. Dann hält sie den Hut in den Dampfstrahl und verformt den Filz nach ihren Vorstellungen. »Wofür bin ich Schneiderin!« Dann näht sie noch eine blaue Kordel oben herum. Fertig!

Der Hut steht mir nicht schlecht. Aber älter macht er mich auch nicht. Ist eben ein Burschenhut. Ja, wenn man die Krempe vorne etwas in die Stirn ziehen könnte. Als ich allein in der Wohnung bin, setze ich den Wasserkessel auf den Herd. So, wie ich es bei meiner Mutter gesehen habe, forme ich vorne die Krempe tief herunter. Ab nach Katernberg!

Den ausgehängten Bildern nach zu urteilen, muß das ein toller Film sein. Aber: »Ab 16 Jahre«. Jetzt gilt es. »Bis du schon sechzehn?« - »Natürlich.« - »Nimm mal den Hut ab!« Ich nehme den Hut ab. Die Frau an der Kasse sagt gar nichts. Stumm zeigt sie mir mit dem ausgestreckten Zeigefinger, wo der Zimmermann das Loch gelassen hat.

Ich schäbiges Frikadellchen

»Es wird Zeit, daß die Schulen endlich wieder anfangen. Der Junge verwildert uns ja richtig.« Es ist nicht alltäglich, daß mein Vater in der Familie sich zu Erziehungsfragen äußert. Daher machen seine Worte Eindruck auf meine Mutter. »Ich werde mich mal umhören«, sagt sie. Es ist Spätherbst 1945. Doch die Volksschulen in Altenessen sind noch hoffnungslos zerstört. Die wenigen intakten Räume sind mit Flüchtlingen oder städtischen Amtsstellen belegt. Im Krieg hatte meine Mutter immer schon mal angedeutet, daß ich eigentlich auf eine höhere Schule gehen sollte. »Damit du es mal besser hast als der Papa!« Eigentlich hatte sie an eine Mittelschule gedacht. Aber die ist auch noch zerstört.

Mitte Oktober kommt sie mit der Nachricht nach Hause: »Das Altenessener Gymnasium soll am 1. November wieder beginnen.« Und sie fragt mich: »Möchtest du auf's Gymnasium?« Mein Vater ist skeptisch. »Gymnasium, gleich auf's Gymnasium. Der Junge soll doch nicht Doktor oder Pastor werden!« Er meint, Gymnasium, das sei doch nur etwas für die vornehmen Leute. Und er erzählt, wie er früher immer in der Stadt die Schüler des Burggymnasiums an den bunten Mützen erkannt hat. »Und in der Oberprima, da hatten die dann so weiße Aalscheppen auf.«

Ich möchte schon auf's Gymnasium. In Clarholz hatten sie immer so ehrfürchtig von den »Fahrschülern« gesprochen. Das waren jene, die entweder mit dem Pengelanton nach Rheda zur Mittelschule oder in die entgegengesetzte Richtung nach Warendorf zur Oberschule fuhren.

Das Gymnasium in Altenessen, diesen mächtigen Bau mit dem großen Eingangstor gleich neben dem Eingang zum Kaiserpark, habe ich zu Beginn des Krieges kennengelernt. Meine Mutter nähte damals ein Kleid für die Frau des Hausmeisters. Der Hausmeister war der Schwiegervater von Mutters Freundin Regina Lenzen. Ein vornehmer Mann. - »Immer mit Schlips und Kragen.« - Meine Mutter nähte in der Hausmeisterwohnung, die im nördlichen Seitenflügel der Schule im Souterrain lag. An einem dieser Nähtage ging ich mit in die Hausmeisterwohnung. Ich nahm ein großes Spielzeugflugzeug mit, einen Bomber aus Blech mit zwei Motoren, den ich zum Geburtstag geschenkt bekommen hatte. Das Flugzeug konnte man mit einem Schlüssel aufziehen. Dann schnurrten die beiden Propeller los und zogen das Flugzeug über den Fußboden, so, als würde es gleich starten. Während meine Mutter an der Nähmaschine saß, spielte ich auf dem Fußboden mit dem Flugzeug. Dabei geriet ich mit dem Finger in eine der Luftschrauben. Das scharfe Blech schlug mir den Finger auf, Blut floß auf den Fußboden, und ich brüllte los. Meiner Mutter war das peinlich. Doch die Frau des Hausmeisters tröstete mich: »Da machen wir ein Pflaster drauf.« Das Pflaster schloß die kleine Wunde. Die Blicke meiner Mutter machten mir unzweideutig klar, daß es angeraten war, das Flugzeug vorläufig nicht mehr anzufassen. So ging ich ans Fenster und guckte auf den Schulhof hinaus. Dort spielten große Jungen in Sportkleidung mit einem Ball. Mit der Faust schlugen sie ihn über ein zwischen zwei Pfosten gespanntes Seil. Einer der großen Jungen war wohl viel älter als die anderen. Er sah gar nicht wie ein Junge aus.

Das Altenessener Jungengymnasium beginnt am 1. November wieder mit dem Unterricht. Es hat vorerst keinen Namen. Bis zum Ende des Krieges hieß es »Realgymnasium i. E. Altenessen«. Das Gebäude zeigt unübersehbare Spuren des Bombenkrieges. Besonders der südliche Teil zum Kaiserpark hin und hier wieder vor allem der Seitenflügel mit Turnhalle und Aula sind stark in Mitleidenschaft gezogen. Der große Haupteingang ist gesperrt. Vor den Eingängen von der Schulhofseite her liegen Trümmer. Also gehen alle Schüler durch den schmalen Vordereingang, der eigentlich dem Lehrpersonal vorbehalten ist. Es gibt ja auch noch nicht viele Schüler in diesem November 1945. Wenn man von denen absieht, die in die Sexta eingestuft worden sind, jenen, die pure Anfänger sind wie ich, und jenen, die vor Ende des Krieges bereits für einige Zeit die Sexta, das heißt die 1. Klasse einer »Oberschule«, besucht haben.

Fast hundert Sextaner sitzen am ersten Schultag auf den Stufen und auf den Bänken des auditoriumsartig ansteigenden Physiksaals. Wir haben unsere Mäntel oder dicke Jacken an. Die Heizung ist kaputt. Einen Ofen gibt es im Physiksaal noch nicht. An den folgenden Tagen bekommen wir ausschließlich Instruktionen über unser künftiges Schulleben. Vor allem wird uns eingeimpft, alles an Papier aufzutreiben, auf dem man schreiben kann. »Und wenn es Packpapier ist.« Und ein Bleistift genüge in der ersten Zeit auch.

Die knapp hundert Anfänger werden aufgeteilt. Sexta a und Sexta b. Ich gehöre der Sexta a an. Unser Klassenlehrer heißt Schauerte, Oberschullehrer Schauerte. Den kenn ich doch! Das ist doch der, der mit den großen Jungen Faustball gespielt hat, als ich damals in der Hausmeisterwohnung durch das Fenster geguckt habe und der gar nicht aussah wie ein Junge. Mensch, das war ein Lehrer! Herr Schauerte gibt sich forsch und jugendlich. Oder ist er forsch und jugendlich? Irgendwie erinnert er mich an Fähnleinführer in Clarholz.

»Zuerst müssen wir unsere Klasse winterfest machen«, sagt Herr Schauerte. Es gibt schon einige Klassenräume im Erdgeschoß des Hauptgebäudes, deren Fenster dicht sind, wenn auch Pappvernagelungen einige Glasscheiben ersetzen müssen. Doch darin sitzen keine Schüler, sondern Beamte und Angestellte der Stadt, die Wohnungen und Lebensmittelkarten verwalten. Winterfest machen, das heißt vor allem, die zerbrochenen Fenster dicht machen. »Ihr müßt von zu Hause mitbringen, was ihr kriegen könnt«, sagt Herr Schauerte, »Pappe, Bretter, Leisten, Hammer, Säge, Nägel und vor allem Glasscheiben.« Und Herr Schauerte läßt keinen Zweifel an der Dringlichkeit des Auftrages: »Und wenn ihr die Scheiben aus den Bilderrahmen nehmt!«

Damit kann ich nicht dienen. Bei uns hängen in der Wohnung nur zwei Bilder an den Wänden, und die haben keine Glasscheiben. Es sind Ölgemälde. Eines ist ein Stilleben, eine Schale mit Rosen. Meine Mutter liebt es. Es hat ein Maler gemalt, der um drei Ecken mit der Familie meiner Mutter verwandt ist. Das andere zeigt das kleine Elternhaus meines Vaters in dem winzigen Dorf in der Soester Börde. Mein Vater hat es mit der Hand des Präzisionshandwerkers gemalt. »Es ist ein bißchen steif«, sagt er. Aber ich liebe das Bild. Bisher habe ich weder das Haus noch das Dorf gesehen.

In unserem Klassenraum beginnen wir, Pappe zu schneiden, zu hämmern und zu sägen und Glasscheiben einzupassen. Mit Werkzeug kann ich umgehen. Schließlich hatte ich in Clarholz für Speck und Eier Puppenmöbel gebastelt und auch in unserer Wohnung in Altenessen mit Onkel Willi Pappe in die Fenster genagelt. Und mit meinem Vater einen Kaninchenstall gebaut. So bin ich in der Schule mit großem Mund vorneweg. Als ich auch noch Herrn Schauerte beim Einsetzen einer Fensterscheibe kritisiere - sie muß mit kleinen Nägeln in den Fenstersprossen befestigt werden, weil es keinen Fensterkitt gibt - sieht er mich streng an. Ich denke: Jetzt haut er dir eine runter! Doch er drückt mir den Hammer in die Hand und sagt: »Dann mach du es doch, wenn du es besser kannst!« Ich kann es, und er grinst. Ein stummes Einverständnis, das fortan auch im Unterricht bestehen bleibt, bis mein Lieblingslehrer wenige Jahre später die Schule verläßt, um im südlichen Stadtteil Werden zu unterrichten, wo er wohnt.

»Und Kohlen brauchen wir«, sagt Herr Schauerte, »und wenn jeder nur eine Handvoll mitbringt!« Und wir Schüler bringen wirklich die Kohle tütenweise in die Schule für unseren Kanonenofen, der vom Hausmeister geheizt wird. Aber das ist nicht mehr der Herr Lenzen, für dessen Frau meine Mutter genäht hatte.

Ein paar Wochen lang reichen die Schulhefte aus, die ich aus meiner Clarholzer Schulzeit aufbewahrt habe. Dann beginnt die Zeit der Improvisationen. Es gibt noch keine offiziell erlaubten Schulbücher. Die Lehrer arbeiten mit uns aus dem Kopf oder mit Büchern, die eigentlich von der Militärregierung verboten sind und in denen sie die politisch verfänglichen Kapitel übergehen. Aber nur der Lehrer benutzt die Bücher, und wir müssen schreiben, schreiben. Schreiben, um Unterrichtsunterlagen zu haben. »Ihr müßt schreiben«, sagt Herr Schauerte, »und wenn es auf Zeitungsrändern ist!« So werde ich zum Konkurrenten meiner Mutter, die sich aus ihrem alten Kopierpapier für die Schnittmusterbögen ihr Zigarettenpapier ausschneidet. Es ist hauchdünn. Ich schneide Stücke in Heftformat heraus und hefte sie mit Stecknadeln in die Rücken der alten Schulhefte. So habe ich richtige Hefte mit Seidenpapier, auf dem ich nur mit Bleistift schreiben kann. Was heißt Bleistift? Zumeist finde ich zu Hause in der Schublade meines Vaters die Kopierstiftstummel, mit denen er, als er bei Krupp im Akkord arbeitete, auf den grünen Karten seinen Lohn selbst ausgerechnet hat.

Jeder Tag Unterricht ist eine einzige Improvisation. Und wir Schüler erleben es sicher nicht bewußt, daß uns die Zeit der Notbehelfe und des Aufeinanderangewiesenseins zu einer Klassengemeinschaft zusammenwachsen läßt, von der spätere Schülergenerationen keine Vorstellungen mehr haben werden.

Herr Schauerte, der Klassenlehrer, gibt Deutsch, Geschichte, Erdkunde, Mathematik und Sport. Hinzu kommen zunächst zwei

Fachlehrer: Dr. Hamacher, wegen seines kurzen Stoppelhaares Ilex genannt, gibt Latein und Biologie; Oberstudienrat Hermkes, der katholische Priester, der einzige Oberstudienrat an der Schule und kommissarischer Schulleiter, gibt katholischen Religionsunterricht. »Der spricht sieben Sprachen fließend«, sagt man respektvoll von dem kleinen Mann mit den großen Füßen und dem schwarzen Priesterrock.

Dr. Hamacher ist ein Original, das aus dem Film »Die Feuerzangenbowle« weggelaufen sein könnte. - »Wenn ich lache, grinst der Teufel!« - Er ist ein Mischung aus Pauker und Privatgelehrtem. Seine Hosenträger trägt er stets so straff, daß seine Hosen ständig Hochwasser haben. Die Pausenklingel hat noch nicht aufgehört zu läuten, da greift er schon in der Jackentasche nach seiner geliebten Tabakpfeife. Ungeniert fordert er die Schüler auf, ihm von zu Hause Tabak Marke Eigenbau mitzubringen.

Dr. Hamacher hat es darauf abgesehen, uns erst einmal unzählige lateinische Vokabeln beizubringen, ehe er mit dem eigentlichen Sprachunterricht beginnt. So diktiert er uns, in Ermangelung eines Lehrbuches, in den ersten Lateinstunden ausschließlich Vokabeln, läßt sie uns auswendig lernen und hört sie am nächsten Tag ab. Auf diese Weise werden wir, je nach Fleiß und Auffassungsgabe, wandelnde Lehrbücher. Später kommt der Stundenplan seinem »Patent« auch noch entgegen. Latein ist jeweils am Tag eine Doppelstunde. Also diktiert der Ilex die erste Stunde, die zweite Stunde arbeiten wir dann mit dem Aufgeschriebenen.

Latein wird zur großen Klippe in der Klasse. Als wir Sextaner nach einem knappen halben Jahr zu Ostern 1946 in die Quinta versetzt werden, sind von den 50 Schülern unserer Klasse bereits zehn abgebröckelt.

Wenn Dr. Hamacher sich über einen Schüler ärgert, kneift er die Augen zusammen und guckt tückisch durch seine Brillengläser.

»Hic, haec, hoc
der Lehrer hat 'nen Stock.
Is, ea, id,
was macht er denn damit?
Sum, fui, esse,
er haut uns in die Fresse.«

Der Ilex ist auf einen Stock nicht angewiesen. Er hat den »Blitz« erfunden. Mit dem Zeigefinger winkt er stumm den Sünder zu sich. Dann legt er Daumen und Zeigefinger an jeder Hand zusammen und visiert mit listigem Sadismus im Blick die Ohrläppchen des Delinquenten an. Knips! Die Ohrläppchen brummen. Dem »Blitz« folgt der »Donner«. Links und rechts gibt es eine schnelle Ohrfeige. Das ist so originell, daß selbst der »Geblitzte« sich ein Grinsen nicht verkneifen kann. »Blitz« und »Donner« werden von der Klasse, zumeist zu Lasten der schwächeren Schüler, begeistert parodiert.

Selbst Schüler, die noch zu Beginn des Unterrichts Dr. Hamacher aus Vaters Garten oder Blumentopf ein paar Tabakblätter mitgebracht haben, bleiben von der einzigartigen Bestrafungsaktion nicht verschont.

Böse Zungen in der Klasse behaupten, der Lehrer verlege den Biologieunterricht nur deshalb in den unmittelbar benachbarten Kaiserpark, damit er dort ungeniert unter freiem Himmel seine Pfeife rauchen könne. Im Park führt uns Ilex immer wieder vor Augen, auf welche Weise ein Teich allmählich verlandet, wenn er nicht gepflegt wird. Es sollte recht behalten.

Einmal kommt im Kaiserpark der »Blitz« auch über mich. Wir Schüler machten uns einen Jux daraus, von der Stechpalme Zweige abzureißen, sie dem Ilex unter die Nase zu halten und zu fragen: »Herr Doktor, wie heißt diese Pflanze?« Wenn der Lehrer dann »Ilex« sagte, gluckste es heimlich hinter seinem Rücken. Ich bin der dritte, der ihm in dieser Stunde einen Stechpalmenzweig vor Augen führt. Da riecht er den Braten. Eine Sekunde später brummen meine Ohrläppchen.

Morgens vor dem Unterricht wird im Kaiserpark die in den Erdboden eingelassene Platte des Kriegerdenkmals zum Schreibtisch. »Hast du die Übersetzung richtig? Laß mal gucken!«

Originell geht Dr. Hamacher auch bei den Klassenarbeiten vor. »Ich diktiere den ersten Satz schon auf der Türschwelle.« Und kaum setzt er den ersten Fuß in das Klassenzimmer, legt er auch schon los. »Mater mensam ornat.« Außerdem hat er seinen eigenen Humor. »Caesar equs consilium.« Caesar Pferd Rat. »Euch wird der Spaß noch vergehen.«

Unter Dr. Hamachers Anleitung wird im Frühjahr der Schulgarten neben der Direktorwohnung von Trümmern befreit und umgegraben. Als es ans Pflanzen geht, haben mindestens sieben Schüler junge Tabakpflanzen mitgebracht.

Klassenlehrer Schauerte legt Wert auf straffe Disziplin. Darüber täuscht auch sein jungenhaftes Lachen nicht hinweg, das sich bei ihm immer zuerst in den Augenwinkeln bemerkbar macht. Und bei allem jugendlichen Schwung strahlt er soviel natürliche Autorität aus, daß wir es bei ihm im Unterricht nicht wagen, irgendwelche »Männekes« zu machen. Schnell und treffsicher wirft er mit seinem Schlüsselbund. Und im Winter sind seine dicken Fliegerhandschuhe gefürchtete Ohrfeigeninstrumente.

Fliegen ist das Zauberwort, mit dem man ihn vom Pfad des Lehrstoffes abbringen kann. Vor dem Krieg gehörte er zu den legendären Segelfliegern auf der Wasserkuppe in der Rhön. Im Kriege war er auf Island interniert. »Mein Ehrenwort, daß ich nicht abhaue, habe ich gesagt. Da haben sie mir ein Flugzeug gegeben. Damit bin ich über die See geflogen und habe für die Fischer Heringschwärme ausfindig gemacht. Das hat mir Spaß gemacht.« Mit der ausgestreckten Hand zeigt er, wie er sich in die Kurve gelegt hat. Die Klasse grinst dann jedesmal. Denn das vordere Glied des Zeigefingers ist steif und bleibt abgewinkelt, wenn die übrigen Finger ausgestreckt sind. Die fliegerische Geste mit dem abgewinkelten Zeigefinger wird in der Schule bald als Synonym für Schauerte benutzt. Denn der allseits beliebte Lehrer hat keinen Spitznamen.

Oberstudienrat Hermkes, der katholische Priester, wird bald Hermi genannt, was nicht mal sehr respektlos klingt. - »Der spricht sieben Sprachen.« - Der kleine Mann mit den großen Füßen spricht mit leiser Stimme und hat die Geduld eines Irrenarztes. Seine stärkste Unmutsäußerung ist ein ärgerlich herausgestoßenes »Ei, ei!«, wobei er mit seinem großen Fuß aufstampft. Doch einmal haben ein Klassenkamerad und ich ihn doch aus der Fassung gebracht. Dieser Klassenkamerad war Paul, genannt Bolle. Bolle war nach einer Ehrenrunde in unsere Klasse gekommen. Kennengelernt hatte ich ihn aber schon im Winter 1945/46 beim Schlittschuhlaufen auf dem zugefrorenen Teich des Kaiserparks. Und das kam so:

Mensch, kann der Schlittschuh fahren! Ein blonder Junge in meinem Alter, ohne Mütze auf dem Kopf und mit kniefreien Hosen mitten im Winter, kommt mit eleganten Schwüngen über die Eisfläche gesaust. Ich spiele mit Klassenkameraden Eishokkey auf dem zugefrorenen Kahnteich. Die Hockeystöcke haben wir uns aus dem Gesträuch am Ufer geschnitten. Unser Puck ist eine flache, runde Pilodose, eine Schuhwichsdose. Ein Mitschüler hat sie mit Sand gefüllt und mit dem Lötkolben zugelötet. Der blonde Junge fährt wie ein Irrwisch in unser Spiel. Auch er führt einen Hockeystock vor sich her über das Eis. Es ist ein Spazierstock, unten an der Handrundung schon etwas ausgefranst vom Schleifen auf dem Eis. Da angelt sich der Junge mit dem Spazierstock unseren Puck. Rechts, links, rechts, links führt er die Pilodose über das Eis und verschwindet mit ihr ans Ende der langgestreckten Eisfläche.

Meine Klassenkameraden gucken mich an. Schon gut, ich werde hinlaufen. Nicht, daß ich der Stärkste oder der Mutigste von uns wäre. Aber meine Schlittschuhe haben den besten Griff auf dem Eis. Sie sind genau so verrostet und genau solche Absatzzieher wie die ihrigen, aber mein Vater hat ihre Kufen bei Krupp scharf angeschliffen. Die meisten Mitschüler rutschen mit ihren stumpf gewordenen Schlittschuhen ständig seitwärts auf dem Eis aus. So wären sie dem blonden Jungen mit ihren Fahrkünsten nicht gewachsen.

Der Junge spielt mit unserem Puck am Ende des Teiches betont lässig auf dem Eis herum. Als ich vor ihm stehe, sage ich: »Das ist unsere Dose.« - »Ich weiß«, sagt der Blonde und zieht weiter seine engen Kreise. »Dann gib sie wieder her!« - »Hol sie dir doch!« Ich lange mit meinem Hockeystock zu. Doch der Junge ist schneller. Er umkreist mich mit der Pilodose. Ich habe keine Chance. Vor Wut kommen mir die Tränen. Ich ziehe mein Taschentuch aus der Tasche meiner Skihose, die meine Mutter aus einer alten Uniformhose geschneidert hat und derentwegen ich von den anderen Jungen auf dem Eis »Grüner« gerufen werde. Der blonde Junge saust plötzlich auf mich zu, schnappt mir mit dem Spazierstock das Taschentuch vor der Nase weg und geht damit auf und davon. Jetzt packt mich wirklich die Wut. Ich setze hinter ihm her. Er ist inzwischen an der Roseninsel im Teich angekommen, auf der vor dem Krieg zum Kahnfahren eine Kapelle aufspielte. Am Ufer der Insel guckt ein abgesoffener Kahn mit dem Vordersteven aus dem Eis. Unmittelbar daneben hackt der Blonde mit seinem Schlittschuh einen Spalt in das Eis. Dann stopft er mit der Spitze seines Spazierstocks mein Taschentuch in den Spalt. Mit meinem Eishockeystock gehe ich auf ihn los. Doch er blockt meinen Schlag mit gekreuztem Spazierstock ab. Der Junge ist einen halben Kopf größer als ich. So stehen wir, Stock gegen Stock, und jeder hält dem Druck des anderen stand. »Ich melde das meinem Klassenlehrer«, sage ich. »Na, klar«, sagt er, guckt mich mit seinen blauen Augen belustigt an und flitzt davon.

Was nun die Fassung des Oberstudienrates Hermkes angeht, so ereignete sich der Zwischenfall, als so nach und nach die Kriegsschäden an und in der Schule beseitigt wurden. Auch unser Klassenraum hat eine neue Tür bekommen. Die Holzzargen, an denen die Tür hängt, sind aber noch nicht richtig eingemauert, sondern nur im rohen Mauerwerk fest verkeilt.

Eines Morgens hat Hermkes bei uns eine Vertretungsstunde für den ausgefallenen Klassenlehrer. Er verspätet sich etwas. Die Klasse steht draußen auf dem Flur und quatscht. Da meldet der Ausguck, über das Treppengeländer gebeugt: »Hermi kommt!« Bolle und ich sind als erste im Klassenraum. Bolle macht blitzschnell hinter sich die Tür zu und stemmt sich unter die Klinke. Auf der anderen Seite der Tür, auf dem Flur, beginnt es zu rumoren. Die übrigen Jungen wollen in den Klassenraum. »Hilf mal!« ruft Bolle. Ich stemme mich auch gegen die Tür, fasse unter Bolles Fäuste und helfe, die Klinke hochzudrücken. Ich kann mir richtig vorstellen, wie Hermi - »Ei, ei!« - jetzt die Treppe heraufkommt. Je näher der Lehrer kommt, desto stürmischer rennen die Klassenkameraden draußen auf dem Flur gegen die Tür an. Ein Krachen, Knirschen, Poltern. Tür und Zarge brechen aus dem Mauerwerk und begraben Bolle und mich unter sich. Durch den Mörtelstaub drängen die Jungen über die Tür wie über die heruntergelassene Zugbrücke einer Burg in die Klasse.

Als Bolle und ich uns hochrappeln, stehen die übrigen Klassenkameraden kerzengerade in ihren Bänken und Hermi vor dem Trümmerhaufen. So haben wir sein Gesicht noch nie gesehen. Es ist wutverzerrt. Er stürzt sich auf Bolle und mich und ohrfeigt uns abwechselnd, patsch, patsch, patsch, mit seinen weichen Händchen. Dazu ruft er immer wieder: »Mit diesen geweihten Händen, mit diesen geweihten Händen!« Meine Eltern bekommen einen Brief von der Schule. - »Änne, Änne, versündige dich nicht!« Später führt der Oberstudienrat und katholische Priester die regelmäßige Schulmesse in den Unterricht ein. Mittwochs morgens versammeln sich dann die katholischen Schüler in der Altenessener Pfarrkirche St. Hedwig. Klassen, die dann am Mittwoch oder am Donnerstag Religionsunterricht haben, tun gut daran, die Schulmesse zu besuchen oder sich genau zu informieren. Denn listig fragt der Religionslehrer nach der Farbe der Liturgie oder dem Inhalt des verlesenen Evangeliums. Selbstverständlich liest Oberstudienrat Hermkes die Schulmesse mittwochs morgens selbst. Und er hat den Ehrgeiz, sämtliche katholischen Schüler möglichst als Meßdiener einzusetzen, auch wenn sie noch nie am Altar gedient haben. Er spannt immer einen Meßdiener, der es richtig gelernt hat, mit einem »Laien« zusammen. Auf diese Weise komme ich nach vielen Jahren dazu, wieder die Messe zu dienen.

Als meine Mutter und ich aus Clarholz zurückgekehrt waren, habe ich mich nicht wieder in meiner Heimatpfarre St. Johann als Meßdiener, der ich einmal gewesen war, angemeldet. Die Kirche war zerstört. Der Gottesdienst fand in der Karlstraße in einer Schreinerei statt, deren Hobelbänke und Maschinen dann jeweils mit weißen Bettlaken abgedeckt waren. Ich fand keine richtige Einstellung zu dieser Schreinerei-Kirche, wurde aber nach wie vor von meiner Mutter angehalten, die Messe zu besuchen. Meine Mutter ging jetzt, da wir wieder in Essen waren, nur an hohen Feiertagen hin, mein Vater, wie schon früher, überhaupt nicht. Auch nachdem in der Pfarrkirche der Raum unter dem Turm notdürftig zum sakralen Raum ausgebaut worden war, so richtig mit Hochaltar, meldete ich mich nicht als Meßdiener zurück, obwohl ich Gefallen an der kleinen Behelfskirche unter dem Turm gefunden hatte. Hier klangen die Lieder doch wenigstens wieder richtig.

Oberschullehrer Schauerte gibt Sportunterricht, der jedoch im Stundenplan noch nicht regelmäßig vorkommt. In der ersten Zeit machen wir lediglich Freiübungen auf dem Schulhof. Reck und Barren stehen im Keller der Schule. Und da steht sogar ein Boxring. Der erregt natürlich unsere Neugier. Boxen war eine beliebte Sportart bei den Nazis gewesen. - »Flink wie Windhunde, zäh wie Leder und hart wie Kruppstahl.« - Schauerte reibt sich in der Erinnerung das Kinn. »In dem Ring bin ich manche Runde mit Primanern gegangen. Wenn man sich dann so'n Ding eingefangen hatte, brummte einem den ganzen Tag der Schädel.«

Als es unserer Klasse gelingt, einen Ball zu besorgen, machen wir auch Sportunterricht auf dem Sportplatz, den man unmittelbar durch ein kleines Tor in der Schulhofmauer erreichen kann. Bei Aufräumarbeiten im Schulkeller hatten wir einen mittelgroßen Medizinball entdeckt. »Schade, daß man mit einem solchen Ball nicht Fußball spielen kann!« Klassenkamerad Alois, Sohn eines Bauern, der mitten im Stadtteil einen kleinen Hof betreibt, hat eine Idee. »Nach dem nächsten Schlachten bringe ich eine Schweinsblase mit.« Wir können es kaum erwarten, bis Alois endlich mit der Schweinsblase ankommt. Dann schlitzen wir den Medizinball vorsichtig auf, balgen ihn aus und stopfen die Schweinsblase hinein. »Wer hat 'ne starke Lunge?« Das Aufblasen der Schweinsblase wird zum vielbelachten Wettbewerb. »Nun laß mich mal, bevor du hinten platzt!«

Da der Ball ja eigentlich der Klasse gehört, dürfen wir auch nach dem Unterricht damit Fußball spielen. Wie die Flautsche eiert, wenn man mit Kawupp davortritt. Doch der Freude tut das keinen Abbruch. Und oft fragt mich meine Mutter, wenn ich nach der Schule erst um halb drei nach Hause komme: »Wo kommst du denn jetzt her? Habt ihr wieder Fußball gespielt?« Dann schüttelt sie den Kopf: »Du rennst dir noch das letzte Fett vom Hintern!« Wahrscheinlich tu ich das wirklich. Es ist schon erstaunlich, woher wir die Kraft nehmen bei der Ernährung jener Jahre.

Und dann das Fußballspielen mit dem unzureichenden Schuhwerk. Manche Jungen haben auch im Sommer drei bis vier Paar Socken an, um die viel zu großen Schuhe ihrer Väter tragen zu können. Ich spiele Fußball in »Holzkläpperkes«, und alle Nase lang reißt ein angenagelter Riemen aus dem Holz, natürlich immer in dem Augenblick, in dem der gegnerische Sturm gerade in unseren Strafraum eindringt. Dann geht es mir zumeist so wie bei meinen ersten Holzschuhversuchen in Clarholz. Das Kläpperken verrutscht unter dem Fuß, und ich trete vehement auf die Holzkante. »Scheiße!« Wütend schleudere ich das Ding vom Fuß. Für meine Sportfreunde natürlich jedesmal ein Anlaß zur Heiterkeit. Auch andere Zwischenfälle sorgen für unfreiwillige Komik. Manchmal weiß der Torwart nicht, worauf er sich konzentrieren soll: auf den Medizinball, der auf's Tor geeiert kommt, oder auf den viel zu großen Schuh des Schützen, der auf die andere Torecke zufliegt.

Etwas Abwechslung kommt in das tägliche Einerlei des Mais-schulbrotes - das »Doppelte« saugt sich voll Marmelade oder Schmalzersatz und klafft in der Frühstückspause auseinander wie ein hungriges Fischmaul -, als die Schulspeisung eingeführt wird. Als Trinkbecher - zunächst bekommt jeder Schüler nur einen Schlag aus der Suppenkelle - gibt mir meine Mutter das alte emaillierte Schoppenmaß mit, mit dem sie früher zum Wagen des Milchbauers auf die Straße gegangen ist. Das süße Bisquitmehl kommt aus Amerika und wird im Keller der Schule mit Wasser aufgekocht. Man muß diese Suppe nicht löffeln, man kann sie trinken. Und schmecken tut sie auch. Später wird sie von der Erbswurstsuppe abgelöst. Die ist nahrhafter. Dafür schmeckt sie aber nicht so gut wie die Bisquitsuppe. Als alle Schüler diese Erfahrung gemacht haben, kann man bald von der Erbswurstsuppe haben, soviel man will. Nun reicht mein Schoppenmaß nicht mehr aus. Meine Mutter gibt mir einen ausgedienten Henkelmann meines Vaters mit. Da paßt viel mehr rein. Außerdem kann man einen Deckel darauf tun und diesen mit einem Einweckgummi-ring festspannen.

Nun kann ich für meinen Vater darin Erbswurstsuppe mit nach Hause nehmen. Der Henkelmann ist immer voll, wenn ich damit nach Hause komme. Denn meine Mitschüler, die zumeist ver-drossen in dieser Suppe herumlöffeln, überlassen mir gern ihre Reste, die in meinem Henkelmann zusammengegossen werden. Meinen Eltern erzähle ich nichts von dieser wunderbaren Sup-penvermehrung. Und mein Vater sagt: »Schmeckt gar nicht schlecht. Man hat aber auch immer einen Kohldampf. Wenn einer einem einen Haufen auf den Pfannekuchen kackte, würde man noch den Rand drumherum wegfressen.«

Ich kann den vollen Henkelmann gut auf dem zwanzigminütigen Heimweg von der Schule nach Hause transportieren. Mein Vater hat meinen alten Schultornister - »Echt Kernleder, der hält ewig.« - zu einer Aktentasche umgebaut, indem er die Schultertragrie-men abgeschnitten und aus einem Stück Fahrradreifen einen Traggriff darauf genäht hat. Der liegt gut in der Hand trotz seines abgewetzten Profils. Als ich in die Quarta komme, will ich den Tornister nicht mehr auf dem Rücken tragen. »Ich bin doch kein kleiner Junge mehr!« Wenn ich in meinem Tornister meine wenigen Hefte und Bücher zu einer Seite hinschiebe, erhalte ich genau die Lücke, in die ich den Henkelmann mit der Suppe stellen kann. Da steht er fest und kann nicht wackeln.

Ab und zu wird jetzt in der Schulspeisung die Erbstwurst von einer Nudelsuppe abgelöst, in der richtige Fleischbrocken schwimmen. Davon bekommt mein Vater dann nicht soviel ab.

Es ist schon merkwürdig im Leben. Früher brachte mein Vater mir zuweilen von Krupp ein Butterbrot mit nach Hause zurück, das er in der Pause nicht gegessen hatte. - »Papa, hast du mir ein Hasenbrot mitgebracht?« - Nun bringe ich ihm Suppe aus der Schule mit, die ich nicht gegessen habe. Ist das nun eine Hasensuppe?

Die Improvisationen, die gemeinsamen Entbehrungen und die gemeinsamen Erlebnisse rund um den Schulunterricht sind es nicht allein, die die Klassengemeinschaft festigen. Denn da ist noch das Zauberwort »Rhade«. So heißt ein Dorf zwischen Borken und Bocholt im Münsterland.

In diesem Dorf befindet sich ein Landheim, das ganz allein unserer Schule gehört. Eine kostbare Rarität in jener Zeit. Von Frühjahr bis Herbst fahren die Klassen von Quarta an aufwärts reihum für zwei Wochen nach Rhade. Es handelt sich beileibe nicht um zusätzliche Ferien. Der Lehrer, der mitfährt, gibt vormittags im Speiseraum Unterricht.

Zunächst fahren die höheren Klassen hin, denn in Rhade muß einiges gerichtet werden. Das flache, zweistöckige Gebäude steht genau der Molkerei des Dorfes gegenüber. Ein feindlicher Flieger muß kurz vor Ende des Krieges die beiden Gebäude, die im Dorf baulich etwas aus dem Rahmen fallen, für ein Fabrikensemble oder ähnliches gehalten haben. Jedenfalls warf er eine Bombe und erwischte unser Landheim an der Hinterseite. Die Hinterwand wurde beschädigt, ein Teil des Flachdaches klappte herunter.

Als wir mit unserer Klasse, der Quarta a, zum erstenmal nach Rhade fahren, entwickelt sich hier nahezu ein romantisches Lagerleben. Das liegt zunächst daran, daß die Bombe auch den Waschraum zerstört hat. Da gibt es aber noch den Brunnen. Das Heim bezieht sein Wasser aus einer guten alten westfälischen Schwengelpumpe, die wie die Pumpe im Hause meiner Großtante Änne in Clarholz funktioniert. An dieser Pumpe darf sich aber nur der Lehrer waschen. Die Klasse trabt mit nacktem

Oberkörper und umgehängtem Handtuch zum nahen Mühlenbach. Die Gaudi, die sich jedesmal aus der Wascherei am Bach entwickelt, kann man sich vorstellen. Da werden nicht nur die Hälse naß.

Ein älteres, reizendes Ehepaar, das untereinander nur plattdeutsch spricht, bemuttert uns in der großen Küche des Heimes. Wie ältere Schüler berichten, zählten die Kalvelages schon vor dem Krieg zum Inventar. Mutter Kalvelages Kunst als Küchenfee wird auf große Proben gestellt. Sie muß stets aus dem bunten Allerlei, das wir Schüler von zu Hause mitgebracht haben, etwas Schmackhaftes zaubern. Da geraten oft Nudeln und Haferflocken in denselben Suppentopf. Denn Milchsuppe ist der Renner der Speisekarte, weil wir Milch von der benachbarten Molkerei bekommen können, soviel wir wollen. Und Vater Kalvelages Beziehungen zu einigen Bauern verschaffen uns auch die Kartoffeln für die Kartoffelsuppe und das Mehl für die großen westfälischen Pfannkuchen.

Auch Brot und Brotaufstrich haben wir von zu Hause mitgebracht. Damit muß jeder selbst haushalten. Der eine hat mehr, der andere weniger. Aber zur Not wird kameradschaftlich geteilt. - »Haste noch 'n Klatsch Margarine für mich?« - Jeder Schüler hat ein altes Wehrmachtsspind im Treppenflur. Bald strömt die Spindgalerie von all dem verschiedenen Brot, Fett und selbstgemachten Marmeladen sämtliche Düfte Arabiens aus.

Geschlafen wird im Schlafsaal im zweiten Stock in Zweieretagenbetten auf Strohsäcken. Wer schläft unten, wer schläft oben? Die meisten wollen im oberen Bett schlafen. Nur Norbert, als Pfarrjugendführer offenbar herbergserfahren, weiß es besser: »Ich schlaf lieber unten. Wenn die unten nämlich furzen, steigt die warme Luft immer nach oben.« Der Lehrer hat natürlich ein eigenes Zimmer.

Der tägliche Unterricht beginnt um neun und endet um zwölf Uhr. Drei Stunden, das kann man verkraften. Doch mancher Nachmittag wird für unterrichtsbegleitende Themen genutzt. Schließlich befindet man sich im Lande der Annette von Droste-Hülshoff.

»O schaurig ist's, übers Moor zu gehn,
wenn es wimmelt vom Heiderauche,
sich wie Phantome die Dünste drehn
u nd die Ranke häkelt am Strauche ...«

Zu Fuß die Landstraße entlang kann man die Wasserburgen in Gemen und Raesfeld erreichen. Das gibt wieder Hausaufsätze, wenn wir zurück in Altenessen sind.

Auf zusammengerückten Tischen spielen wir Tischtennis. Und dann Fußball, Fußball, Fußball. Dafür bietet das Grundstück Platz, das vom Heim bis zur Landstraße reicht. Ein mühseliger Sport mit dem kleinen Tennisball, der kein einziges Haar mehr am Gummikörper hat und der den hinterlistigen Ehrgeiz entwickelt, sich ständig in dem hohen, ungepflegten Gras zu verstecken. Doch das ändert sich bald. Im nächsten Jahr schon zeigt der Grasplatz vor dem Haus helle Münsterländer Sandflecken dort, wo fußballspielende Schüler dem Gras den Garaus gemacht haben.

Die Reise von Altenessen nach Rhade und zurück wird mit einem Lastwagen gemacht, den ein Vater, der »auf der Zeche was zu sagen hat«, besorgt hat. Auf die Ladefläche werden Ziegelsteine gelegt, darüber kommen lange Bretter. Fertig sind die Sitzbänke.

»Helmut, bring die Klampfe mit!« Natürlich bringe ich zur Fahrt nach Rhade meines Vaters Waldzither mit. Ich kann darauf noch nicht so spielen wie mein Vater, so mit Melodie und Begleitung. Aber ein paar Akkorde kann ich schon. Und die reichen zur Begleitung beim Singen. »Hoch auf dem gelben Wagen sitz ich beim Schwager vorn ...«

»Junge, hau nicht so auf die Saiten«, hatte mein Vater gesagt, »das ist doch keine Gitarre. Und neue Saiten kriegt man vorerst nicht!« Der hat gut reden. Mit melodischem Geklimpere komme ich nicht weit, wenn eine Jungenklasse gegen einen Lastwagenmotor angrölt: »Wie oft sind wir geschritten auf schmalem Negerpfad.«

Immer neue Lehrer kommen an die Schule. Das heißt, die meisten sind gar nicht neu. Sie waren schon früher an der Schule und kommen nun so nach und nach aus der Gefangenschaft oder aus der Evakuierung zurück. Die meisten der Zurückgekehrten waren Offiziere gewesen. Man hört es noch manchmal im Unterricht an ihrem knappen oder schnarrenden Tonfall.

Unser erster Klassenlehrer, der Flieger Schauerte, hat sich an das Gymnasium in Essen-Werden versetzen lassen, wo er wohnt. Ich vermisse ihn. Aber jetzt braucht er nicht mehr täglich den langen Weg nach Altenessen zu machen. Ich hatte bei ihm einen Stein im

Brett, zumindest im Deutschunterricht, seitdem ich mal eine Zeitlang in der Klasse zu der verschwindend kleinen Minderheit gehört hatte, die wußte, was ein präpositionales Objekt ist. - »Dann wollen wir doch mal die fragen, die es ganz bestimmt wissen.« - Außerdem hatte mein Vater ihm bei Krupp den abgebrochenen Pedalarm seines Fahrrads repariert. Zum Dank dafür schenkte er mir Elly Beinhorns Buch »Mein Mann, der Rennfahrer«. Die drei, vier letzten Seiten des Buches hatte Schauerte offensichtlich zusammengeklebt. Zwei davon konnte ich mühsam auseinanderpuhlen. Sie enthielten Beileidsadressen von Nazigrößen zum Tode des Rennfahrers Bernd Rosemeyer, der 1938 bei einem Rekordversuch verunglückt war.

Das Thema Politik war tabu im Unterricht. Wahrscheinlich gehörten auch viele unserer Lehrer zu den ehemaligen Offizieren, die nach der Rückkehr aus der Gefangenschaft festgestellt hatten: »Davon habe ich zunächst mal die Schnauze voll!« So wurde über Politik nicht geredet im Unterricht, in dem nicht einmal die Berliner Blockade politisch beleuchtet wurde.

Der Geschichtsunterricht entwickelt sich zunächst von den alten Griechen bis ins Mittelalter. Diese elenden Jahreszahlen! »Drei, drei, drei - bei Issus Keilerei.« Der Geschichtsunterricht wird im Deutschunterricht literarisch unterstützt. Die Heldensagen. - »Nun zog Iason das Goldene Vlies von der Eiche, während das Mädchen fortwährend den Kopf des Drachen mit dem Zauberöl besprengte. Dann verließen beide eilig den schattigen Areshain, und Iason trug freudig das große Widdervlies auf der linken Schulter.«

So entwickelte auch ich nicht das geringste politische Bewußtsein. Nur ein einziger Schüler in der Klasse, der Sohn eines Altkommunisten, weiß offenbar, was Politik ist. Man verbietet ihm, in der Schule das Uniformhemd der »Freien Deutschen Jugend« zu tragen. Was an Politik in der Welt stattfindet, nehme ich als solche nicht wahr. Und die Größen, die in den Wochenschauen im Kino auftreten, bringe ich nicht mit Politik in Verbindung. Natürlich bin auch ich neugierig darauf, mal diesen geheimnisvollen Stalin auf der Leinwand zu sehen und den General Eisenhower und den General Montgomery, mit dem Rommel es in Afrika zu tun hatte, und vor allem den Churchill mit der dicken Zigarre, den wir im Krieg so verspottet hatten. - »Leise rieselt der

Schnee, Chamberlain sitzt auf'm A-B. Churchill bringt ihm Papier. Pfui, was stinkt das hier!« - Das sind die Mächtigen, die jetzt zu bestimmen haben. Und die den Nürnberger Kriegsverbrecherprozeß machen. »Da haben wir aber noch einmal Glück gehabt«, sagt mein Vater nach Ende des Prozesses, »ich hatte gedacht, in Deutschland würden die Laternenpfähle nicht ausreichen, um alle die aufzuhängen, die sich was haben zuschulden kommen lassen.«

Ich vergegenwärtigte auch nicht, daß es mit Politik zu tun hat, als die Militärregierungsgewalt in der von den Amerikanern besetzten Stadt Essen am 10. Juni 1945, wenige Tage nach unserer Rückkehr aus Clarholz, in die britische Hoheit überging. Und was sich in Essen danach an Kommunalpolitik tat, wußte ich auch nicht, zumal ich in die spärlich erscheinenden Zeitungen gar nicht reinguckte und wir erst viel später von unseren Lehrern zum Zeitunglesen angehalten wurden. Erst nachdem am 6. Februar 1945 der kommunistische Abgeordnete Heinz Renner Oberbürgermeister von Essen geworden war, wurde ich auf die Essener kommunalpolitische Szene aufmerksam, ohne allerdings zu wissen, was das überhaupt ist. Denn kurze Zeit später hatte ein unbekannter Scherzbold in der Art der damals üblichen Suchanzeigen, nur viel größer, mit weißer Farbe auf eine Hauswand geschrieben: »Tausche Renner gegen Roller.« Darüber lachte ganz Essen.

Erst ein Schock bringt mich viel später dazu, politisches Bewußtsein zu entwickeln. Der Schock trifft mich im Kino, als ich einen Dokumentarfilm über die Naziverbrechen in den Vernichtungslagern sehe. Mit brennenden Augen starre ich auf die Berge von ausgemergelten Leichen, auf die knöchernen Arme und Beine, die von Holzkarren herunterhängen, auf die stumpfen Augen der Männer, Frauen und Kinder, die durch den Drahtzaun ihren Befreiern entgegensehen. Ich sitze wie gelähmt mit verkrampften Magen. Aber ich reiße die Augen auf. Ich will alles sehen, alles. Seit diesem Kinobesuch bin ich von einer selbstquälerischen Neugier gepackt, mit der ich vielen Erwachsenen in der Folgzeit auf die Nerven gehe. Seltsam. Auf die Idee, meinen Vater zu befragen, der im Krieg mit Konzentrationslagerhäftlingen zusammengearbeitet hatte, bin ich nicht gekommen.

Für den nach Werden abgewanderten Klassenlehrer Schauerte übernimmt Studienassessor Borner die Klasse. Deutsch, Geschichte, Erdkunde. Er ist klein und etwas verwachsen, weshalb er von der Klasse gleich den Spitznamen Pucki erhält. Auch Pucki war Offizier und als Meteorologe bei der Wehrmacht im hohen Norwegen gewesen. - »Dort werden die Kinder schon mit Südwesterchen auf dem Kopf geboren.« - Auch er ohrfeigt uns, wenn wir es zu toll treiben. Doch er ist der erste Lehrer, der uns alle mit Vornamen anredet. Und er sagt auch »Rück mal 'n Stück« und setzt sich zu einem Schüler in die Bank, um ihm ein Problem aus erster Hand zu erklären. Mich redet er sogar zuweilen mit meinem Spitznamen an.

Geschlossen nennt die Klasse mich Vati. Im Anfang habe ich oft mit jüngeren Schülern - ich bin fast zwei Jahre älter als der Klassendurchschnitt - herablassend belehrend und mit großem Mundwerk gesprochen. »Red' nicht son'n dicken Strahl!« sagt meine Mutter. Und als ich mal zu einem jüngeren Schüler beim Elfmeterschießen auf dem Fußballplatz gesagt hatte »Nu laß das mal den Vati machen«, hatte ich meinen Spitznamen weg. Inzwischen trage ich ihn wie ein Indianerhäuptling seinen Kriegsnamen.

Auch einen neuen Mathematiklehrer bekommt die Klasse, als sie aus Quarta a und Quarta b zur Untertertia zusammengelegt wird. Von den Schülern, die als Sextaner im Winter 1945 in Mänteln und dicken Jacken frierend im Auditorium des Physiksaals gesessen hatten, sind inzwischen die Hälfte auf der Strecke geblieben. »Hier sind immer noch genug in der Klasse, die nicht hierher gehören«, sagt der neue Mathematiklehrer. Von solchen Worten fühle ich mich als Sohn eines Arbeiters persönlich betroffen.

Der neue Lehrer heißt Bisinger und ist mit süddeutschem Temperament ausgestattet. Ihm ist jeder Anlaß recht für einen cholerischen Wutanfall. Der sicherlich ausgezeichnete Mathematiker - wir haben bei ihm auch noch Physik und Chemie - macht uns gleich klar, was er von hält. »Rechnen können die Kerle wie die Nachtwächter.« Und furchterregend rollt er das R.

Er ist der Meinung, daß er manchem Schüler wohl die Formeln direkt ins Gehirn hämmern muß. Das macht er mit seinem silbernen Drehbleistift. Mit diesem klopft er den Schülern gegen die Stirn im Rhythmus seiner Schimpftiraden. »Du Roß, du schäbiges Fri-ka-dell-chen!« Ich sitze in der ersten Reihe und habe so öfter das Vergnügen, ich schäbiges Frikadellchen. Die Klasse hat er im Griff wie kein anderer Lehrer. Ertönt auch nur das leiseste Flüstern, zieht er mit bebender Oberlippe seinen Schnurrbart hoch und schreit: »Hab ich Ruhe!« Und furchterregend rollt er das R. In einer der Klassen über uns sitzt sein Sohn. Er wird von allen bedauert.

Einmal errege ich Bisinger Zorn auf eine Weise, über die sich meine Klassenkameraden halb totgelacht haben, aber erst in der Pause, versteht sich. Wieder einmal habe ich in der großen Pause Suppenreste für meinen Vater von der Schulspeisung gesammelt. Den vollen Henkelmann verschließe ich mit dem Gummiring und stelle ihn in meine Schultasche, so wie ich das immer mache, indem ich Bücher und Hefte zu einer Seite hinüberrücke. In der Lücke steht der Henkelmann mit der Suppe, unverrückbar. Doch an diesem Tag gehen einige Klassenkameraden und ich nach Schulschluß nicht gleich nach Hause. Wir spielen noch Fußball mit dem haarlosen Tennisball, den Alois wie einen Schatz hütet. Wir spielen auf dem großen Sportplatz, der an den Schulhof grenzt. Aber mit acht Mann über den ganzen Platz spielen, da rennen wir uns ja die Lunge aus dem Leib! Wir werden quer über eine Platzhälfte spielen. »Stellt mal ein paar Tonnen auf!« Wir stellen unsere Schultaschen auf als Torpfosten. Dann geht es los. Im Eifer des Gefechts wird so ein Torpfosten umgerannt. Wir stellen die Schultaschen wieder auf und spielen weiter.

Als ich zu Hause meinen Henkelmann mit der Suppe aus der Tasche holen will, fährt mir der Schreck in die Glieder. Meine Tasche muß zu dem Torpfosten gehört haben, der umgerannt worden ist. Suppe ist aus dem Henkelmann geschwappt und wie Kleister über ein Schulbuch gelaufen. Über das Mathebuch. Ausgerechnet! Mit einem Lappen versuche ich zu retten, was zu retten ist. Aber drei Seiten sind untrennbar miteinander verklebt. Sie lassen sich auch mit einem Tafelmesser nicht mehr lösen. Es sind genau die Seiten, mit denen wir zur Zeit in der Schule arbeiten. Ausrechnet! Der Bisinger wird mich! Ich schäbiges Frikadellchen.

»Ich kann die Seiten nicht aufschlagen, Herr Studienrat, sie sind zusammengeklebt.« - »Was sind sie?« - »Zusammengeklebt, Herr Studienrat, mit Suppe.« - »Mit Suppe?« Er brüllt die Worte heraus. Und man sieht es seinem Gesicht an, daß er glaubt, wohl nicht recht gehört zu haben. Die Klasse gluckst. »Hab ich Ruhe!« Und furchterregend rollt er das R. Ich versuche, den Vorfall zu erklären. Doch Bisinger läßt mich nicht ausreden. Es kommt, wie es kommen muß. Silberner Drehbleistift heraus und immer gegen die Stirn. »Du Roß, du schä-bi-ges Fri-ka-dell-chen!« Bisinger hat keinen Spitznamen. Niemand wagt, ihm einen zu geben. »Aber gerecht ist er«, sagen jene Schüler, denen eine mir unbekannte Muse die Begabung für Mathematik in die Wiege gelegt hat.

Nach und nach werden die zerstörten Teile des Schulgebäudes wieder aufgebaut. Turnhalle und darüber die Aula im Südflügel sind noch nicht an der Reihe. Aber der Zeichensaal ist fertig, und darin wird ein Klavier aufgestellt.

Musikunterricht bei Studienrat Wassenberg. Er spricht kölnischen Akzent und zieht sich jedesmal die Hose wieder ein Stück hoch, wenn er vom Klavier aufsteht. »Wir machen nur ein wenig theoretischen Unterricht, und den großen Rest der Stunde spiele ich euch etwas vor.« Der große Rest der Stunde kommt niemals über zehn Minuten hinaus.

Studienrat Wassenberg gründet einen Schülerchor. Am Klavier prüft er die Stimmen der Kandidaten. »La, la, la, la, lalala.« Immer höher und höher schlägt Wassenberg die Töne an. Bis die Stimme nicht mehr mitkommt. Dann weiß er Bescheid. »Erster Baß«, sagt er zu mir. Als erstes studieren wir eine Bachkantate ein. Den Text gibt es nicht schriftlich. Wassenberg sagt ihn uns vor, bis wir ihn auswendig können.

»Wir ham 'ne neue Obrigket
an uns'rem Kammerherrn.
Der gibt uns Bier, das steigt ins Het.
Das ist der wahre Kerrn.
Der Pfarrer mag immer Büse tun.
Ihr Spielleut, halt euch flink!
Der Kittel wackelt minke schun,
dat klene luse Ding.«
»Het heißt Herz und nicht Kopf«, sagt Wassenberg, »also noch einmal!« - »Wir ham 'ne neue Obrigkeit ...« - »Wer brummt da? Spiegel, bist du das schon wieder!«

Wassenberg erntet an der Schule einen großen Achtungserfolg, als es ihm gelingt, Schülern und Eltern den in dieser Zeit seltenen Genuß eines Sinfoniekonzertes zu verschaffen. Er bringt es wahrhaftig fertig, das Kölner Gürzenich-Orchester nach Altenessen zu holen. Wassenberg dirigiert es selbst, im Frack. Das Konzert findet in der Turnhalle einer Zeche statt. Glanzstück der musikalischen Aufführung ist die sinfonische Dichtung »Die Moldau«. Ein beeindruckendes musikalisches Erlebnis auch für mich, dem man nachsagt, vor nichts Respekt zu haben. Studienrat Wassenberg hatte vor dem Konzert »Die Moldau« mit uns durchgenommen. In der Turnhalle zaubert die Musik des Orchesters die Bilder vor mein geistiges Auge. Die quirlige Quelle, die lustige Bauernhochzeit, das Anschwellen des Stromes, die Wasserfälle, das behäbige Ausströmen ins Meer.

Klassenkamerad Alois Hundacker, der die Schweinsblase mitgebracht hatte, die natürlich längst zerdeppert ist, besitzt nicht nur den begehrten haarlosen Tennisball, er hat auch ein Aquarium mit Zierfischen zu Hause. Zu Hause, das ist ein kleiner Bauernhof, den sein Vater am Rande des Stadtteils betreibt.

Alois nimmt mich eines Tages mit nach Hause und zeigt mir das Aquarium, das ihm und seinem älteren Bruder gehört. »Warmwasserfische«, sagt Alois. Ich staune über die bunte Vielfalt der exotischen Fische, die ich zum erstenmal in meinem Leben sehe. »Die meisten selbst gezüchtet«, nötigt mir Alois noch mehr Bewunderung ab. Wenn ich doch auch so ein Aquarium hätte! »Kann'ste doch«, sagt Alois, »kann man doch selber machen aus Winkeleisen und Glasscheiben.« Winkeleisen und Glasscheiben. Wie der sich das vorstellt.

Zu Hause erzähle ich meinem Vater von dem Aquarium. »So was müßte man auch haben!« - »Aus Winkeleisen?« fragt mein Vater, »das könnte ich bei Krupp machen. Nur mit den Scheiben?« Mein Herz schlägt höher. Mein tierlieber Vater, der ehemalige Dorfjunge, hat Feuer gefangen. Die Lachtauben waren im Krieg die einzigen Tiere gewesen, die er in der Wohnung gehabt hatte. Aber meine Mutter hatte sie rausgeekelt. - »Das sollen Lachtauben sein, lächerlich, die lachen ja gar nicht.« - Im Herbst 1945 dann hatte mein Vater zweimal einen herrenlosen Hund angebracht. Einer war ein schöner schlanker Setter. »Der ist bestimmt einem englischen Offizier weggelaufen«, sagte mein Vater. »Komm mir nicht immer mit solchen Viechern an!« sagte meine Mutter, »die fressen einem ja die Haare vom Kopf. Wir haben doch selber nichts.«

Die Fische würden uns sicher nichts wegfressen, hat mein Vater bestimmt gedacht. Und eines Tages kommt er mit einem Rahmen aus Winkeleisen von Krupp zurück. Und Glasscheiben bringt er auch mit. Die werden zu Hause für das Aquarium auf Maß geschnitten. »Für die Rückwand und den Boden tut es auch eine Industrieglasscheibe.« Wir setzen die Scheiben mit Fensterkitt ein. Und als sie drin sind, stellen wir fest, daß wir an dem Winkeleisenrahmen Höhe und Breite verwechselt haben. Das Aquarium ist jetzt breiter als hoch. »Da werden die Fische sich dran gewöhnen«, sagt mein Vater. Das Aquarium wird auf den Balkon gestellt und mit Wasser gefüllt. »Zuerst ist es noch undicht«, erklärt mein Vater, »der Wasserdruck muß die Scheiben in den Kitt drücken.« Nachdem wir meiner Mutter erklärt hatten, was wir da machen, sagt sie: »Das ist das nötigste, was uns jetzt noch fehlt.«

Alois hatte mir versprochen, mir einige seiner Jungfische zu schenken. »Du fängst am besten mit Guppys an«, sagt er, »die sind unempfindlich, und die kriegen ständig Junge.« Aber Alois erklärt mir auch, daß Guppys wie alle seine Fische Warmwasserfische sind. »Du brauchst eine Heizung für das Aquarium!« - »Eine Heizung? Wo kriegt man denn so eine Heizung?« - »Nirgendwo«, sagt Alois, »die machen wir selbst.« Und er bastelt mir eine aus einem Glasröhrchen - was der so alles hat -, das er über einer Kerzenflamme zu einem U zurechtbiegt. Er durchbohrt zwei Flaschenkorken und führt in die Löcher zwei Kohlestäbchen aus einer alten Taschenlampenbatterie ein. »Das sind die Elektroden, die werden an einem elektrischen Draht angeschlossen. Auch das macht der Alois für mich. Und dann steckt er die Korken mit den Elektroden auf die Enden des U-Röhrchens. »Zu Hause tust du Wasser und etwas Salz in das Röhrchen, hängst es im Aquarium ins Wasser und steckst die Dräte in die Steckdose.« Alois gibt mir in einem Einweckglas drei Guppyweibchen und ein bunt schillerndes Männchen mit. Auch einige Wasserpflanzen steckt er in das Einweckglas. Ich kann es kaum erwarten, nach Hause zu meinem Aquarium zu kommen.

Am Boden des Aquariums pflanze ich die Wasserpflanzen in den sorgfältig gewaschenen Kies, den ich von einer Baustelle geklaut habe. Dann kommen die Fische ins Wasser, und dann hänge ich die Heizung in das Aquarium und schließe sie an der Steckdose an. Nach einer Stunde prüfe ich die Wassertemperatur mit dem Finger. Die Heizung funktioniert. Als ich am anderen Morgen aus dem Bett steige, gilt mein erster Blick meinem Aquarium. Doch was seh ich da! Meine Fische schwimmen regungslos auf dem Wasser, mit den Bäuchen nach oben. Kein Zweifel. Sie sind tot. Wenn das mein Vater erfährt! Ich berichte meiner Mutter von dem Unglück. Die steckt einen Finger in das Wasser des Aquariums und nickt. »Kein Wunder, wenn du sie kochst!« Tatsächlich, das Wasser ist viel zu heiß.

»Wieviel Salz hast du denn in die Heizung getan?« fragt mich Alois in der Schule. »Zwei Teelöffel voll.« Alois tippt sich an die Stirn. »Höchstens einen halben Teelöffel!« Er ist ein feiner Kerl. Nach dem Unterricht darf ich mit ihm gehen und mir neue Guppys abholen. »Du hast Glück, daß die so oft Junge kriegen!« Auch ein paar dünne lange Würmer hatte Alois mir beim erstenmal mitgegeben. »Das ist das gesündeste Futter!« Er hat einen ganzen Ballen von diesen Würmern, die sich merkwürdigerweise zu einer runden Kugel ineinander verschlingen. »Du kannst ja mal mitgehen zur Berne, da ziehen wir Schuhe und Strümpfe aus und holen uns die Würmer aus dem Schlamm.« Als ich mit den Würmern aus der Berne in unsere Wohnung komme, wird meine Mutter hysterisch: »Die kommen mir nicht ins Haus!« Doch ich bitte und bettele und erkläre, daß die armen Fische ja nun wohl verhungern müßten. Schließlich läßt sie sich nicht nur erweichen, praktisch, wie sie ist, gibt sie mir auch den alten Blechteller, von dem ich als kleines Kind gegessen habe. »Da kannst du die Viecher reintun. Und dann ab ins Badezimmer unter die Badewanne damit. Im Zimmer will ich die nicht haben. Und wenn die rauskrabbeln, kannst du was erleben!« Aber das ist noch nicht alles. Ich muß meiner Mutter auch noch einen Fingerhut voll Milch abbetteln. »Wofür das denn?« - »Für die Würmer, die müssen ja schließlich auch fressen!« Die Würmer erhalten ihre Milch. Und so wandern sie auf ihrem Blechteller unter die Badewanne. Dort stehen sie direkt neben dem Schuhputzzeug. Einige Wochen später kann ich Alois die freudige Nachricht überbringen: »Ein Guppyweibchen kriegt Junge. Es hat schon einen ganz dicken Bauch.« - »Du mußt es absetzen«, sagt Alois. »Absetzen? Was ist das denn?« - »Du mußt das Weibchen aus dem Aquarium herausnehmen und in ein großes Einmachglas tun. Sonst frißt das Guppymännchen die Jungen gleich auf, wenn sie aus dem Bauch herauskommen.« Na, so was! »Aber du mußt das Glas an einen warmen Platz stellen. Am besten auf den Herdaufsatz. Tu ich auch immer.« Auf den Herdaufsatz? Wie soll ich das nun wieder meiner Mutter beibringen? Wieder geht zu Hause die Bettelei los. »Auf den Herd?« sagt meine Mutter, »auf meinen Tiefbauherd?« - »Nur auf den Herdaufsatz.« - »Auf den Herdaufsatz? Beim Kochen genau vor meiner Nase?« - »Aber Mutti, das Weibchen muß doch warm stehen. Sonst gehen die Jungen gleich tot, wenn sie herauskommen ins kalte Wasser.« Wieder läßt sich meine Mutter erweichen. Und bald hat sie sich sogar mit dem schwimmenden Gast auf ihrem Herd angefreundet. Als der Bauch des Weibchens immer dicker wird, klopft sie beim Kochen ab und zu mit dem Finger an das Einmachglas und fragt: »Na, Mütterken, wie geht es dir?« Und als die Jungen geboren werden und winzig und fast durchsichtig durch das Einmachglas geistern, nimmt meine Mutter das Glas vom Herdaufsatz, rennt damit zu Tante Minchen hinauf und ruft schon auf der Treppe: »Wir haben Junge. Wir haben Junge!«

Als die Klasse wieder turnusmäßig an der Reihe ist, nach Rhade zu fahren, will bei mir so recht keine Freude aufkommen. Mathematiklehrer Bisinger wird die Klasse begleiten. Das kann ja heiter werden! Zwei Wochen nur Mathematik, Physik und Chemie! Natürlich hat Bisinger auch nach Rhade seinen dicken silbernen Drehbleistift mitgebracht. Aber den benutzt er im Unterricht nur zum Schreiben. Kann auch etwa er sich der Atmosphäre dieses Schullandheimes nicht entziehen?
Bisinger verzichtet während des Unterrichts auf seine Wutanfälle, läßt aber keinen Zweifel daran, daß er auch in Rhade strenge Disziplin wünscht. Ich bin nicht so verkrampft wie in der Schule, was dazu führt, daß ich die eine oder andere mathematische Aufgabe auf Anhieb kapiere. Außerhalb des Unterrichts, wenn wir durch die Wälder wandern, gibt sich der Gefürchtete locker und läßt sich mit Schülern auf kleine Gespräche ein. Mit mir

natürlich nicht. Auch unterwegs bin ich drauf bedacht, ihm möglichst nicht aufzufallen.

Bei einem dieser Ausflüge entdecken wir auch den Märchensee, von dem Schüler in oberen Klassen schon erzählt haben. Eigentlich ist der See ja nur ein großer Teich. Aber der hat es in sich. Wenn man mit einem Stock in seinem Grund herumbohrt, zerplatzen bald darauf Blasen an der Wasseroberfläche. Sumpfgas steigt auf. Man kann es anzünden, und dann tanzen Irrlichter auf dem Wasser. Die Klasse kann Bisinger, den Mathematiker, Physiker und Chemiker dazu bewegen, zu diesem Teich eine Nachtwanderung zu machen. »Nachts muß das doch besonders schön aussehen, Herr Studienrat«, bettelt der blonde Werner mit dem Kindergesicht, der wegen seines knabenhaften Aussehens den Spitznamen Puer trägt. Bisinger läßt sich erweichen. Kein Wunder. Werner schreibt bei Klassenarbeiten in Mathematik Zweien und auch schon mal Einsen.

In einer der nächsten Nächte zieht die Klasse mit Bisinger los zum Märchensee. Nur einer bleibt im Bett und wandert nicht mit. Das bin ich. Auf die ersten Weckversuche meines Obermannes in dem Etagenbett habe ich wahrscheinlich mit verschlafener Abwehr reagiert. Und dann haben die Klassenkameraden in dem Glauben, ich werde schon noch aufstehen, den Schlafsaal verlassen. Sie entdecken erst, daß ich gar nicht dabei war, als sie nach einigen Stunden in den Schlafsaal zurückkehren. Großes Hallo. »Mensch, der Vati pennt hier, während wir durch den dusteren Wald latschen.« - »O schaurig ist's, übers Moor zu gehn«, dekla-miert einer mit dumpfer Stimme im Hintergrund.

Ich weiß nicht wie, aber irgendwie hatte Bisinger es spitzgekriegt, daß ich die nächtliche Wanderung verschlafen hatte. Nach dem Frühstück - Bisinger hatte darauf bestanden, daß der Unterricht trotz der Nachtwanderung pünktlich begänne - sehe ich schon an einem amüsierten Blitzen in seinen Augen, was mir bevorsteht. Er stellt sich vor mir auf: »Na, haben der Herr gut geschlafen?« Ich ziehe den Kopf etwas ein. Denn selbstverständlich wird jetzt doch der dicke silberne Drehbleistift in Aktion treten. Peng, peng, peng, auf die Stirne, immer auf dieselbe Stelle. Bisinger spricht im Stakkato seines Drehbleistiftes. »Du Roß, du schäbiges Fri-ka-dell-chen!« Und furcherregend rollt er das R.

Kohle für die Schleuderbüchse

»Helmut, ich brauche bald wieder Klötze«, sagt meine Mutter. Klötze, das sind Holzstücke, die sie haben will, um ihren Herd zu heizen. Das heißt, heizen müssen wir eigentlich gar nicht. Denn noch ist es nicht kalt in diesem Sommer 1945. Aber die tägliche Frage auch im Sommer ist nicht nur, was kochen wir heute, sondern auch, womit feuern wir den Herd? Der Rest Kohle in unserem Keller, der vom Krieg übriggeblieben war, ist längst aufgebraucht.

Wir wohnen in unserer Siedlung unter Bergleuten. Und die Bergleute bekommen ihre Deputatkohle, sofern sie wieder auf der Zeche arbeiten. Doch bei aller Solidarität in diesen Tagen, die Bergleute brauchen ihre Kohle selbst. Und sei es, um sie zu verscherbeln, um für das Geld auf dem schwarzen Markt andere Sachen einzukaufen.

Natürlich ist es den Bergleuten verboten, Kohle zu verkaufen. Deshalb muß der Kohleverkauf in der Dunkelheit und blitzschnell über die Bühne gehen.

Ist ein Bergmann gewillt, seine Kohle zu verkaufen, die er gerade geliefert bekommen hat, so läßt er sie bis zum Anbruch der Dunkelheit vor der Haustür liegen. Die Kohleaufkäufer besuchen immer schon gleich die Bergleute nach der Lieferung. In der Dunkelheit erscheinen sie dann mit einem kleinen Lastfahrzeug, drei, vier Mann springen vom Wagen und schaufeln mit den großen, kurzstieligen Pannschüppen wie die Teufel. Binnen weniger Minuten ist der Kohlehaufen auf dem Wagen verschwunden, und ab geht die Post. Die Aufkäufer verkaufen die Kohle wiederum an schwarze Händler, die sie im großen Stil verschieben.

Unmittelbar nach dem Krieg konnte man noch Trümmerkohle erbeuten. Das war die Kohle, die man aus den Kellern zerbombter Häuser holte. Aber die Trümmerkeller sind längst abgegrast. Und wenn man sich nicht dranhält, gibt es auch bald keine Klötze mehr. Denn die säge ich von Balken ab, die ich aus Trümmern ziehe. Meine Spielkameraden Heinz und Männe sind bei solchen Beutezügen meist mit von der Partie. Andere Leute sind auch längst auf die Idee gekommen, Balken aus Trümmern herauszuziehen. Das Holz brennt gut, weil es ja meist schon alt ist.

Aber Holz ist niemals ein Ersatz für Kohle. »Wenn ich doch bloß ein paar Schüppen Kohlen hätte«, sagt meine Mutter oft, während sie am Herd steht und kocht, »das Holz brennt so schnell weg, und die richtige Hitze bringt es auch nicht. Da dauert die Kocherei ja ewig. Wenn es wenigstens noch das gute Fichtenholz wäre, das wir in Clarholz hatten!« Es hilft nichts. Wir müssen versuchen, das zu tun, was andere auch tun. Wir müssen Kohlen klauen.

Wie oft in solchen Fällen hat Hans, der Schnapsschwarzbrenner, der mit der Amanda Meier in unserem Hause geht, die besten Informationen. Und eines Abends findet in unserer Wohnung eine richtige Verschwörung statt. Hans ist mit einem heißen Tip erschienen. »An der Zeche Carl ist heute ein Kohletransport zusammengestellt worden. Der geht morgen früh ab.« Ganz Essen ist von den Schienensträngen der Zecheneisenbahnen durchzogen. Einer der Hauptstränge verläuft von Süden nach Norden durch Altenessen. Einen mehrgleisigen Anschluß daran hat auch die Zeche Carl. »Da gehen wir heute nacht hin«, sagt Hans, »aber wir müssen so viele Leute wie möglich mitnehmen. Denn es muß alles ganz schnell gehen. Der Transport wird von Engländern bewacht.«

Unter Führung von Hans gehen wir kurz vor Mitternacht los. Tante Minchen, Tante Emma, Onkel Franz, Frau Meier, Amanda Meier, meine Mutter und ich. Onkel Willy muß zu Hause bleiben. Mit seinem gelähmten Bein wäre er nicht schnell genug. »Und stopft die Säcke nicht so voll«, sagt Hans, »denn man kann dann damit nicht schnell genug laufen!« Die Männer tragen Säcke, die Frauen Einkaufstaschen. Niemanden kümmert es, daß die Einkaufstaschen von der Kohle verdreckt werden würden.

Zehn Minuten läuft man bis zum Schienenstrang an der Zeche Carl. Bei der zumeist zerstörten Straßenbeleuchtung ist die Nacht rabenschwarz. Am Rande des Schienenstranges versammelt Hans seine Räuberbande hinter einer Hecke. Er legt den Finger auf den Mund. Dann flüstert er: »Ich gehe jetzt erst mal gucken.« Geduckt verschwindet er durch die Hecke. Ich hocke neben meiner Mutter und habe ein Kribbeln in der Magengrube. Da, Hans erscheint vor der Hecke und winkt uns. Als wir durch die Hecke kriechen, flüstert er: »Helmut und ich steigen auf die Waggons und werfen die Kohle herunter. Die anderen müssen sie auflesen. Aber schnell!« Wir huschen zu dem Zug hinüber. Lautlos klettern Hans und ich auf einen der Waggons, die hoch voll dicker Kohlebrokken sind, so wie sie aus der Grube gefördert werden. Ich greife, was ich kriegen kann und werfe es vom Waggon herunter. Nach wenigen Minuten schon erscheint Hans neben mir, tippt mir auf die Schulter und zeigt nach unten. Wir klettern hinunter und laufen geduckt auf die Hecke zu. Dort treffen auch nach und nach unsere Kohlenschlepper mit ihren Säcken und Taschen ein. Alle nicht. »Wo ist Tante Minchen?« Tante Minchen ist nicht da. »Scheiße!« flüstert Hans und verschwindet durch die Hecke. Ich hinter ihm her.

Hans kniet plötzlich zwischen den Gleisen und winkt mich heran. Da liegt Tante Minchen und stöhnt. Hans schüttelt sie sanft, hilft ihr auf die Beine. Tante Minchen hält sich den Kopf oberhalb der Stirn. Ich greife mir die Einkaufstasche mit der Kohle, und wir laufen zur Hecke. Tante Minchen sitzt an der Böschung, hat ihr Kopftuch abgenommen und reibt sich den Kopf. »Ich hab 'nen Kohlebrocken auf den Kopf gekriegt, und dann bin ich umgefallen.« Sie lacht dünn. »Wenn man nichts Ordentliches im Magen hat!« Hans untersucht Tante Minchens Kopf. »Ist nur 'ne Beule.« Der dicke Knoten, mit dem in jenen Tagen die Kopftücher oberhalb der Stirn verschlungen wurden, hatte Schlimmeres verhindert.

»So kann das nicht weitergehen«, sagt später mein Vater. Jetzt, da er wieder bei Krupp im Lokomotivschuppen arbeitet, organisiert er unsere Kohleversorgung auf seine Weise. Aus Sackleinen, wie es im Führerstand der Lokomotiven vor den offenen Fenstern hängt, näht er mit der Schusternadel von Onkel Franz einen handlichen Sack. In diesen füllt er Kohle von den Tendern der kleinen Lokomotiven, die bei Krupp nach der Reparatur für den Eigenbedarf nachts von ihm eingefahren werden. Es sind genauso dicke Brocken, wie wir sie seinerzeit vom Zug an der Zeche Carl geklaut haben.

Zweimal in der Woche wirft mein Vater den gefüllten Sack über den Zaun des Lokschuppengeländes auf eine Böschung mit dichtem Holundergesträuch. Meine Aufgabe ist es, den Sack zur verabredeten Zeit abzuholen. Dazu muß ich mir jedesmal von Herrn Mersch den Handleiterwagen leihen.

Die Böschung liegt an einer langen Straße, der Hövelstraße, fast auf der Grenze zwischen den Stadtteilen Altenessen und Bergeborbeck. Eine gute halbe Stunde muß ich mit dem Handwagen bis dorthin laufen. Wie ich bald diesen Kohletransport über die öden, von Ruinen und Trümmern gesäumten Straßen hasse! Und diese endlose Hövelstraße mit ihren Schlaglöchern und notdürftig zugeschütteten Bombentrichtern.

Manchmal kann ich meinen Spielkameraden Heinz, öfter aber den gutmütigen Männe dazu überreden, mit mir zu gehen, damit es nicht so langweilig ist. Zu zweit ist der Weg nämlich nicht ganz reizlos.

Auf den Gefällestrecken sitzen wir auf dem Wagen und lassen ihn laufen. Ich sitze vorn und halte zum Lenken die Deichsel zwischen den ausgestreckten Beinen. Heinz oder Männe sitzen hinter mir. Wir können den Handwagen nach Herzenslust rollen lassen. Kein Straßenverkehr stört uns. Nur auf dem Rückweg, wenn der schwere Kohlensack dem Wagen auf den Gefällestrecken zusätzlichen Schub verleiht, werden wir manchmal gefährlich schnell. »Bremsen, Männe, bremsen!« Männe stemmt einen Knüppel durch die Traljen gegen die Lauffläche des Hinterrades. »Deutsches Reichspatent!« ruft er, wenn es nach versengtem Holz riecht und der Wagen langsamer wird.

»Ich muß selbst eine Karre bauen«, sagt mein Vater, als Herr Mersch findet, daß das auch kein Zustand sei, daß wir uns ständig seinen Leiterwagen ausleihen. Und er baut eine Karre, bei Krupp natürlich, aber auf Erlaubnisschein. »So'n großes Ding kann man nicht einfach schwarz bauen«, sagt er.

Eines Tages dann geht er zu Fuß zur Arbeit, weil er nach Schichtende seine Karre mitbringen will. Als meine Mutter unser neues Gefährt besichtigt, stellt sie fest: »Was du auch baust, es wird immer eine Lokomotive!« Ein großer Holzkasten sitzt auf zwei wuchtigen, gußeisernen Rädern, deren Lauffläche fast zehn Zentimeter breit ist. Die leicht geschwungene Deichsel ist aus dickem Eisenrohr. »Das sieht alles nur so schwer aus«, verteidigt mein Vater seine Konstruktion. »Wenn die einmal rollt, dann rollt sie«, strahlt er, »die Räder sind von einem alten Schweißkarren. Die Laufflächen sind gewölbt. Und die Karre ist genau in der Waage. Guckt mal hier!« Wahrhaftig. Er hebt die Deichsel der zweirädrigen Karre auf und balanciert sie mit zwei Fingern. »Aber bleischwer ist sie trotzdem. Und ich muß sie mit dem Jungen immer aus den Keller holen!« knurrt meine Mutter.

Es stellt sich bald heraus, daß meine Mutter recht hat. Es ist wirklich anstrengend, die Karre, die ihren Platz unter der Kellertreppe hat, die Stufen hinaufzuwuchten. »Ich heb mir an dem Biest noch mal 'nen Bruch«, stöhnt meine Mutter jedesmal. Aber auch mein Vater hat recht. Wenn die Karre einmal läuft, dann läuft sie, selbst wenn sie schwer beladen ist. Es ist, als würden die schweren gußeisernen Räder sie mit ihrem Eigengewicht davonbewegen.

Einen schwerwiegenden Nachteil hat die Karre dennoch für mich. Man kann sich nicht wie in den Leiterwagen in sie hineinsetzen und damit die Gefällestrecken hinunterfahren. Wodurch das Interessen meiner Spielkameraden Männe und Heinz an meinen Kohletransporten sich künftig in Grenzen hält. Etwas Abwechslung habe ich, wenn ich unterwegs Futter für unsere Kaninchen sammeln kann. Huflattich und Löwenzahn wuchern von Frühjahr bis Herbst besonders üppig in Bombentrichtern.

Der Winter 1946/47 wird besonders kalt. Im Januar 1947 sinken die Temperaturen phasenweise bis auf 20 Grad minus. An den Fenstern des Elternschlafzimmers gestatten die Eisblumen keinen Durchblick mehr.

Der Herd in der Kochnische kriegt die Wohnküche nicht warm. In unserer Wohnung gleich über dem Keller bekommt man Eisfüße trotz dicker Socken und Filzpantoffeln. Und nachts durchbrennen lassen kann man den Herd nicht. »Dafür ist die Feuerstelle in dem Herd zu klein«, sagt mein Vater, »und es ist fußkalt, weil die Feuerstelle in einem Kochherd zu hoch über dem Fußboden liegt. Und überhaupt geht die ganze Hitze sowieso in den Kamin.« Das ist ein Seitenhieb gegen meine Mutter. »So 'ne lange Piepe will ich nicht in der Wohnung haben! Nicht bei meinem modernen Tiefbauherd!« hatte meine Mutter geschimpft, als nach dem Einzug in die Wohnung der Herd aufgestellt wurde und mein Vater ein langes Ofenrohr vom Herd bis unter die Zimmerdecke in den Kamin führen wollte. »Das verschanduliert mir ja die ganze Bude!« Gutmütig hatte mein Vater also ein extrem kurzes Ofenrohr von der Rückseite des Herdes direkt an dem Kamin angeschlossen. »Das hast du davon«, sagt mein Vater, als sich jetzt die Eisblumen ans Fenster setzten, »ein langes Ofenrohr hätte die Wohnung mitgeheizt.«

Doch trotz der Versicherung meines Vaters, er hätte damals das lange Ofenrohr auch silbern bronciert, will sich meine Mutter auch bei 20 Grad minus mit diesem Gedanken nicht anfreunden. »Wir ziehen um in das kleine Zimmer, bevor wir alle krank werden«, befindet mein Vater, als die Eisblumen auch an den Fenstern der Wohnküche nicht mehr weichen wollen.

Das kleine Zimmer, das ist mein Kinderzimmer. Es wird aber nicht mehr Kinderzimmer genannt, seitdem ich den Kinderschuhen entwachsen bin. Mein Bett und der kleine runde Tisch, den mein Vater selbst gezimmert hat, wandern in die Wohnküche. Dafür ziehen Ledersofa und Küchentisch in mein Zimmer um. Und jetzt wird der kleine schlanke Ofen, der in einer winzigen Nische steht und der schon die Schuhmacherwerkstatt meines Großvaters erwärmte, ordentlich gestocht. Der hat auch eine lange Ofenpiepe!

Eigentlich ist er sehr hübsch, dieser Ofen mit seinen Aufbauten. Wie ein kleines Dach kann man oben den Deckel hochklappen. Dann erscheint eine runde Herdplatte, auf die man einen Kessel mit Wasser stellen kann. Früher wurde der Ofen nur angezündet, wenn es im Kinderzimmer trotz des dicken Pullovers und der Filzpantoffeln zu kalt zum Spielen war. »Ich tu dir ein bißchen Glut rein«, sagte meine Mutter dann. Auf der Kohlenschüppe balancierte sie die Kohlenglut aus dem Kochherd ins Kinderzimmer. »Geh mir aus dem Weg, Junge! Wenn da was runterfällt, habe ich ein Loch im Teppich.« Teppich, der war selbstverständlich aus Linoleum. Den kleinen Ofen kann man so vollfüllen, daß er die Nacht durch brennt.

Nach dem Umzug ist das Kinderzimmer der einzig warme Raum in der Wohnung. Abends wird es darin richtig gemütlich. Oft sitzen wir noch eine kleine Weile vor dem Zubettgehen bei gelöschtem Licht und betrachten die irrlichternden Reflexe, die der bullernde Ofen durch seine feuerfesten, bunten Glasfensterchen an die Tapete wirft. »Schade, daß wir das Radio nicht rüberholen können«, sagt mein Vater. Doch der schwarze, kleine Volksempfänger ist auf seine Antenne angewiesen. Und die sitzt wie ein Spinnennetz an einer langen Stange neben dem Balkon. Morgens, bevor ich zur Schule gehe, nimmt die Kohlenglut den umgekehrten Weg. Aus dem Ofen im kleinen Zimmer bringt meine Mutter sie auf der Kohlenschüppe in den Kochherd. »Tagsüber müssen wir die Küche auch heizen«, hatte mein Vater gesagt. »Und dann lassen wir die Schlafzimmertür auf. Die Betten sind ja schon ganz klamm.«

Meine Mutter und ich frühstücken in der Kochnische. Mein Vater ist dann schon längst weg zu Krupp. Meine Mutter zieht vor der Kochnische die schweren Vorhangschals zu, die eigentlich nur zur Dekoration gedacht waren. Schnell wird es warm in dem winzigen Raum. Unser Eßtisch ist der kleine Vorratsschrank, der durch ein rundes Sieb vom Balkon her seine Frischluft bezieht. »Hier, leg die Füße drauf«, sagt meine Mutter. Und sie klappt an ihrem Tiefbauherd die Backröhrentür herunter. »Aber drück nicht so, sonst bricht sie ab!«

Da wir zwei Öfen in der Wohnung heizen, brauchen wir auch mehr Kohle. Ich muß mit der Karre den Weg zu Krupp also dreimal in der Woche machen. Und trotz der dicken Fäustlinge, die meine Mutter mir gestrickt hat, spüre ich an den Händen das eiskalte Eisenrohr der Karrendeichsel.

»Eigentlich können wir im kleinen Zimmer auch einen Kohlen- kasten gebrauchen«, meint mein Vater, »immer die Kohlen schüp- penweise durch die Wohnung schleppen!« Er baut einen bei Krupp. Der ist aus dickem Eisenblech zusammengeschweißt, hat vorne einen massiven Griff aus Kruppstahl, einen richtigen Dek- kel zum Aufklappen und untendrunter vier kleine breite Rollen. Als er das Ding anschleppt und im kleinen Zimmer vorführt, wie sich der Kasten auf bollernden Rollen leicht hin und her bewegen läßt, schüttelt meine Mutter den Kopf: »Was du auch baust, es wird immer eine Lokomotive!«

Wenn in diesen Jahren nach dem Krieg der Herbst sich neigt, wird für meine Spielkameraden Heinz und Männe und für mich, die wir von den Feuerstürmen den Bombenkrieges verschont geblie- ben sind, das Feuer zum liebsten Spielzeug. Dann sitzen wir zumeist am südlichen Ende unseres Häuserblocks hinter einem Abfallberg, der sich vor einer Gartenmauer auftürmt. Hier ma- chen wir »Feuerken«. Der Abfallberg besteht hauptsächlich aus Trümmerschutt und Ofenasche. Als nach dem Krieg die Müllab- fuhr nicht funktionierte, hatten die Bewohner zweier Straßenzüge hier ungeniert die Aschenkästen ihrer Herde und Öfen ausge- kippt. Andere Abfälle gibt es eigentlich nicht. In Kellern und auf

Balkonen werden Kaninchen gehalten. Die fressen die Küchenabfälle. Und alles, was brennbar ist, wird in Herden und Öfen verbrannt. Ratten hätten also auf diesem Abfallberg keine Nahrung gefunden.

Die Erwachsenen nehmen den Müllberg nur zur Kenntnis, wenn sie dort ihre Aschenkästen ausleeren oder anderen Unrat ablagern, den Öfen und Kaninchen verschmähen. So sind wir beim Feuerkenmachen hinter dem Abfallberg völlig ungestört. Und wenn Erwachsene vorübergehen und unsere Feuerken entdecken, gucken sie gar nicht richtig hin. Sie haben andere Sorgen, als anderer Leute Kinder zu erziehen. Vor unseren eigenen Müttern und Vätern sehen wir uns natürlich vor. Das heißt, Heinz nicht, vor den eigenen Eltern nicht. Er hat vor ihnen längst keinen Respekt mehr.

Als Brennmaterial dient uns vornehmlich Dachpappe, die wir fetzenweise in dem Abfallberg finden. Es stinkt schrecklich, wenn Dachpappe im Feuer verkokelt und der Teer in zischenden Blasen herausläuft. »Junge, du stinkst wieder wie ein Teerkocher«, sagt meine Mutter abends, »könnt ihr denn nichts Vernünftiges spielen!« Die Dachpappe hat sich als zuverlässiges Grundnahrungsmittel für unser Feuerken erwiesen. Sie hält es in Gang und läßt sich anzünden, ohne daß man Papier zur Hilfe nehmen muß. Wie sollen wir an Papier kommen? Das wenige, das im Haushalt anfällt, brauchen die Mütter, um die Herde anzuzünden. Was wir sonst für unser Feuerken noch brauchen, suchen wir an Holzresten aus dem Müllhaufen, brechen es aus trockenen Hekken oder manchmal auch von einem Gartenzaun.

Etwas Schwierigkeiten bereitet es uns nur, das Feuer überhaupt zu entzünden. Nicht immer gelingt es dem Heinz, seiner Mutter Streichhölzer zu klauen, da diese absolute Mangelware sind. Und meine Mutter hatte unmißverständlich gedroht: »Wenn du mir hier Streichhölzer wegnimmst, kannst du was erleben!« Dem Männe muß es wohl ebenso ergangen sein, denn er hat auch nie welche.

Aber da ist ja noch über unserem Herd die offene Heizspirale, die mein Vater gebastelt und an der Wand angebracht hat. Steckt man den Stecker in die Steckdose, glüht die Spirale auf, und man kann an ihr einen Fidibus entzünden. Hier das Feuer für unser Lieblingsspiel zu holen, gelingt mir aber nur, wenn meine Mutter nicht in der Wohnung und die Balkontür nicht abgeschlossen ist. Dann klettere ich über den Balkon und zünde an der Spirale einen Fidibus an. Den reiche ich über den Balkon an Heinz weiter. Und dann wird die Flamme wie das olympische Feuer von Heinz und Männe im Laufschritt zum Müllhaufen an der Gartenmauer gebracht. Das muß schnell gehen, damit der Fidibus nicht abgebrannt ist, bevor man an der Gartenmauer ankommt. Aber es muß auch behutsam gehandhabt werden, damit die Flamme nicht von der Zugluft ausgeblasen wird.

Später hocken wir wie die Buschmänner, Knie an den Ohren, um unser Feuerken, stochern mit Zweigen darin herum, blasen auch mal hinein, wenn es nicht so recht brennen will, und schauen, immer aufs neue von einer merkwürdigen Faszination gefangen genommen, den züngelnden Flammen und den brodelnden Teerblasen der brennenden Dachpappe zu.

Als die Tage kälter werden, komme ich auf die Idee: »Wir machen uns einen Ofen für unsere Bude.« Unsere Bude ist ein Erdloch, das wir unter den Weißdornbäumen in der ehemaligen Grünanlage zwischen unserem Häuserblock und einem früheren Schulgarten ausgehoben haben. Dieses Loch ist abgedeckt mit verbogenen Eisenstangen, einem von einer Baustelle geklauten Brett, Weißdornzweigen, Dachpappenstücken und einem Lehmhaufen darüber. Wir haben auch einen richtigen Eingang gemacht und Treppenstufen in den Lehm gestochen. Vor dem Eingang hängt ein alter Kartoffelsack.

Immer, wenn es draußen zu regnen beginnt, kriechen wir in unsere Bude. Und dann freuen wir uns, daß es uns gelungen ist, das Budendach so dicht zu machen, daß kein Wasser durchkommt.

»Einen Ofen für die Bude?« fragt Heinz. Sein Gesicht verrät Interesse. »Einen richtigen Ofen?« echot Männe. »Quatsch, richtigen Ofen! Wir machen uns einen aus einem Eimer.«

Ein alter Marmeladeneimer ist schnell gefunden. Mit einem rostigen Nagel und einem Ziegelstein schlagen wir Löcher so in den Eimer-boden, daß ein kreisrunder Ring entsteht. »Aha, für den Qualm«, stellt Männe fest. »Recht haste, aber nicht ganz«, sage ich, »das runde Stück brechen wir jetzt raus, und dann kommt da ein Ofenrohr rein.« Auch ein Ofenrohr läßt sich in den Trümmern finden.

In unserer Bude stellen wir den Eimer, Boden nach oben, auf zwei Ziegelsteine, zwischen denen sich die Feuerstelle befindet. Während Heinz Ofenrohrstücke zu einer langen Piepe zusammensteckt, buddeln Männe und ich ein Loch in das Dach unserer Bude, führen das Ofenrohr dort ein und setzen es auf das Loch im Eimerboden. Zwischen den Ziegelsteinen entzündet Heinz mit den von seiner Mutter geklauten Streichhölzern Teerpappe und trockenes Holz. Und dann kommt der große Moment. Zieht er, oder zieht er nicht, unser Ofen? Nachdem wir einige Hustenanfälle überstanden haben, zieht der Ofen. Dann hocken wir um unser technisches Wunderwerk herum, Heinz streckt die offenen Handflächen dem Ofen entgegen, um die Wärme zu kontrollieren und stellt grinsend fest: »Richtig gemütlich.« Und Männe freut sich bei der Vorstellung, daß ein Ofenrohr aus einem Erdhügel qualmt: »Was die da draußen jetzt wohl denken!«

Eines Abends sitzen Heinz und ich wieder in der Bude um unseren Ofen, als Männe mit einer etwa drei Meter langen Holzstange angerückt kommt. »Mensch, wo hast du die denn her?« - »Aus dem Garten hinter der Hecke. Da ist ein Loch in der Hecke.« Von dem Grundstück der Gärtnerei gleich hinter unserer Häuserzeile sind ein paar Parzellen für Schrebergärten abgezweigt. »Gib mal her!« sagt Heinz. Er will aus der Holzstange handliche Stücke für unseren Budenofen machen. So was machen wir mit Ästen und Brettern, indem wir sie über die Bordsteinkannte legen und mit den Füßen draufspringen. Doch Männe will seine Holzstange nicht gleich hergeben. Er steckt das Ende zwischen den Ziegelsteinen unseres Ofens ins Feuer, während das andere Ende zu unserem Budeneingang weit herausragt. Als die Stange Feuer gefangen hat, zieht er sie aus dem Ofen heraus und balanciert sie draußen auf der Hand herum. Die tanzende Glut am Ende der Stange sieht in der hereinbrechenden Dunkelheit über unseren Köpfen wie ein Irrlicht aus.

Heinz bekommt auch gleich Geschmack an dem Spiel. »Sind da noch mehr Stangen?« - »Massig«, verkündet Männe. Er rammt die Holzstange neben unsere Bude in den Erdboden und führt uns zu dem Loch in der Hecke. Da liegen sie, die dreikantigen, langen Holzstangen, etwa zwei Dutzend, säuberlich aufgeschichtet neben dem Zaun, der das Gartengrundstück von der ehemaligen Ententeichwiese des Herrn Assessors trennt. Heinz und ich greifen uns eine Stange und huschen durch das Loch in der Hecke zu unserer Bude zurück. Und bald darauf lassen wir drei über unseren Köpfen Irrlichter durch die Luft geistern.

»Ich glaube«, sagt Männe plötzlich, »das sind Bohnenstangen. Eigentlich müssen wir die wieder zurückbringen.« - »Machen wir doch«, sagt Heinz gelassen, trägt seine Bohnenstange mit dem glühenden Ende über seinem Kopf wie ein Banner vor sich her und marschiert in Richtung Hecke. Männe und ich mit unseren Stangen hinterher.

Die Dunkelheit, die inzwischen vollends hereingebrochen ist, ist auf dem spätherbstlich verlassenen Gartengrundstück viel schwärzer als in unmittelbarer Nähe unserer Häuserzeile mit den erleuchteten Fenstern. Die Bohnenstangen, die wir in den Händen halten, sieht man kaum noch, dafür aber um so deutlicher die glühenden Enden, die jetzt als dicke Lichtpunkte frei zu schweben scheinen. Dieser Reiz verleitet uns dazu, noch eine Zeitlang auf den kahlen Beeten und zwischen den abgeernteten Kohlstrünken herumzustapfen und unsere Lichtpunkte allerlei Kapriolen schlagen zu lassen. »Wenn die das sehen«, sagt Männe, und er meint die Bewohner unseres Häuserblocks, »dann denken die, da sind Geister.«

Was die Leute dachten - zumindest einer von den Leuten - sollten wir bald erfahren. Dieser eine ist Herr Schwarz, der Ingenieur mit dem Glasauge, der einmal als Nachhilfelehrer vergeblich versucht hatte, meine Algebrakenntnisse aufzubessern. Herr Schwarz sieht nämlich wirklich durch das Fenster unsere Irrlichter über dem Gartengrundstück. Das will er sich doch mal näher angukken, zumal die Lichtpunkte genau über seiner Gartenparzelle herumtanzen.

Wir sind so in das Spiel vertieft, daß wir Herrn Schwarz erst bemerken, als er mitten zwischen uns ist. »Was macht ihr denn da, ihr Saujungen (Herr Schwarz hat nur eine Tochter)! Meine Bohnenstangen?« Heinz, Männe und ich lassen die Bohnenstangen fallen und Geister Geister sein und flüchten durch das Loch in der Hecke. Herr Schwarz hat uns natürlich längst erkannt und besonders mich, den er sicher als miserablen Mathematiker noch gut in Erinnerung hat.

Wir drei haben uns in unserer Bude verkrochen und hocken mit gemischten Gefühlen um unseren Eimerofen, der längst ausge-

gangen ist. »Der verklatscht das bestimmt«, gibt Männe seiner
unguten Ahnung Ausdruck.

Als ich später bei uns zur Wohnungstür hereinkomme, sehe ich
schon am Gesicht meiner Mutter, daß er recht behalten hatte. »So
groß wie ein Kalb Moses, aber immer noch dummes Zeug im
Kopf!« schreit meine Mutter gleich los. »Muß man sich von
anderen Leuten sagen lassen, daß man einen Flegel großgezogen
hat!« Der Gedanke, daß man sich so was von anderen Leuten
sagen lassen muß, bringt sie immer besonders schön in Wut. Da
ist der Griff zum Teppichklopfer unausbleiblich. Noch bevor
mich das Ding trifft, renne ich ins Elternschlafzimmer und verschwinde mit meinem gekonnten Bauchfletscher unter den schweren Eichenbetten. Dort schreie ich aus Leibeskräften weiter,
während meine Mutter schimpfend mit dem Teppichklopfer nach
mir stochert.

Endlich hat mein Geschrei den gewünschten Erfolg. Tante Minchen, die einen Schlüssel zu unserer Wohnung besitzt, taucht im
Elternschlafzimmer auf. »Änne, Änne, versündige dich nicht! Du
kannst dem Jungen ja mit dem Ding die Knochen kaputtschlagen!«

So schnell, wie die Wutanfälle meiner Mutter kommen, so schnell
vergehen sie auch wieder, wenn sie sich abreagiert hat. »Da soll
man nicht die Platze kriegen, wenn man sich so was von Herrn
Schwarz sagen lassen muß«, sagt meine Mutter zu Tante Minchen. Und zu mir: »Geh mir für den Abend bloß aus den Augen!«
Ich befolge diesen Rat schnell und verschwinde in meinem
Zimmer. Nur gut, daß mein Vater Mittagschicht hat. Der hat so
eine Art, mit seiner schwieligen Hand meinen Oberarm zu um-
spannen wie ein Schraubstock, mich anzusehen und zu sagen:
»Junge!«

Vorerst bleibt der Ofen in unserer Erdbude kalt. Natürlich hatten
Männe und Heinz zu Hause auch Stunk gehabt. Männe hatte von
seinem Vater den Arsch gehauen gekriegt, Heinz war mit einem
Anschnauzer davongekommen. Er, der Nachkömmling, bekam
nie Prügel, höchstens mal eine Ohrfeige von seiner großen Schwester. »Nachkömmling, ein richtiger Querbalg!« sagte meine Mutter.
So ist es auch Heinz, der sich als erster wieder dem beliebten
Spielzeug Feuer zuwendet. Ich treffe ihn hinter dem Müllhaufen
an der Mauer dabei an, wie er an einer rostigen Konservendose

herumwerkelt. Er hat sie auf den Kopf gestellt und schlägt mit Nagel und Ziegelstein Löcher in den Dosenboden. »Was machst du da, 'n neuen Ofen? Ist doch viel zu klein!« Heinz tippt sich an die Stirn. »Ofen! Noch nie was von 'ner Schleuderbüchse gehört?«

Heinz legt die Dose auf die Seite und schlägt mit dem Nagel in den oberen Rand zwei Löcher, die sich genau gegenüberliegen. In den Löchern befestigt er mit beiden Enden ein Stück des amerikanischen Fernmeldekabels, so daß eine Schlaufe entsteht, etwa so lang wie ein zu kurz geratener Pferdezügel. Dann faßt er den Kabelzügel und schleudert die Büchse daran herum. »Das hält«, stellt er fachmännisch fest.

Mit einem Streichholz entzündet er ein Stück Teerpappe und legt es in die Dose. Vorsichtig gibt er kleinere Holzstücke hinzu, wartet, bis sie angebrannt sind und legt etwas dickere Stücke auf. Mit der Drahtschlaufe schwenkt er die Dose leicht hin und her. »Wie das Weihrauchfaß in der Kirche«, denke ich, als sofort der Rauch stärker aus der Dose aufsteigt. »Wenn sie nicht richtig brennt, mußt du schleudern«, erklärt Heinz und schleudert die Büchse vertikal herum. Es knistert und knattert in der Büchse. »Siehste«, sagt Heinz und hält mir seine Schleuderbüchse unter die Nase. Der Luftzug hat durch die Bodenlöcher das Feuer kräftig entfacht.

Es dauert natürlich nicht lange, und Männe und ich haben auch eine Schleuderbüchse. Man kann sich mit ihr prima beschäftigen. Muß man doch ständig, die Nase am Boden wie ein beerensammelnder Buschmann, nach brennbarem Kleinmaterial Ausschau halten. Und je nasser das aufgelesene Holz ist, je grüner die aus der Hecke herausgebrochenen Zweige sind, desto kräftiger muß man die Büchse schleudern, damit sie in Gang bleibt.

Einige Tage später verblüfft uns Heinz damit, daß er seine brennende Schleuderbüchse gelassen an einen Weißdornast hängt und sie dort hängen läßt, während Männe und ich wie immer ständig nachfüllen und ab und zu kräftig unsere Büchsen schleudern müssen. »Hast du keine Lust zu schleudern?« frage ich. »Brauch ich nicht«, sagt Heinz. »Wieso nicht?« - »Ich heize mit Kohle.« - »Mit Kohle, woher hast du die denn?« - »Vor Peters Kellerloch gefunden.« - »Ist da noch mehr?« - »Nee, ist keine mehr.«

Herr Peters ist Bergmann und erhält regelmäßig Kohlen. Die paar Krumen, die beim Einscheppen ins Kellerloch daneben gefallen sind, waren liegengeblieben. Sie hatten aber genügt, um dem pfiffigen Heinz ein ganz neues Schleuderbüchsengefühl zu vermitteln.

Selbstverständlich wollen Männe und ich für unsere Büchsen auch Kohlen haben. Ich laufe zu Peters Kellerloch hinüber. Aber dort liegt wirklich kein Krümel mehr. Die kleine Eisentür der quadratischen Kelleröffnung ist nicht verschlossen. Ich stoße sie auf und sehe in den Keller hinunter. Da liegt der Kohlenhaufen. Ich zwänge mich mit dem Oberkörper in das Kellerloch, kann die Kohlen mit den Händen aber nicht erreichen.

Inzwischen sind auch Männe und Heinz zu dem Kellerloch gekommen. Und auch Herbert Peters ist da, der fünfjährige Sohn der Peters. Seit Tagen ist er mit glänzenden Augen um uns herumscharwenzelt, wenn wir mit unseren Schleuderbüchsen spielten.

Heinz winkt den Kleinen zu sich. Zögernd kommt er näher. »Willst du auch 'ne Schleuderbüchse haben?« Herbert nickt heftig. »Da mußt du aber was für tun«, sagt Heinz, »wartet mal hier!« Er verschwindet und kommt kurz darauf mit einem langen Fernmeldekabel wieder. »Wir lassen dich in den Keller runter, und du holst Kohlen für uns rauf«, sagt Heinz und beginnt auch schon, Herbert das eine Ende des Fernmeldekabels um die Taille zu binden. Herberts Augen weiten sich. »Mein Papa haut mich.« - »Mußt natürlich die Schnauze halten«, sagt Heinz. Herbert hat zwei größere Brüder, Winfried und Manfred. Die sind nicht bange, wenn es um eine Keilerei geht. Wir haben Respekt vor ihnen.

Die Aussicht, eine Schleuderbüchse zu bekommen, besiegt Herberts Angst. »Los!« kommandiert Heinz, »kriech rückwärts rein!« Wir helfen dem Kleinen beim Einstieg in das Kellerloch und lassen ihn vorsichtig an dem Kabel herunter. »Steck dir die Hosentaschen voll«, ruft Heinz in den Keller hinunter.

Was wir hier tun, könnte nur jemand sehen, der direkt aus dem Fenster schaut. Hier, zur Straße hin, liegen die Schlafzimmer und die Kinderzimmer. Der schmale Aschenweg, der zwischen den Hauseingängen vor den Kellerfenstern vorbeiführt und der nur beim Kohleneinscheppen und von Briefträgern benutzt wird, ist wegen der wild wuchernden Vorgartensträucher von der Straße aus nicht einzusehen.

Herbert hat sich die Hosentaschen mit Kohlen vollgestopft, und wir ziehen ihn wieder nach oben. Der Kleine leert seine Taschen aus und wischt sich die schwarzen Hände an der Hose ab.

Herbert ist richtig stolz darauf, daß er uns großen Jungen einen Gefallen hat tun können. »Krieg ich jetzt auch 'ne Schleuderbüchse?« Heinz nickt: »Mußt dir 'ne Dose suchen.« Herbert strahlt und läuft los, während Heinz, Männe und ich zu unserem Feuerspielplatz hinter dem Müllhaufen zurückkehren. Jetzt können auch Männe und ich unsere Schleuderbüchsen mit Kohle heizen und sie an den Weißdornstrauch hängen.

Herbert hat inzwischen eine Büchse gefunden. Sie ist schlanker als unsere und leicht verbeult. Doch Heinz stellt fest: »Für dich genügt die«, und begibt sich mit Stein und Nagel an die Arbeit. Dann entzündet er in seiner Schleuderbüchse einen Streifen Teerpappe und steckt ihn in Herberts Büchse. »So, jetzt mußt du Holz drauftun. Kohle kriegst du nicht.« Doch Herbert ist selig, auch ohne Kohle. Und als aus seiner Schleuderbüchse dicker Qualm aufsteigt, hält er sie vor sich hin, läuft im Kreis herum und macht »Tschu, tschu, tschu, tschu«. Er ist eine Lokomotive. Heinz kann nur den Kopf schütteln über soviel kindlichen Unverstand.

»Wir könnten jetzt eigentlich eine rauchen«, sage ich, »Männe, hol mal Rotzholz!« Rotzholz, das ist das trockene Holz der Ranken, die zwischen den Balkonen unserer Häuser bis zum Dach hinaufwachsen. Es ist porös, und man kann es rauchen wie eine Zigarre. Wir hatten das Rankenholz zunächst Rauchholz genannt. Doch weil der Rauch scharf auf der Zunge brennt, so daß man ständig spucken muß, hatten wir es bald in Rotzholz umgetauft. Einmal habe ich sogar Onkel Willy eine Zigarre aus Rotzholz angeboten. Wir haben zusammen auf seinem Balkon geraucht, als Tante Minchen nicht zu Hause war. »Schmeckt nicht schlecht«, hatte Onkel Willy gesagt, und er hat nicht einmal gespuckt. Der war ja auch hart im Nehmen. Einmal ist er als Junge in Westpreußen von einer Kreuzotter in den nackten dicken Zeh gebissen worden. »Da habe ich mit meinem Taschenmesser die Wunde aufgeschnitten, sie ausgelutscht und das Gift ausgespuckt.« Muß der gelenkig gewesen sein, daß er seinen dicken Zeh in den Mund stecken konnte. Ein anderes Mal ist er beim Eislaufen auf der Weichsel eingebrochen. »Wir haben uns so mit langen Stangen auf dem Eis abgestoßen. Das ging wie der Wind.« Unter dem Eis hat ihn die Strömung mitgenommen bis zu einer Stelle, an der das Eis aufgebrochen war. »Ich war auf einer grünen, sonnigen Wiese und hab schöne Musik gehört.« Ein Fischer hat ihn mit dem Bootshaken aus dem Wasser geholt. Stolz hat Onkel Willy mir die Narbe im Nacken gezeigt, dort, wo der Bootshaken ihn gepackt hatte.

Zum Rauchen ziehen Männe, Heinz und ich uns in unsere Erdbude zurück. Wir sitzen da, paffen und spucken, als sich der Eingang verdunkelt. Oben steht Herbert mit der Schleuderbüchse in der Hand und linst in die Bude hinunter. »Willst du auch in die Bude«, fragt Heinz. Herbert nickt. »Mußt du aber auch rauchen. Kannst du mal zeigen, daß du schon ein großer Junge bist.« Herbert nickt, setzt seine Schleuderbüchse ab und kommt vorsichtig die Lehmstufen herunter. »Setz dich da hin«, sagt Heinz. Und dann gibt er ihm sein Rotzholz. »Bis dahin mußt du rauchen«, sagt Heinz. Und er zeigt auf dem Rotzholz, das Herbert in den Mund gesteckt hat, eine Spanne von etwa zwei Zentimetern. Anstatt zu ziehen, pustet Herbert in die Rotzholzzigarre hinein, daß vorne die Funken aus der Glut stieben. »Ziehen mußt du, nicht blasen. Guck mal, so!« Heinz nimmt Herbert das Rotzholz ab, demonstriert, wie man daran zieht und steckt ihm den fingerdicken Prügel wieder in den Mund. Herbert zieht und kriegt einen Hustenanfall. Weit hält er mit der Hand das Rotzholz von sich ab. Während Männe und ich aufhören zu lachen, sagt Heinz streng: »Willst du nun ein großer Junge sein oder nicht!« Herbert steckt die Holzzigarre wieder in den Mund und pafft jetzt tapfer drauflos. Er verzieht das Gesicht, hustet und würgt. Aber er pafft.

Herbert spuckt den Speichel nicht routiniert aus wie wir, er schluckt ihn herunter. Feucht treten ihm seine Augen aus dem Kopf. Er sieht aus wie ein kackender Hund, denke ich. Und eine Zeitlang erliege auch ich der Faszination, die von dem Anblick des leidenden Fünfjährigen ausgeht. Doch als Herbert die Tränen die Backen herunterzulaufen beginnen, greife ich doch ein. »Du hast genug geraucht, kannst abhauen!« Ich nehme Herbert die Rotzholzzigarre ab. Der verläßt fluchtartig unsere Bude und läßt Schleuderbüchse Schleuderbüchse sein.

Eines Abends in der Dunkelheit, nach einem langen Schleuderbüchsentag, kommt Heinz auf eine neue Idee. Er schleudert seine Büchse, in der sich nur noch Glut befindet, heftig herum und läßt sie dann fahren wie ein Hammerwerfer. Die Büchse steigt senkrecht hoch und läßt auf ihrem Scheitelpunkt glühende Asche vom Himmel regnen. »Guckt mal, Feuerwerk!« ruft er. Bei seinem Tun stört es ihn überhaupt nicht, daß wir uns auf der Bleiche unmittelbar hinter dem Haus befinden.

Männe und ich lassen uns sofort in den Bann dieses schönen Spiels ziehen, und auch unsere Schleuderbüchsen steigen zum dunklen Himmel. Das kann man dreimal, viermal machen, dann ist die Schleuderbüchse leer. Sie verliert die meiste Glut nicht in der Luft, sondern beim Aufknallen auf der Wiese.

Es bleibt dem Unglücksraben Männe vorbehalten, unserem Feuerspiel ein für allemal ein Ende zu bereiten. Beim Schleudern verzieht er seine Büchse, und die landet auf Peters Balkon im dritten Stock. Genau unter dem Kaninchenstall. Frau Peters hört in der Wohnküche den Aufschlag der Büchse, kommt auf den Balkon gesaust und sieht unter dem Kaninchenstall die Funken stieben. Mit einem Eimer Wasser verhindert sie, daß ihre Kaninchen ohne Pfanne gebraten werden. Über den kleinen Herbert kommt alles heraus, denn er hat seiner Mutter sachkundig erklärt, daß das eine Schleuderbüchse ist, die da unter dem Kaninchenstall liegt. Herbert kriegt den Arsch gehauen. Männe kriegt den Arsch gehauen. Heinz kriegt eine Ohrfeige von seiner großen Schwester Christel. Und ich? Bauchfletscher unter die Ehebetten. »Änne, Änne, versündige dich nicht!«

Nach dem Debakel mit dem Schleuderbüchsenfeuerwerk beschließe ich, unsere Freizeitbeschäftigung in geistige Bahnen zu lenken. »Wir machen es uns in unserer Bude gemütlich, und ich werde euch was vorlesen.« - »Stecken wir auch den Ofen an?« will Männe wissen. Ich tippe mir bloß an die Stirn.

Aus unserem Kohlenkeller klaue ich die Kerze - im Keller haben nur der Flur, die Waschküche und der Trockenraum, der ehemalige Luftschutzkeller, elektrisches Licht. Beim Schein der Kerze hocken Heinz, Männe und ich in der Erdbude, und ich lese vor. Wilhelm Raabe. Die schwarze Galeere. Das Buch habe ich aus der Stadtbücherei, die in einer zerbombten Volksschule untergebracht ist.

Von Alois, meinem Klassenkamerad, dessen väterlicher Bauernhof in der Nähe der Schule liegt, hatte ich den Tip. Erwartungsfroh war ich in die Bücherei gegangen. Hinter einer roh gezimmerten Holztheke stand ein Mann mit pechschwarzem, glatt gescheiteltem Haar. Er trug die Breecheshosen einer ehemaligen Uniform und blankgewichste Stiefel. Der Mann schrieb meinen Namen auf eine Karteikarte und fragte dann mit einer angenehmen warmen Stimme: »Was nehmen wir denn?« - »Karl May!« Ich schoß es nur so heraus. Der Bibliothekar machte ein Gesicht, als bereite ihm dieser Name körperliches Unbehagen. Was hatte der nur gegen Karl May? Studienrat Dr. Dahl, der Döppes, der sich mit dem Lineal immer auf der Glatze kratzt, hatte uns in einer Vertretungsstunde von Karl May erzählt. »Den habe ich persönlich gekannt.«

Wortlos ging der Mann mit dem schwarzen Haar und den schwarzen Stiefeln in der Bücherei zu den Regalen an der Wand und kam mit zwei Büchern zu der Theke zurück. »Also, wir nehmen mal Wilhelm Raabe, die schwarze Galeere, und Stefan Luserke, die Wassergeusen.« Sein Gesicht riet mir, Karl May nicht noch einmal ins Gespräch zu bringen.

Nun sitze ich mit meinen Spielkameraden in der Bude und lese: »Es war eine dunkle, stürmische Nacht in den ersten Tagen des November im Jahre 1599, als die spanische Schildwache auf dem Fort Liefkenhoek, an dem flandrischen Ufer der Schelde, das Lärmzeichen gab, die Trommel die schlafende Besatzung wach rief und ein jeder - Befehlshaber wie Soldat - seinen Posten auf den Wällen einnahmen.« So nach zehn Minuten sehe ich, wie Heinz' Blick ziellos in der Bude umherirrt. Auch Männes Gesicht zeigt eher Langeweile. »Was ist, gefällt euch das nicht?« - »Passiert ja nichts«, sagt Heinz, »und wie die in dem Buch sprechen.« Heinz erhebt sich aus der Hocke: »Ich geh lieber rein. Da kann ich selber lesen.« - »Was liest du denn?« - »Karl May«, sagt Heinz und verschwindet über die Lehmtreppe.

Wasser hat doch Balken

»In Karnap ist Überschwemmung!« Ein Klassenkamerad bringt
die Kunde im Februar 1946 in die Schule. »Richtig Überschwemmung?« Der Junge ist sofort von Schülern umringt. »Ja, von der
Emscher. Die Häuser stehen unter Wasser.«
Am 8. Februar 1946 ist die Emscher, die parallel zum Rhein-
Herne-Kanal durch den nördlichsten Essener Stadtteil Karnap
fließt, über die Ufer getreten. Das Hochwasser hat den Damm auf
einer Länge von 35 Metern eingedrückt. Das Wasser hat den tiefer
gelegenen Teil von Karnap überschwemmt.
Karnap ein Klein-Venedig? Das muß ich sehen! Was wohl die
Leute, die da wohnen, dazu sagen? Die Emscher stinkt. Einst ein
idyllisch gelegener Fluß, in dem Fische schwammen und an
dessen Ufer im legendären Emscherbruch Wildpferde weideten,
ist der Fluß von Zechen und anderer Industrie vor vielen Jahren
in eine Kloake verwandelt worden.
Als ich noch nicht geboren war, hat es einmal im südlichen
Essener Stadtteil Werden an der Ruhr eine Überschwemmung
gegeben. Ich weiß das von einem Foto, das meine Eltern besitzen.
Es liegt, wie alle Fotos, in einer Zigarrenkiste. Auf dem Foto
laufen die Menschen über schmale Brettersteg. Und mit Paddel-
booten fahren sie durch die Straßen. Die Leute auf den Stegen
lachen und winken dem Fotografen zu.
Ich erwarte, in Karnap etwas Ähnliches zu sehen. Doch ich bin
enttäuscht, als ich auf dem Emscherdeich stehe. Es gibt keine
Brettersteg mit Menschen darauf, die lachen. Und es stinkt. Aber
es ist doch interessant zu sehen, wie das Wasser an die Häuser-
wände schwappt. Und da sind auch Menschen, die auf selbstgebauten Flößen durch die Straßen schippern. Einige benutzen
schmale Bretter als Paddel; andere stoßen ihr Floß mit langen
Holzstangen vom Straßenboden ab. Ich stehe unmittelbar am
Wasser und sehe mir das alles an, als ein ziemlich kleines Floß um
eine Straßenecke biegt und auf mich zukommt. Den Flößer, der
offenbar mit einer Bohnenstange stakt, kenne ich doch! Das ist ein
Junge aus meiner Parallelklasse. Wie er heißt, weiß ich nicht. »Ej,
ej«, rufe ich und winke. Der Junge auf dem schmalen Floß hebt
den Kopf, und ich sehe, daß auch er mich erkennt. Er steuert sofort
auf mich zu. Sanft stößt sein Floß unmittelbar vor meinen Füßen

ans Ufer. »Wo willst du hin?« frage ich. »Nirgendwohin. Nur so. Macht Spaß. Willst du mitfahren?« Natürlich will ich. Der Junge bugsiert sein Floß mit der Längsseite an den Emscherdeich. Auf der gegenüberliegenden Seite stemmt er die lange Stange unmittelbar an der Holzkante des Floßes auf den Grund und hält es so fest. »Du mußt einen großen Schritt machen. Aber nicht springen!« Er hält mir die Hand entgegen. Ich mache einen großen Schritt, und der Junge zieht mich auf sein Floß, das bedenklich zu schaukeln anfängt. »Setz dich in die Hucke. Dann können wir besser das Gleichgewicht halten!« Jetzt erst wird mir bewußt, daß das Floß verdammt klein ist. »Wo hast du das her?« frage ich. Der Junge grinst. »Aus unserer Zechensiedlung. Ist 'ne Tür von 'nem alten Ziegenstall.« Mir wird doch etwas mulmig. Der Junge sieht mein Gesicht. »Unten sind noch Balken drunter.«

Als ich mich an unser Gefährt gewöhnt habe, macht es wirklich Spaß, durch die überschwemmten Straßen zu schippern. Man befindet sich in einer neuen, völlig ungewohnten Dimension. Leute gucken aus den Fenstern auf die trübe Brühe, die jetzt ihre Kellerräume besetzt hält. Und einige lachen sogar. Männer kommen uns in einem schwerfälligen eisernen Ruderkahn entgegen. »Die kommen aus dem Stinnes-Hafen vom Kanal«, erklärt mein Flößer, »die bringen den Leuten was zu essen.«

Nachdem wir so eine halbe Stunde durch die Straßen gegondelt sind und ich immer darauf bedacht war, mich ruhig zu verhalten, um das Floß nicht aus dem Gleichgewicht zu bringen, sagt mein Skipper: »Ich muß jetzt nach Hause, muß noch Schula machen.« - »Muß ich auch noch«, sage ich. Der Junge stakt mich an den Emscherdamm zurück. Mit einem langen Schritt will ich ans Ufer. Doch der Druck meines Fußes stößt das Floß ab. Dadurch wird mein Schritt zu kurz, und ich stehe bis zu den Knien in der trüben Brühe. Der Junge, der das wackelnde Floß gerade wieder ins Gleichgewicht gebracht hat, muß so lachen, daß sein Floß erneut zu wackeln beginnt. »Wie heißt du eigentlich?« rufe ich hinter ihm her. »Otto«, ruft er zurück und stakt davon.

Scheiße! Jetzt muß ich mit nassen Schuhen und Strümpfen nach Hause latschen. Erstens stinke ich, zweitens ist es kalt im Februar, und drittens wird meine Mutter einen ihrer schönen Wutanfälle bekommen, wenn ich so zu Hause ankomme. Unterwegs auf dem Rückmarsch - ich gehe stramm durch, damit die Füße warm werden - überlege ich, wie ich den unerquicklichen Zusammenstoß mit meiner Mutter vermeiden kann. »Tante Minchen«, denke ich, »es geht nur mit Tante Minchen.«

Vor unserer Haustür angekommen, drücke ich den Klingelknopf über dem unsrigen. Tante Minchen kommt die Treppe herunter und öffnet. Noch bevor sie ihrer Verwunderung Ausdruck geben kann, lege ich den Finger auf den Mund. Tante Minchen weiß zwar nicht, worum es sich handelt, aber sie versteht sofort, daß ich in Bedrängnis bin. Hinter ihr her schleiche ich an unserer Korridortür vorbei die Treppe hoch.

Tante Minchen schüttelt den Kopf, als ich ihr meine Geschichte erzähle. »Du machst aber auch immer Sachen!« Mißbilligend sieht sie Onkel Willy an, der lachen muß und sich dabei wieder die Hand vor den Mund hält, wenn er geräuschvoll die Luft einzieht. Tante Minchen säubert meine Schuhe und stellt sie gleich zum Trocknen in die Backröhre. Die Strümpfe will sie später waschen. Während meine Schuhe trocknen, erzähle ich Onkel Willy von der Überschwemmung in Karnap. Der ehemalige Seemann hört aufmerksam zu. »Das hat vielleicht gewackelt, das Floß.« -»Ist doch klar«, sagt Onkel Willy, »das hat ja keinen Kiel wie ein Schiff.«

»Etwas klamm sind sie noch«, sagt Tante Minchen, »aber du kannst sie jetzt wieder anziehen.« Die Wärme der Backröhre hat die Schuhspitzen nach oben gebogen. Ich fahre mit den nackten Füßen hinein. Innen sind sie wirklich noch reichlich klamm. Aber ich bin froh, daß mich Tante Minchen vor dem Zorn meiner Mutter bewahrt hat. Ich schleiche wieder die Treppe hinunter und ziehe die Haustür hinter mir ins Schloß. Dann drücke ich auf den Klingelknopf unserer Wohnung. Meine Mutter kommt und öffnet. »Du kommst ja wieder reichlich spät«, sagt sie, »mußt du nicht noch Schularbeiten machen?« -»Doch«, sage ich, »aber ich habe mir in Karnap die Überschwemmung angeguckt.« - »Überschwemmung?« sagt meine Mutter, »na, hoffentlich bist du nicht im Wasser herumgeplatscht.«

In den heißen Sommern nach dem Krieg werden die Ufer des Rhein-Herne-Kanals im Essener Norden zum Badestrand. Zu Tausenden strömen die Essener, die im Norden auf die zerstörten Badeanstalten verzichten müssen, an den Kanal, um sich in seinem Wasser abzukühlen und auf seinen Deichen sonnenzubaden.

Dort lagern sie dann - oft so eng wie Sardinen in der Dose - auf Decken und Handtüchern.

Die jungen Männer sind besonders hinter den Mädchen her, die sich fesche Bikinis selbst gestrickt hatten. Haben sie eine Eroberung gemacht, stecken sie mit ihrem Mädchen unter einem aufgespannten Regenschirm die Köpfe zusammen, der sich nicht nur als Sonnenschirm, sondern auch als vorzügliche Sichtblende empfiehlt. Braucht man eine Abkühlung, balanciert man die aufgeschütteten Uferrandsteine hinunter zum Wasser. Hier erweisen sich die jungen Männer stets als Kavaliere. Müssen sie doch die Mädchen stützen, denn die quieken jedesmal, wenn sie ihre zarten Füße auf einen scharfkantigen Stein setzten.

Mit dem Kavalierssein haben Heinz, Männe und ich noch keine Last. Das kommt erst später, wenn wir größer sind. Mehr als die Mädchen bewundern wir die jungen Männer, die am gegenüberliegenden Ufer von der Hafenmauer, von den durch Bomben abgeknickten Kranauslegern oder von der Holzbrücke springen, die die Amerikaner gebaut haben.

»Gehste mit nach'm Kanal?« Das ist keine Frage, sondern eine selbstverständliche Verabredung zwischen Heinz, Männe und mir in den sonnenreichen großen Ferien des Jahres 1946.

Am Vormittag machen wir uns auf den halbstündigen Fußweg. In dem Brotbeutel, den Onkel Franz aus der Gefangenschaft mitgebracht hat, habe ich in einer Bierflasche den kalten Muckefuck und in einem Einweckglas den fettlosen Kartoffelsalat, den meine Mutter gemacht hat. »Schmeckt nicht nach ihr und nicht nach ihm«, sagt meine Mutter, »das waren noch Zeiten, als Fott noch mit e geschrieben wurde.« Auch Männe hat Kartoffelsalat im Einweckglas dabei und Heinz die Maisbrotschnitten mit Rübenkraut, die sich biegen wie nasse Schuhsohlen, wenn sie das Rübenkraut in sich hineingesogen haben. Wir drei haben einen Stammplatz auf dem südlichen, dem Altenessener Kanalufer, unweit der Holzbrücke, die die Amis gebaut haben.

Die Straßenbrücke, die einst Altenessen und Karnap über Kanal und Emscher hinweg verband, haben die Deutschen in den letzten Kriegstagen gesprengt, um den Vormarsch der Amerikaner von Karnap her aufzuhalten. Danach war die Straßenbrücke in der Mitte eingeknickt, lag mit der tiefsten Stelle im Kanalwasser, und ihre beiden Straßenteile führten mit den Straßenbahnschienen wie Rutschbahnen in die Tiefe. Die Amerikaner hatten vor der gesprengten Brücke zunächst haltgemacht und mit ihrer Ari in die Stadt hineingeschossen. Von der Höhe des Stoppenberger »Halloh« aus hatten die Deutschen eine Zeitlang zurückgeschossen, sich dann aber zurückgezogen. Unbehelligt bauten die Amerikaner unmittelbar neben der gesprengten Straßenbrücke in einem Baukastensystem eine Holzbrücke. Sie bestand aus einem Balkenfachwerk und ragte in ihrer Stabilität bis auf die Wasserfläche hinunter. Und sie war in der Lage, die schweren Amilastwagen und auch Panzer zu tragen. Später waren auf dieser Brücke Gehsteige für Fußgänger abgeteilt worden. Sie wurden insbesondere von den Fahrgästen der Straßenbahn benutzt, die die Brücke zu Fuß überqueren mußten, um beiderseits von Kanal und Emscher ihre Weiterfahrtanschlüsse zu bekommen.

Diese Baukastenbrücke wird für uns Badegäste am Kanal zum abenteuerlichen Tummelplatz. Wird sie doch zum Sprungbrett über dem Wasser des Kanals aus allen beliebigen Höhen. Man kann nämlich in das hölzerne Baukastensystem hinaufklettern und dann aus einer Höhe ins Wasser springen, für die der Mut ausreicht. Mit Köpper. Ehrensache! »Trauste dich noch von höher?« Höher - das ist ja jeweils nur ein halber Meter, den man auf den nächsten Balken hinaufklettern muß. Und so gewöhnt man sich leicht an die nächsthöhere Distanz. Das erfordert nicht soviel Mut, als wenn man früher in der Badeanstalt nach dem Sprung vom Einerbrett auf das Dreimeterbrett oder gar auf den Fünfmeterturm hinaufsteigen sollte. Und man lernt - sozusagen häppchenweise - seine Sprunghaltung für den tieferen Sprung zu korrigieren. »Mensch, du mußt den Arsch nicht so rausstrecken!« Hinzu kommt ein psychologischer Effekt, der es einem erleichtert, mutig zu sein. Jeder, der schon einmal in der Badeanstalt auf dem Fünfmeterturm gestanden hat, weiß, daß das Schwimmbekken unter ihm plötzlich nur noch so groß ist wie eine Briefmarke. Die Wasserfläche des Kanals jedoch ist breit und setzt die Absprunghöhe in ein unbedenkliches Verhältnis. Ich traue mich höher hinauf als Heinz. Der paßt, nachdem er aus einer Höhe von eineinhalb Metern einen platschenden Bauchfletscher hingelegt hat. »Bist du auch selbst schuld. Nur weil du dich nicht getraut hast, dich mit den Füßen feste genug abzustoßen!« Ich bin stolz darauf, daß ich was kann, was der jüngere Heinz nicht wagt.

Zu Hause, beim Spielen, schreckt er ja vor keiner Frechheit zurück. Vor allem wurmt es mich, daß er im Sommer besser barfuß laufen kann als ich. Sogar der Männe kann es besser. Weil sie genau wissen, daß ich normalerweise schneller laufe als sie, fordern sie mich im Sommer zu Hause auf der Wiese ständig zum Wettrennen mit nackten Füßen heraus. »Einmal bis zur Turnstange!« Die Turnstange, das ist die Teppichstange zum Ausklopfen, die unsere Wiese, die Bleiche, hinter den beiden Häuserblocks in zwei Hälften teilt. »Achtung, fertig, los!« Nach spätestens zehn Metern trete ich garantiert mit der nackten Fußsohle auf einen kleinen Stein, auf ein Stückchen Holz. »Au, au!« Humpelnd gebe ich auf. Und Heinz und Männe lachen sich krumm.

Offenbar können Heinz und Männe an den nackten Fußsohlen auch besser Hitze vertragen als ich. Denn zum Baden zum Kanal gehen wir barfuß. Wir gehen auf der Straßenseite, auf die die Häuser - soweit noch vorhanden - den Schatten werfen. Dennoch sind die Steine des Bürgersteigs heiß, denn die Altenessener Straße, die zum Kanal führt, verläuft in Nord-Süd-Richtung und bekommt viel Sonne mit. Der Heinz hat beim Gehen so seine eigene Technik. Er krümmt die Zehen und macht so die Fußsohle hohl. Manchmal hört man sogar seine Zehnägel auf dem Pflaster kratzen. Ich beherrsche diese Technik nicht. Und darum stelze ich vorsichtig herum an den Stellen, die von der Sonne voll getroffen werden. »Wie ein Storch im Salat«, sagt Männe. Trotz dieser Mißlichkeiten liebe ich die heiße Straße. Ich genieße den Geruch der Teerfugen im Kopfsteinpflaster, die die Sonne aufgeweicht hat. Wenn es so riecht, ist es ein heißer Tag, so richtiges Badewetter.

Sind wir aber erst im Wasser, schwimme ich schneller als Heinz, und ich tauche länger. Und ich springe höher heraus aus der Amiholzbrücke. Doch von ganz oben, vom Geländer, traue ich mich auch nicht. Da bewundern wir besonders einen etwa achtzehnjährigen Jungen, der immer wieder mit elegantem Flügelsprung vom Brückengeländer in die Tiefe segelt. Erst ganz kurz über der Wasseroberfläche, bevor er hineintaucht, schließt er die weit ausgebreiteten Arme über den Kopf. »Der soll Fähnleinführer gewesen sein«, raunt man sich bewundernd zu. Und der hat auch eine richtige Badehose an. So eine Dreieckshose. Was anderes als meine Hose, die meine Mutter mir aus aufgeribbelter

Baumwolle gestrickt hat. Die saugt sich ganz schwer voll Wasser. Und nach jedem Kopfsprung muß ich sie beim Auftauchen wieder aus den Kniekehlen heraufziehen.

Männe erlebt nichts von all diesen Badefreuden. Wohl hat auch er eine selbstgestrickte Badehose an. Doch er kann nicht schwimmen. Während Heinz und ich im Wasser herumtoben, balanciert er ab und zu die glattgewaschenen und scharfkantigen Steine der Uferauskofferung hinunter und planscht bis zu den Knien im Uferwasser. Ansonsten paßt er auf unsere Klamotten und unsere Fressalien auf. Dabei freut er sich, daß er uns mit einer besonderen Kühltechnik für unsere Flaschen mit der selbstgemachten Himbeerersatzlimonade imponieren kann. Er wickelt nasse Handtücher um die Flaschen und stellt sie in die pralle Sonne. Und paradoxerweise kühlen die Flaschen ab. »Den Trick hab ich von meiner Schwester«, grinst er. Erst später lerne ich im Physikunterricht, daß die in der Sonne trocknenden Handtücher den Flaschen die Wärme entziehen.

Nur einmal lassen wir alle drei Klamotten Klamotten sein und rennen in Richtung Stadthafen die Uferböschung entlang, deren ausgedörrtes, spärliches Gras von tausend nackten Füßen niedergetreten ist. »Am Hafen soll einer ersoffen sein!« Wir drängen uns durch einen Ring junger Menschen. Da liegt er, lang und dünn und blaß unter der Sonnenbräune, leblos. Ein etwa Zwanzigjähriger kniet über ihm und pumpt mit den Armen des Liegenden. Über den Kopf und auf die Brust, über den Kopf und auf die Brust. Immer wieder. »Man muß ihm den Kopf auf die Seite legen und die Zunge herausholen«, sagt einer. Jemand kniet sich hinzu, dreht den schmalen Kopf des Liegenden auf die Seite, drückt ihm den Unterkiefer hinunter und langt mit den Fingern in den offenen Mund nach der Zunge. Und der andere pumpt und pumpt. »Die können aufhören«, sagt einer in der Runde, »der ist tot.« Der Ring löst sich auf. Auch Heinz, Männe und ich kehren zu unserem Badeplatz zurück. Wir sind nicht sonderlich beeindruckt. Ich habe es nicht einmal zu Hause erzählt.

Ganz allmählich kommt auf dem Rhein-Herne-Kanal die Binnenschiffahrt wieder in Gang. Doch zuvor müssen auf der Wasserstraße die Hindernisse beseitigt werden, die der Krieg hinterlassen hat. In die im Wasser liegende alte Straßenbrücke zwischen den Stadtteilen Altenessen und Karnap wird eine Fahrrinne gesprengt. Und aus der Baukastenbrücke der Amerikaner unmittelbar daneben schneidet man einige Holzelemente, die bis fast auf die Wasseroberfläche hinunterreichen, heraus. So entsteht ein Durchschlupf für Schlepper und Lastkähne. Die aus der Holzbrücke herausgeschnittenen Balken läßt man der Einfachheit halber einfach ins Wasser fallen. Dort schwimmen sie nicht lange herum. Sie werden von den Anwohnern des Kanals so nach und nach als begehrtes Feuerholz herausgefischt.

Am Tage nach der »Operation« an der Holzbrücke sind Heinz, Männe und ich wieder zum Baden am Kanal. Schon als wir den Deich hinaufsteigen, sehen wir, daß die runden, baumstammdikken Balken sich im Wasser prima zum Spielen und Herumalbern eignen. Einigen Jungen, so in unserem Alter, macht das offenbar großen Spaß. Sie halten sich am Ende eines Balkens fest oder liegen mit dem Oberkörper darauf und strampeln mit den Füßen, so daß die Balken wie schlanke Boote durchs Wasser gleiten. Andere versuchen, sich rittlings daraufzusetzen, was aber nie gelingt, da der runde Balken sich sofort zu drehen beginnt. Wieder andere spielen Torpedoschießen, indem sie den Balken in Richtung eines Partners kräftig abstoßen.

Natürlich dauert es nicht lange, und Heinz und ich haben im Wasser auch solch einen Balken erwischt. Und wir albern genauso damit herum wie die anderen Jungen. Wie immer guckt Männe mit abenteuerhungrigen Augen vom Ufer aus zu. »Ej, Männe«, ruft Heinz, »komm ins Wasser! Mit so 'nem Balken kannste auch schwimmen. Brauchste dich nur dran festzuhalten. Ist puppenleicht.«

Männe sitzt in der Badehose auf den Ufersteinen und planscht mit den Füßen im Wasser herum. Sein Gesichtausdruck ist eine Mischung aus Hoffen und Bangen. Er schaut zu mir herüber. Auch ich bin sicher, daß ein Nichtschwimmer mit so einem dicken, tragfähigen Balken nicht untergehen kann. »Komm rein!« rufe ich, »Heinz und ich halten den Balken fest. Kann gar nichts passieren!«

Inzwischen haben Heinz und ich unseren Balken ans Ufer bugsiert, dorthin, wo Männe sitzt. Meine Stimme hat wohl den Ausschlag gegeben. Vorsichtig steigt Männe durch das Uferwasser auf den Balken zu, den Heinz und ich fest gegen die Steine drücken. »So, jetzt leg dich ins Wasser und halte dich mit den Händen fest!«

Doch Männe traut sich nicht. Ihn packt die typische Angst des Nichtschwimmers davor, seinen Körper dem vermeintlich feindlichen Element zu überlassen. »Das tu ich nicht«, sagt er und schickt sich an, wieder die Böschung hinaufzuklettern. »Paß auf, Männe, wir machen das anders«, sage ich, »du setzt dich auf den Balken, und Heinz und ich schieben dich.« Und wieder vertraut Männe mir, dem älteren. Er kommt wieder die Böschung herunter und setzt sich in der Mitte rittlings auf den Balken. Etwas krampfhaft klammert er sich mit den Händen an. »Ihr müßt aber richtig festhalten!« - »Natürlich, jetzt geht's los!« sage ich. Heinz und ich packen den Balken fest an den Enden und bewegen uns vorsichtig ins tiefere Wasser. Dann schwimme ich auf dem Rücken, Heinz auf der Brust, immer die Hände fest an den Balkenenden. »Siehste«, sagt Heinz, »geht doch prima!« Und Männe scheint das auch zu finden. Er lacht sogar.

Doch dann wird er übermütig. Er nimmt die Hände vom Balken, um freihändig durchs Wasser zu reiten. Dabei verliert er das Gleichgewicht. Heinz und ich können den runden Balken nicht mehr stabil halten. Sofort ist Männe unter Wasser verschwunden. Dafür erscheinen jetzt seine Beine, krampfhaft um den Stamm geschlungen. Sofort versuchen Heinz und ich, den Balken umzudrehen, damit Männes Oberkörper wieder zum Vorschein kommt. Doch, wassertretend, bringen wir die Kraft nicht auf. »Tauchen!« schreie ich. Beide tauchen wir unter den Stamm und stemmen Männes Oberkörper so weit hoch, daß der Kopf über Wasser bleibt. Männe prustet und spuckt, hält aber den Balken mit Armen und Beinen weiterhin innig umfangen. So müssen wir Männe und den Balken ans nahe Ufer schleppen. Männe kriecht auf allen vieren die Steinböschung hoch. Er setzt sich oben auf den Damm und heult los. Er schluchzt richtig. Heinz und ich wagen nicht, ihn anzusprechen. Obwohl die voraufgegangene Szene bestimmt nicht einer gewissen Komik entbehrte, ist uns nicht zum Lachen zumute. Männe hängt sich, so wie wir das beim Umziehen alle machen, seine Decke wie ein Zeltdach über den Kopf, um darunter seine Klamotten anzuziehen. Dann nimmt er sein Bündel unter den Arm und verläßt stumm unseren Lagerplatz.

Inzwischen haben Heinz und ich uns auch umgezogen. Wir gehen auch nach Hause. Bedröppelt schleichen wir in einem gewissen Abstand hinter Männe her. Dieser hat offensichtlich zu Hause nichts von dem Vorfall erzählt. So bleibt er für Heinz und mich ohne ein Nachspiel. Nach einer gewissen Zeit geht Männe wieder mit uns zum Kanal. Weiter als bis zu den Knien ist er aber nie wieder ins Wasser hineingegangen. Als später die Badeanstalt, das Altenessener Hallenbad, wieder aufgebaut war, ließ sich Männe einmal dazu überreden, mit uns in die Badeanstalt zu gehen. Doch während Heinz und ich uns im Schwimmbecken vergnügten, stand Männe am Beckenrand und fror. Seine Badehose war lediglich beim Duschen naß geworden.

Als die Binnenschiffahrt sich allmählich wieder belebt, kommt am Rhein-Herne-Kanal ein neuer Wassersport in Mode. Die jungen Schwimmer klettern auf die langsam fahrenden Schleppkähne, legen sich auf den hölzernen Abdeckungen der Ladeluken in die Sonne und lassen sich eine Strecke weit mitfahren. Sie springen vom Kahn herunter, wenn ihnen ein Schleppzug entgegenkommt, der sie wieder mit zurücknehmen kann. Selbstverständlich sind Heinz und ich mit dabei.

Es gibt erst wenige funktionierende Schlepper, so daß die Lastkähne sich zu langen Schleppzügen zusammenfinden. An langen Trossen hängen sie hintereinander. Diese Züge sind sehr langsam. Man kann die Kähne, wenn man einigermaßen geschickt ist, gefahrlos erklettern. Dennoch will eine bestimmte Technik beachtet sein. Man schwimmt seitwärts an den gleitenden Kahn heran, den Kopf in Fahrtrichtung. Dann greift man mit beiden Händen auf die Bordwand. Jetzt kommt der entscheidende Augenblick. Der Sog zieht den Körper an die Bordwand heran. Den Schwung muß man ausnützen, um den Fuß aus dem Wasser zu bringen und ihn über die Bordwand zu schwingen. Verpaßt man den richtigen Zeitpunkt, werden einem die Beine unter Wasser an die Bordwand gedrückt. Man muß sich kräftig abstoßen und einen neuen Anlauf nehmen.

Als Heinz und ich zum erstenmal gemeinsam einen Schleppkahn geentert haben und in Richtung Stadthafen mitfahren, fragt mich Heinz: »Kannst du auch richtig abspringen?« Ich verstehe den Sinn der Frage nicht. »Natürlich«, sage ich. Ich werde doch wohl noch mit Köpper von diesem flachen Schlepperbord springen können! Dem werde ich mal was zeigen, denke ich, als uns kurz vor dem Stadthafen ein Schleppzug entgegenkommt, der mich wieder in Richtung Brücke mit zurücknehmen könnte.

Ich klettere bis auf den First der wie ein Dach ansteigenden Lade luke hinauf, laufe die schräge Abdeckung hinunter, überspringe im Hechtsprung die Bordwand und lande im Wasser klatschend auf dem Bauch. Verdammt! Das tut weh! Als ich den Kopf herumdrehe, sehe ich, wie Heinz sich auf dem Schleppkahn lachend auf die nackten Schenkel schlägt. Dann springt er ab. In Fahrtrichtung. Ich war gegen die Fahrtrichtung abgesprungen. So hatte mir der gleitende Kahn beim Absprung die Füße weggezogen.

So wie es Springer gibt, die, möglichst vor Publikum, vom hohen Brückengeländer ins Wasser springen, gibt es auch Schausteller im Wasser. Sie sitzen rittlings auf den Trossen, mit denen die Schleppkähne verbunden sind und schauen nur mit dem Kopf aus dem Wasser. Ganz Mutige schwimmen vor den Bug eines Schleppers, legen sich auf den Rücken, stemmen sich mit den Füßen gegen die Bugspitze, verschränken lässig die Arme ineinander und lassen sich, lebende Galeonsfigur, durch das Wasser drükken. »Dabei soll schon mal einer in die Schiffsschraube gekommen sein«, sagt Heinz, »der war Matsche.« Die Angst davor ist der Grund, warum Heinz und ich später nicht auf die Selbstfahrer geklettert sind. Selbstfahrer, das waren sozusagen Lastkähne mit eigenem Motor, die also von keinem Schlepper gezogen werden mußten. Angst vor deren Schiffsschraube hatten wir deshalb, weil Selbstfahrer schneller waren als die behäbigen Schleppzüge und daher der Sog an ihrer Bordwand stärker.

Die Schiffer, die ja auf den Schleppkähnen mit ihren Familien wohnen - lustig flattert immer die frisch gewaschene Wäsche auf der Leine im Fahrtwind - lassen die blinden Passagiere in den Badehosen zunächst gewähren. So fahren Heinz und ich, während der gutmütige Männe am Ufer wie immer auf unsere Klamotten aufpaßt, oft bis zum zerbombten Essener Stadthafen mit. Dort springen wir ab und strolchen auf dem hinter dem Hafen liegenden »Sandberg« in der ehemaligen Flakstellung herum. »Hier hab ich mal Stangenpulver gefunden«, sagt Heinz auf einem dieser Streifzüge. Stangenpulver, damit waren die Kartuschen der Flakgranaten geladen. Ich erinnere mich, daß Heinz bei uns auf dem Hof mit diesen stricknadeldünnen, biegsamen Stangen angegeben hatte. Er hatte sie angezündet, und sie waren sprühend abgebrannt wie Wunderkerzen. Diesmal finden wir aber kein Stangenpulver mehr.

Die verlassene Flakstellung auf dem Sandberg erinnert mich daran, wie es hier so geballert hatte während der Luftangriffe, daß unsere Haustüren in den Angeln zitterten, und wie von hier aus die Leuchtfinger der Scheinwerfer in den dunklen Himmel gegriffen hatten. »Gleich holen sie ihn runter«, hatte Weltkriegsexperte Herr Mersch gesagt. Und dann hatten sie den Engländer doch nicht getroffen.

Die Flakstellung erinnert mich ebenfalls daran, daß auch mein Vater im Krieg bei der Flak gewesen war, bei der kruppschen Heimatflak. »Auf dem Holzturm an der Vierlingsflak. Das war bei einem Angriff ganz schön ungemütlich. Wir konnten mit unserer Spritze ja nur Krach machen. Die flogen ja viel zu hoch. Einmal hat es bei einem Angriff hinter meinem Rücken so geklatscht. Als ich mich umdrehte, war da ein Loch in der zwanzig Zentimeter dicken Bodenbohle. Sechseckig. Da denkst du, das ist ja nur eine Stabbrandbombe. Von wegen. Du hättest das Loch mal sehen sollen. Sechseckig, mit sauberen Rändern. Wie ausgestanzt!«

Das Entern der Schleppkähne auf dem Rhein-Herne-Kanal nimmt allmählich Überhand. Und einige Schiffer reagieren schon böse. Sie hauen einem mit dem Deckschrubber auf die Finger, wenn man sich über die Bordwand schwingen will. Doch viel unangenehmer sind diese giftigen kleinen Schiffsköter. Wie der Blitz aus heiterem Himmel erscheinen sie kläffend an der Bordwand, wenn man sich gerade aus dem Wasser hochstemmen will. Dann sieht man sich ihnen buchstäblich Auge in Auge gegenüber, und man muß schnell wegtauchen, bevor sie versuchen, einem die Nase abzubeißen.

An einem heißen Sommertag in diesen Ferien suchen Heinz und ich uns am Kanal wieder mal einen herandampfenden Schleppzug aus, um einen Ausflug zum Stadthafen zu machen. »Der Kahn hinter dem Schlepper liegt besonders tief im Wasser!« ruft Heinz, der etwa zwei Meter vor mir schwimmt. Schon ist er am Kahn, packt die Bordwand und schwingt sich hinauf. Ich erwische den Kahn nicht mehr. Macht nichts. Nehme ich den nächsten aus dem Schleppzug. Die Bordwand ragt hoch aus dem Wasser. Ich muß mich besonders kräftig aus dem Wasser schwingen, um mit den Händen den Rand der Bordwand zu erreichen. Mit viel Mühe ziehe ich mich dann an der Bordwand hoch. Dann bin ich oben auf Deck. Ich sehe zu Heinz auf dem vorderen Kahn hinüber und winke ihm zu. Heinz winkt zurück. Aber was hat der nur? Der winkt ja gar nicht richtig. Der gestikuliert und zeigt immer mit dem Finger auf mich. Endlich kapiere ich und sehe an meinem Körper hinunter. Scheiße! Von der Brust über Bauch und Oberschenkel bis zu den Knien bin ich mit schwarzem Teer beschmiert. Auch meine Handflächen und die Innenseiten meiner Unterarme sind voll Teer. Offenbar hatte der Schiffer die Außenbordwände seines Schleppkahns frisch geteert. Und ich war beim Entern durch den frischen Anstrich gerutscht, ohne es im Eifer des Hinaufkletterns zu bemerken. Jetzt ist mir auch klar, warum ich als Schwimmer auf diesem Kahn ganz alleine bin. Und noch etwas wird mir schlagartig klar. Wenn ich nach Hause komme! Ach du Scheiße! Nur schnell runter von dem Kahn!

Hinter mir kommt auch schon Heinz angeschwommen. Als ich aus dem Wasser steige, kriegt Männe, der wie immer am Ufer in der Sommersonne sitzen geblieben war, einen Lachkrampf. Ich aber habe weiche Knie und bin nicht mal in der Lage, ihn anzuschnauzen. Heinz lacht nicht. So von Schwimmer zu Schwimmer sieht er mich eher betroffen an. »Ach du Scheiße«, sage ich, »wenn ich nach Hause komme!« Heinz nickt verständnisvoll und Männe hört auf zu lachen. Hilflos stehe ich im knietiefen Uferwasser und versuche, mir den Teer vom Körper zu waschen. Vergebliche Liebesmüh. »Mit 'nem Bimsstein ginge es vielleicht«, sagt Heinz. »Sehr komisch! Woher soll ich denn hier einen Bimsstein nehmen?« - »Versuch's mal damit!« Heinz hebt einen handlichen Stein von der Uferauskofferung auf. Ich nehme ihn und beginne, damit an mir herumzuschrubben. Das tut weh. Aber die dicksten Teerspuren lassen sich mit dem Stein beseitigen. »Helft mal!« Zu dritt schrubben wir mit Steinen an mir herum. »Alles geht nicht ab«, sagt Männe und schmeißt seinen Stein ins Wasser. Er hat recht. Auch Heinz und ich werfen unsere Steine ins Wasser. »Gehn wir nach Hause!« Heinz und Männe nicken Zustimmung. Ich ziehe meine kurze Hose an. Das Hemd lasse ich aus. Die teergetränkte Badehose kann man nicht ins Handtuch wickeln. Eigentlich könnte man sie gleich wegwerfen. Auf dem Nachhauseweg brennt mir die Sonne auf den nackten Oberkörper und auf die nackten Oberschenkel. Sie brennt anders als sonst. Es tut höllisch weh. Erst jetzt geht mir auf, was ich in der ersten Erregung gar nicht bemerkt habe. Wo Heinz, Männe und ich mit unseren Bimssteinen Erfolg an meinem Körper gehabt haben, ist das nur deshalb geschehen, weil wir mit dem Teer auch gleich einen Teil der Haut heruntergebürstet haben.

Zu Hause angekommen, bin ich reif für die Wurst, wie meine Mutter sagen würde. Daher ist mir auch gar nicht danach zumute, mich wie bei ähnlichen Katastrophen zu Tante Minchen zu flüchten. Ich will zu meiner Mutter, egal, was die mit mir macht. Die schlägt die Hände über dem Kopf zusammen. »Wie siehst du denn aus!« Ich suche nicht nach Ausreden. Ich erzähle ihr die ganze Geschichte. »Auf Schleppkähne klettern! Das ist doch lebensgefährlich! Wenn ihr da in die Schiffsschraube kommt!« - »Schleppkähne haben keine Schiffsschrauben«, sage ich kleinlaut. »Das ist mir egal. Und wenn dir was passiert? Denkst du denn gar nicht an uns!« Sie sieht gar nicht wütend aus, eher traurig. Mir ist zum Heulen zumute. Die Schabewunden am Körper brennen. »Da müßte Niveacreme drauf«, sagt meine Mutter, »aber wo soll man die denn in diesen Zeiten hernehmen! Und das Teerzeugs. Das geht wahrscheinlich nur mit Terpentin wieder runter. Da mußt du schon warten, bis der Papa kommt.« Auch das noch! Ich sitze mit nacktem Oberkörper auf dem Balkon, und die Minuten werden zu Stunden. Als mein Vater von der Arbeit kommt, muß ich die ganze Geschichte noch einmal erzählen. »Sieh zu, wie du damit fertig wirst«, hatte meine Mutter zu mir gesagt, »ich halte mich da raus.« Mein Vater guckt mich nur stumm an. Dann seufzt er tief. »Komm mit in den Keller!« Mir läuft es eiskalt den brennenden Rücken herunter. Will er mich mit in den Keller nehmen, um mir dort eine extra starke Tracht Prügel zu verabreichen, eine, wie ich sie noch nie von ihm bekommen habe? Oh Gott! Im Keller gibt es alte Endstücke von Schläuchen für die Waschmaschine mit dem Wassermotor.

Doch unten im Keller greift mein Vater nicht zum Schlauchende, sondern zur Terpentinflasche. Nun schrubbt er an mir herum, mit diesem terpentingetränkten Lappen. Mensch, was brennt das auf der wunden Haut! Aber ich weiß, daß es angebracht ist, keinen Mucks zu tun, und beiße die Zähne aufeinander.

Als mein Vater mit seiner Arbeit an mir fertig ist, greift er meinen Oberarm, und ich spüre die schwielige Hand. »Wenn du noch mal auf einen solchen Kahn kletterst ...!« Und er sieht mich nur an. Mit diesem durchdringenden Blick.

»Der Westwind, der Westwind!«

Was bollert denn da draußen auf der Straße so? Ich sitze in meinem Zimmer und lese. Für einige Tage sind meine Mutter und ich im Juli 1944 von Clarholz nach Essen gefahren, um in der leeren Wohnung nach dem Rechten zu sehen. »Ich muß mich da ab und zu mal sehen lassen«, hat meine Mutter immer gesagt, »sonst setzen sie mir da Ausgebombte rein.«

Ich gehe ans Fenster und sehe auf die schmale Siedlungsstraße. Da steht der Heinz auf der Straße und hält einen alten, verbeulten Marmeladeneimer in der Hand. Was das wohl zu bedeuten hat? Da gehe ich doch gleich mal gucken.

Draußen sehe ich, daß 30 Meter unterhalb Männe auch auf der Straße steht. Auch er hat einen alten Marmeladeneimer in der Hand. »Was macht ihr denn da?« - »Kugeln«, sagt Heinz. »Kugeln, wie geht das?« - »Dann guck mal!« Ich sehe, daß Männe seinen Eimer auf der Straße abgestellt und eine faustgroße Eisenkugel in der Hand hat. »Wo habt ihr die denn her?« - »Hat Männes Vater von der Zeche mitgebracht, mußt du mit dem Eimer auffangen!« - »Darf ich mal auffangen?« Heinz drückt mir seinen verdötschten Eimer in die Hand und macht Männe ein Zeichen. Der holt mit der Kugel Schwung, und schon kommt sie über die schmale Straße gebollert. Ich bücke mich, halte den offenen Eimer vor mich hin und visiere die rollende Kugel an. Peng, ist sie im Eimer. Aber nicht lange. Sie durchschlägt den Eimerboden und knallt mir gegen den Enkel des rechten Fußes. »Au, au au!« Ich hüpfe herum und halte mir den Fuß. In mein Gebrüll mischt sich Männes wieherndes Lachen. Heinz steht neben mir und tippt sich an die Stirn. »Mensch, so doch nicht! Bist du denn doof!« Er holt die Kugel aus der Bordsteinrinne. »So!« Er holt Schwung, und die Kugel bollert ab in Richtung Männe. Der steht da mit dem Eimer in den Händen. Doch die Eimeröffnung zeigt nach unten auf die Straße. Und in dem Augenblick, in dem das bollernde Geschoß heran ist, stülpt er blitzschnell den Eimer auf die Kugel und drückt ihn fest auf die Straße. Die Kugel kann sich im Eimerrund austoben, ohne Schaden anzurichten.

So machen die das also! Ich möchte es gerne noch mal versuchen. Doch mein Knöchel wird immer dicker. »Ich geh rein!« Während ich zur Haustür humpele, höre ich, wie die Kugel schon wieder zum Heinz angebollert kommt. Meiner Mutter erzähle ich, ich sei beim Fangenspielen umgeknickt. »Ja, sicher«, sagt sie, »es kann ja auch nicht wild genug zugehen! Für die paar Tage, die wir hier sind, muß du noch Blödsinn machen! Zeig mal her!« Ich ziehe Schuh und Strumpf aus. »Da muß was Kaltes drauf«, sagt sie, »ich mache dir einen Umschlag. Und dann gehst du heute früh ins Bett, für den Fall, daß wir heute nacht in den Bunker müssen.«

Am Spätnachmittag des nächsten Tages, ich sitze mit meinem immer noch dicken Knöchel in meinem Zimmer und lese, kommt meine Mutter zur Tür herein. »Was macht denn dein Knöchel? Zeig mal her!« Sie sieht mich lauernd an. »Umgeknickt beim Fangenspielen bis du also. Das ist ja sehr interessant!« Wieso ist das auf einmal sehr interessant? Und warum guckt sie so? Und dann kommt es. »Heute nachmittag hat mir der Herr Weingarten aber etwas ganz anderes erzählt.«

Ach du Scheiße! Der Herr Weingarten! Das ist der, der in der Partei ist. Der immer so beleidigt »Heil Hitler« sagt, wenn man »Guten Tag« zu ihm sagt, und der dabei den Kopf so schief hält und die rechte Hand über die Schulter wirft. - »Guck mal, wie Jüppken Goebbels!« - »Der hat mir erzählt, wie gefährlich ihr mit dieser dicken Kugel spielt. Das hat er vom Fenster aus gesehen. Und wie laut das bollert! Und daß das richtig stört.« Meine Mutter guckt mich an. »Du hast mich also angelogen.« Jetzt holt sie bestimmt diesen vermaledeiten kaputten Kochlöffel. Doch das tut sie nicht. »Na, du bis ja bestraft genug. Aber ein Hitlerjunge, der lügt! Schäm dich!«

Das kinderlose Ehepaar Weingarten hat seine Wohnung am Südende unseres Häuserblocks in der ersten Etage. Das sind die Wohnungen an der Stirnseite, deren Schlafzimmer im Gegensatz zu den übrigen Wohnungen an zwei Wänden Fenster haben. Vor der Stirnseite des Häuserblocks steht hochgewachsenes Weißdorngesträuch und an der Ecke nach Westen hin eine große Trauerweide.

In einem Erdloch unter den Weißdornsträuchern hatten Heinz und Männe, wie sie mir später in den chaotischen Tagen unmittelbar nach Kriegsende ein Arsenal mit besonders interessantem Spielzeug angelegt. Sie zeigten es mir, als ich mit meiner Mutter aus dem Dorf Clarholz nach Essen zurückgekehrt war. Zwei Wehrmachtsstahlhelme und einen Feuerwehrhelm, einen Karabi-

216

ner ohne Schloß, mindestens fünf Meter Zündschnur, eine Rolle mit amerikanischem Telegraphenkabel aus Stahl und den von mir am meisten bewunderten Schatz der Sammlung: ein paar Patronen MG-Munition.

Wieder einmal sitzen Heinz, Männe und ich in den Wochen nach Kriegsende hinter dem großen Herdasche- und Abfallhaufen vor der Gartenmauer des Nachbargrundstücks um unser »Feuerken«. Da verschwindet Heinz unter den Weißdornsträuchern und kommt Sekunden später mit der MG-Munition zurück. Er steht vor dem Feuer und fragt »Soll ich die da reinschmeißen?« - »Bist du bescheuert!« rufe ich und springe aus der Hocke hoch. Männe sagt gar nichts. Wie immer in solchen Fällen zeigt sein Gesicht Lust und Angst zugleich. Heinz gibt uns keine Gelegenheit zu weiteren Meinungsäußerungen. Zack, fliegen die Patronen ins Feuer. Männe und ich bewegen uns rückwärtsgehend langsam von der Feuerstelle weg. Heinz bleibt gebückt und lauernd hinter dem Müllhaufen stehen.

Männe und ich sind inzwischen in unserem Hauseingang angelangt. Da geht das Theater los. Es knallt. Und wie! Heinz wirft sich auf den Boden und macht sich flach wie eine Flunder. Männe und ich ziehen im Hauseingang die Köpfe ein. Einige der Patronen ballern gegen die Gartenmauer und zwitschern als Querschläger durch die Gegend.

Dann ist der Spuk vorbei. Heinz rappelt sich vom Boden hoch. Männe und ich gehen vorsichtig wieder näher ran. »War doch nicht schlecht!« grinst Heinz. Aber er ist etwas blaß um die Nasenspitze. Gut, daß außer uns niemand auf der Straße war. Und gesehen hat uns offenbar auch niemand. Schnell verschwinden wir vom Tatort.

Am späten Nachmittag, als ich nach Hause komme, empfängt mich meine Mutter: »Komm mal rein, Männeken, ich warte schon auf dich.« Männeken - klingt gar nicht gut. Ich fasse für alle Fälle schon mal die Schlafzimmertür ins Auge. Und prompt erscheint meine Mutter mit dem Teppichklopfer. »Was hat mir der Herr Weingarten erzählt! Ihr könntet alle tot sein! Einfälle habt ihr wie ein altes Kackhaus. Und du, der größte, natürlich immer vorneweg!«

Als ich die letzten Worte höre, bin ich schon mit Bauchfletscher unter den eichenen Ehebetten verschwunden. Meine Mutter stochert wutschnaubend. Ich schreie. Tante Emma ist in ihrem Zimmer, das heißt in meinem Zimmer, in dem sie mit Onkel Franz wohnt. Aber sie kommt mir nicht zur Hilfe. - »Bei der Erziehung soll man sich nicht einmischen.« - Doch bald ertönt Tante Minchens rettende Stimme. »Änne, Änne, versündige dich nicht! Mit dem wüsten Ding! Du kannst dem Jungen ja die Knochen kaputtschlagen!« - »Das muß man sich mal vorstellen!« schnaubt meine Mutter und erzählt Tante Minchen die ganze Geschichte. Und während sie sich in Rage redet, tauche ich unter den Betten wieder hervor.

Tante Minchen sieht mich an und schüttelt den Kopf, bleibt aber in meiner Nähe. Da, mitten im Redeschwall fliegt die Hand meiner Mutter heraus. Ich bekomme eine Ohrfeige, daß mir der Kopf brummt. »So, das mußte sein!« Meine Mutter zündet sich mit zitternden Händen eine selbstgedrehte Pfälzer an. Eine Woche Hausarrest!

Ich spiele mit den Überbleibseln meiner alten Stabilbaukästen, die ich im Keller wiedergefunden habe. Wenn ich wenigstens mit dem zusammengebauten Hebekran auf den Balkon könnte! Dann könnte ich von der Balkonbrüstung aus den Lasthaken des Krans bis zum Hof hinunterspulen, und Männe oder Heinz könnte - wie früher - etwas an den Haken hängen. Aber Balkon ist verboten. »Das könnte dir so passen, auf dem Balkon spielen und Heinz und Männe unten auf dem Hof! Für wie blöd hältst du mich eigentlich!«

Wenige Wochen nach dem Vorfall mit der Munition sitzen wir wieder einmal auf unserem Lieblingsbaum, Heinz, Männe und ich, auf der großen Trauerweide an der südlichen Stirnseite unseres Häuserblocks. Die dicht hängenden Zweige schützen uns vor den Blicken der Erwachsenen. Heinz hat in einer breiten Astgabel den höchsten Sitz, den er seinen Opaplatz nennt. Wir drei haben immer denselben Sitz in der Weide.

»Ich glaube, da liegt eine Bombe!« Wer anders als Heinz hätte diese Entdeckung machen können. »Wo, wo?« Männe und ich sehen in die Richtung, in die Heinz' Finger zeigt. »Da unten im Schulgarten!«

Mit seinem verrotteten Drahtzaun grenzt der Schulgarten an das Grundstück unsere Häuserblocks. Jetzt ist er verwildert. Bis in die ersten Kriegsjahre habe ich früher im Frühling an dem Zaun gestanden und zugesehen, wenn die Schüler die Beete bestellten. Jetzt liegt da was im Schulgarten, was nach Heinz' Meinung eine Bombe ist.

»Da gehen wir gucken«, sagt Heinz und turnt auch schon an Männe und mir vorbei den Baum hinunter. Heinz steht am Zaun und ruft: »Ist 'n Blindgänger. Aber der ist kaputt!« Tatsächlich. Da liegt was Langes, Eisernes, das - offenbar mit einer Spitze - schräg im Erdboden steckt. Heinz ist hochgeklettert und schwingt schon ein Bein über den Zaun. Männe und ich hinterher.

Da liegt er, der Blindgänger, in einer extrem flachen Schräglage. Sein Stahlmantel ist in seiner ganzen Länge aufgeplatzt. Man kann durch den handbreiten Spalt auf eine gelbliche, mehlige Masse sehen. »Da holen wir was von raus«, sagt Heinz. »Ich weiß was«, sagt Männe und verschwindet über den Zaun. Während Heinz durch den Spalt ins Bombeninnere greift - »Fühlt sich mehlig an.« -, kommt Männe mit einer verbeulten Zinkbadewanne zurück, so einer Volksbadewanne. »Da tun wir was rein!« ruft er, stellt die Wanne an den Zaun und klettert zu uns herüber. Mit den Händen schaufeln wir das Mehl aus dem Bauch der Bombe und werfen es durch den Zaun in die Badewanne. »Ist bestimmt Pulver oder so was«, vermutet Heinz, während wir hin und her eilen.

»Ist genug«, sage ich nach einiger Zeit. Ich habe kein gutes Gefühl. Wenn das Zeug nun gefährlich ist! Ich habe den Gedanken kaum zu Ende gedacht, als Heinz auch schon ankündigt: »Das stecken wir an.« Trotz meines unguten Gefühls hat der Gedanke etwas Verlockendes. Anstecken? »Aber wie?« frage ich, vielleicht in der vagen Hoffnung, daß man das nicht tun kann, weil es vielleicht gefährlich ist. Männes Augen leuchten: »Brennende Teerpappe reinschmeißen!« Heinz tippt sich nur stumm an die Stirn. »Zündschnur«, sagt er, und schon ist er über den Zaun. Wir wieder hinterher. Heinz erscheint aus unserem Kriegsarsenal unter den Weißdornbüschen. »Das sind bestimmt fünf Meter!« Er zeigt uns die aufgerollte Zündschnur.

Heinz rollt die Zündschnur ab und steckt ein Ende in den mehligen Teig. Die Schnur reicht bis zu unserem Platz zwischen Müllhaufen und Gartenmauer. Wie immer hat Heinz einzelne Streichhölzer und eine Reibfläche in der Tasche. Er klaut sie seiner Mutter. »Laß mich!« höre ich mich sagen. Ein nervöses Prickeln sitzt mir im Nacken. Heinz grinst und reicht mir ein Streichholz und die Reibfläche. Die Zündschnur brennt. Jetzt gibt es kein Zurück mehr. Über den Abfallhaufen hinüber sehen wir, wie die Glut leise zischend die Zündschnur auffrißt. Jetzt klettert sie an der Wanne hoch. Jetzt über den Wannenrand.

Wuff! Eine hohe Stichflamme springt aus der Wanne. Ein dicker schwarzer Rauchpilz folgt. Westwind! Er drückt den Rauchpilz haarscharf an der Stirnwand unseres Häuserblocks entlang. Das Schlafzimmerfenster der Weingartens steht weit offen. Nicht nur das! Die Weingartens haben auch ihre Oberbetten zum Lüften über die Fensterbank gehängt. Aber das alles erfahre ich erst später am Tag. Von meiner Mutter. Die Art, wie meine Mutter mir das beibringt, ist bekannt. Klöpper raus, Bauchfletscher unter die Ehebetten. »Änne, Änne, versündige dich nicht!«

Unsere Stahlhelme, die Heinz und Männe unmittelbar bei Kriegsende in ihr Versteck geschafft hatten, tun uns gute Dienste, wenn wir uns mit der Bande aus der Parallelstraße auf ein Artilleriegefecht mit Steinen einlassen. Da können wir näher rangehen. Die da drüben hätten bestimmt auch gerne solche Stahlhelme. Aber unser Versteck ist gut getarnt.

Die Bande aus der Parallelstraße ist zahlreicher und stärker als wir drei. Man muß auf der Hut sein. Wenn sie trotz unseres Steinhagels stürmen, geben wir Fersengeld und klettern wie die Katzen auf unsere Parterrebalkone in Sicherheit. Doch einer von denen hat mich mal aus einem Versteck heraus erwischt. Aus einer hohen Ligusterhecke am Straßenrand kam ein Stein geflogen, der mir mitten vor die Stirn knallte. Blutend und schreiend lief ich in die Wohnung zu meiner Mutter. Die hat mich verbunden und sich empört über die Saujungen aus der Nachbarstraße, die immer schon solche Flegel gewesen seien. »Und du hat den Jungen nicht gesehen? Schade, sonst wäre ich mal zu seiner Mutter gegangen. Der hätte ich was erzählt! Der hätte dir ja glatt ein Auge auswerfen können!«

»Was hast du denn da?« Heinz antwortet nicht. Er zieht zunächst weiter an der Schnur und läßt eine primitive, aus Latten gezimmerte Windmühle schnurren, die man an einem Steg in der Hand halten kann. Die hölzerne Welle der Windmühle funktioniert nach dem Jo-Jo-Prinzip. So primitiv wie die Mühle auch ist, man sieht ihr an, daß sie maschinell gefertigt ist. Ein typisches Spielzeug aus dem letzten Kriegsjahr.

»Woher hast du die?« Heinz drückt mir das Ding in die Hand, und ich spiele auch Mühlen-Jo-Jo. »Aus der Epa.« Will der mich vernatzen? Das Epa-Kaufhaus - »Epa-Schrott geht leicht kapott.« - an der Chaussee, der Altenessener Einkaufsstraße, ist ein Trümmerhaufen. »Du spinnst!« sage ich. »Aus dem Keller«, sagt Heinz, »da kann man durch das Kellerfenster rein, wenn man sich ganz dünn macht.« - »Sind da noch mehr?« - »Weiß ich nicht. Da ist es so dunkel. Aber Kartons sind da noch.«

Eine Viertelstunde später sind wir - Männe haben wir natürlich auch mitgenommen - im Keller unter dem Trümmerberg des ehemaligen Epa-Kaufhauses. Durch die glaslosen Fenster, die sich zur Hälfte über den Bürgersteig erheben, haben wir uns hineingeschlängelt. Die Luft hier unten ist muffig. Heinz geht in dem Zwielicht zielstrebig in eine Ecke. Da stehen die Kartons. Einer ist offen. Heinz greift hinein. »Hier!« Er reicht uns die primitiven Holzmühlen an. Drei oder vier davon kann man in jeder Hand halten. »Hier sind noch mehr Kartons!« ruft Männe aus einer anderen Ecke. Ich reiße einen der Kartons auf. Mühlen? Nein! Kleine Papiertütchen, deren Aufschrift man so eben entziffern kann. »Fußpuder«, sage ich enttäuscht. »Nehmen wir auch mit«, sagt Männe. Er wirft seine Mühlen in den Karton mit Fußpuder und schleift ihn hinter sich her zum Kellerfenster. Hier haben wir Mühe, unsere Puderbeute durch das schmale Fenster zu zwängen.

Zu Hause kriegen wir die Mühlen schnell kaputt. Wir wetteifern darin, die Mühle mit der Schnur immer heftiger anzutreiben, bis die Lattenflügel abreißen und davonfliegen. Der Rest ist Feuerholz für unsere Schleuderbüchsen.

Aber was kann man denn nur mit Fußpuder machen? Fußpuder in den Wochen nach Kriegsende, in denen man alles nötiger brauchte als Fußpuder. »Wir machen Nebel daraus«, sage ich. »Nebel?« Männe, mit einem leichten Hang zum Schielen, verdreht die Augen. Auch Heinz guckt skeptisch. »Ja, Nebel«, sage ich, »damit nebeln wir uns ein, wenn die angreifen. Haben sie im Krieg auch gemacht.« Die, das ist selbstverständlich die Bande aus der Parallelstraße. »Wir tun den Fußpuder aus den Tüten in den Karton«, sage ich, »den nehmen wir mit auf unseren Baum. Und wenn die angreifen, schütten wir den Puder aus und legen 'ne Nebelwand vor uns.« - »Jau, ne richtige Nebelwand!« freut sich Männe.

Eine halbe Stunde haben wir zu tun, um all die kleinen Tüten aufzureißen und den Puder in den Karton zu schütten. Dann schleppen wir den Karton die Trauerweide hinauf und verklemmen ihn in einer Astgabel. Jetzt fehlt nur noch der Angreifer. Den besorgt Heinz. Unten, am Stamm der Trauerweide, legt er sich einen Vorrat an handlichen Steinen zurecht. Durch die Zweige der Weide sehen wir auf dem Hof des gegenüberliegenden Häuserblocks zwei Jungen, die mit einer Blechbüchse Fußball spielen. Unten tritt Heinz jetzt in Aktion. Schon schlagen neben den Jungen zwei, drei Steine ein. Die Jungen sehen sofort zu uns herüber. Heinz ist in die Weide hinaufgeentert. Er kann klettern wie ein Affe. »Ej, ihr Arschlöcher, kommt doch her, wenn ihr was wollt!« Die Jungen laufen vom Hof um ihren Häuserblock herum. »Die holen Verstärkung«, orakelt Männe. Er kaut an den Fingernägeln. Da kommen sie! Fünf, sechs Jungen um ihren Häuserblock herum. Sie werfen Steine in unsere Richtung. Sehen können sie uns nicht. Aber sie wissen bestimmt, daß sie in der Übermacht sind und kommen immer näher. »Näherkommen lassen!« sage ich kalt.

Ich habe das Bild vor Augen aus dem Nazi-Propaganda-Film »Alkazar«. Die spanischen Rotgardisten wollen im Bürgerkrieg den befestigten Alkazar stürmen. »Näherkommen lassen!« befiehlt der Offizier den Verteidigern. Die sind zu allem entschlossen, denn die Rotgardisten haben den Sohn des Kommandanten erschossen, weil dieser die Feste nicht übergeben hat. Die Verteidiger liegen hinter ihren Maschinengewehren, den Finger am Abzug. »Näherkommen lassen! Jetzt!« rufe ich. Wir kippen den Inhalt unseres Kartons vom Baum hinunter. Es entsteht eine Eins-A-Nebelwand. In deren Schutz klettern wir vom Baum. Dann um die Ecke unseres Häuserblocks. Heinz rauf auf seinen Balkon, Männe und ich auf unseren Balkon. »Was die wohl gedacht haben?« fragt sich Männe.

Aber der Wind, der Wind! Der Westwind! Warum mußten die Weingartens eigentlich immer ihr dreimal dämliches Schlafzimmerfenster offenstehen haben! »In dem Schlafzimmer soll es

ausgesehen haben, als wenn es geschneit hätte!« schreit meine
Mutter. Es wäre zum Totlachen, wäre da nicht dieser schreckliche
Teppichklopfer. Bauchfletscher unter die Ehebetten. »Änne, Änne,
versündige dich nicht!«
»Hast du auch den Arsch gehauen gekriegt?« fragt mich Männe
später. Heinz grinst nur. Der kriegt von seinen Eltern ja nie den
Arsch gehauen.

Im Frühjahr 1947 kommt ein kleiner Wanderzirkus nach Altenessen, ein Familienunternehmen. Ein Mann, so Ende fünfzig,
seine Frau, seine Tochter oder Schwiegertochter und ein etwa
fünfjähriges Mädchen. Der Zirkus schlägt sein Zelt auf dem
Marktplatz neben der Badeanstalt auf. Eigentlich ist es gar kein
richtiges Zirkuszelt, sondern ein oben offenes Viereck aus ge-
flickten Zeltbahnen. Die Zuschauer sitzen auf Bänken aus rohem
Holz, ohne Rückenlehne. Die Vorstellungen sind ausverkauft.
Eintritt eine Reichsmark. Man ist dankbar für jede Art Unterhaltung in dieser Zeit.
Die junge Frau führt Turnkunststücke vor. Der ältere Mann, der
Herr Direktor, läßt einen Pudel über einen Stock und durch einen
Reifen springen. Er selbst macht Kopfstand auf einem Tisch,
balanciert einen Stuhl mit der Lehne auf dem Kinn und macht
auch den Clown. Doch der Star des Programms ist das kleine
Mädchen, seine Enkeltochter. Es hat ein süßes Kostümchen an, an
dem das Röckchen immer so hübsch herunter fällt, wenn das
Mädchen Handstand macht. Und wie es Handstand macht! Auf
den Händen des Großvaters, auf einer Hand des Großvaters und
selbst auf seinem Kopf. Ganz steif macht es sich, und der Großvater balanciert es wie einen toten Gegenstand.
Der krönende Abschluß des Programms ist ein Sketch. Der
Großvater sitzt an einem Tisch, frühstückt vornehm mit Messer
und Gabel - eine trockene Schnitte Brot - und liest dabei die
Zeitung. Unter dem Tisch, verdeckt von der Tischdecke, sitzt
jemand, der dem Großvater das Frühstück gründlich verleidet. Er
klaut ihm, der in die Zeitung vertieft ist, jedesmal das abgeschnit-
tene Stück Brot von der Gabel und ersetzt es durch allerlei
ungenießbares Zeugs: eine rohe Kartoffel, einen Kinderholz-
schuh, einen alten Putzlappen und eine selbstgemachte Stoff-
maus. Der Großvater beißt jedesmal zum Gaudium der Zuschauer

hinein, schüttelt sich vor Entsetzen und hält vergeblich nach dem Störenfried Ausschau. Und dann zündet ihm der unsichtbare Mensch unter dem Tisch auch noch die Zeitung an. Der intensiv lesende Großvater bemerkt die lodernde Flamme natürlich erst, als sie ihm schon fast die Nase versengt.

Heinz, Männe und ich besuchen die Vorstellung zweimal. Dann ist unser Taschengeld erschöpft. Dennoch sehen wir das Programm die eine Woche lang jeden Tag, sogar von einem Logenplatz aus. Denn wir haben entdeckt, daß wir auf das flache Dach der Badeanstalt klettern können, das eine Bombe zum Teil abgeknickt hat. Vom erhalten gebliebenen Teil des Daches können wir genau in das Zeltgeviert unter uns gucken. In den folgenden Tagen macht unser Beispiel Schule. Und so verfolgen bald 10 bis 15 Jungen johlend die Späße, die der Großvater und Zirkusdirektor unten in seinem Familienzirkus macht. Den ärgern offenbar die ungebetenen Zuschauer. Geschickt münzt das alte Zirkuspferd seinen Zorn in einen Einfall um. Während des Sketches mit dem gestörten Frühstück zeigt er plötzlich mit dem Finger nach oben. »Guckt mal, da oben, da sind welche auf dem Dach, die sind mondsüchtig!« Wieherndes Gelächter unten im Publikum.

Als wir nach Hause kommen, sage ich zu Männe und Heinz: »Wir machen auch Zirkus. Das können wir auch!« Männe ist Feuer und Flamme. »Au ja, wir machen Zirkus!«

Er hat sofort erkannt, das hier ein Feld ist, auf dem er auch was zu bieten hat. Er kann Handstand machen und auf Händen laufen. Er kann Kopfstand machen auf einem Stuhl und auf einem Tisch. Ich kann auch Kopfstand machen auf einem Tisch. Vor allem kann ich geschickt mit der langen, hölzernen Fahnenstange balancieren, an der Männes Vater, der SA-Mann, früher immer zu Führers Geburtstag die große Hakenkreuzfahne über den Balkon gehängt hat. Aus dem Fahnentuch hatte Männes Schwester längst einen Rock genäht bekommen. Beim Balancieren blieb die lange, stabile Stange gut im Gleichgewicht. Und ich balancierte sie auf den Fingern, auf der Fußspitze und bald auch auf dem Kinn und auf der Stirn.

Heinz war übrigens an solchen Spielen nicht interessiert. So etwas war ihm nicht aufregend genug. Er kann auch keinen Handstand machen und keinen Kopfstand. Aber sein Einfallsreichtum hilft ihm über diese Klippe hinweg. Als Beitrag zu

unserem Zirkusprogramm beschließt er: »Ich stecke den Wolfgang in einen Koffer.« Wolfgang Manzel, so an die fünf Jahre
jünger als ich - »Bekommt ihr Helmut auch immer Gelb-Eichen,
Frau Spiegel?« -, ist dünn wie ein Strick und so gelenkig, daß er
sich die Füße hinter die Ohren legen kann. Natürlich hält es Heinz
für überflüssig, sich zu fragen, ob Wolfgang mit der Idee einver-
standen ist. »Und die Sache mit dem gestörten Frühstück machen
wir auch«, sage ich. Selbstverständlich ist klar, daß ich dabei den
Part des Zirkusdirektors übernehmen werde.

Am nächsten Nachmittag ist es soweit. Wir drei leihen uns von
unseren Eltern Wolldecken aus. Auf der Bleiche spannen wir sie
zu einem Geviert um vier Wäschepfähle. Jetzt haben wir genau so
ein Zeltgeviert wie der Zirkus auf dem Marktplatz. »Wir müssen
auch Eintritt nehmen!« sagt Heinz. »Natürlich«, sagt Männe, »ich
kassiere pro Mann zwanzig Pfennig.«

Männe hatte bei den Kindern unserer Straße, die zum größten Teil
jünger sind als wir, mächtig Reklame gemacht. »Ihr müßt aber
zwanzig Pfennig bezahlen!« Vor der Aufführung stehen rund ein
Dutzend Jungen und Mädchen vor unserem Zirkuszelt. Männe
steht draußen und lüftet ab und zu geheimnisvoll den Wolldek-
kenspalt. Er ist in Hochform und läßt kesse Sprüche ab, die er
bestimmt von seinem Vater hat. »Immer herein, immer heran,
hier werden Sie genauso beschissen wie nebenan! Hier sehen Sie
Tutti-Frutti, das Zigeunerweib, und den rollenden Furz auf der
Gardinenstange! Männer mit 'nem Holzbein kommen umsonst
rein, Männer mit 'nem dicken Bauch auch, Männer mit 'nem
langen Hals ebenfalls!«

Unsere Vorstellung beginnt mit Musik. Ich kann inzwischen
leidlich auf der Waldzither meines Vaters spielen. - »Junge, hau
nicht so drauf. Man kriegt doch heutzutage keine neuen Saiten!«
- Und Männe kann Gitarre spielen, auf der Gitarre seiner Mutter.
Die ist nämlich in einem Gitarrenchor. »Ist bestimmt die Heilsar-
mee«, hat meine Mutter gesagt und ironisch intoniert: »O kommet
zu Jesus, der wird euch von der Arbeit befrein. Vom Rheinischen
und Bergischen da wird man besoffen wie'n Schwein!« Männe
und ich können zusammen »Alte Kameraden« und »Wien bleibt
Wien« spielen.

Zur Eröffnung unseres Programms wählen wir den Marsch »Wien
bleibt Wien«. - »Daß du mich liebst, das weiß ich. Auf deine Liebe

scheint der Mond ...« Dann spulen wir unser Programm ab, während unsere Zuschauer in unserem Zirkuszelt auf dem Rasen sitzen. Männe macht Kopfstand und Handstand. Ich mache Kopfstand, eine Hechtrolle über drei kleine ausgesuchte Zuschauer und balanciere mit der Fahnenstange. Heinz, als Clown abenteuerlich gewandet, schleppt Wolfgang im Koffer herein. »Was hab ich hier wohl drin?« fragt er. Und ich antworte: »Ein Klavier.« Unsere Zuschauer wollen sich totlachen. Dann springt Wolfgang aus dem Koffer. Er freut sich - wie meine Mutter sagen würde - ein zweites Loch in den Hintern, weil er mitmachen darf.

Und dann der Höhepunkt des Programms, das gestörte Frühstück. Heinz ist derjenige, der unter dem deckenverhangenen Tisch hockt, mir die Stücke Maisbrot von der Gabel klaut und es durch die unmöglichsten Sachen ersetzt. So beiße ich, während ich hingebungsvoll Zeitung lese, abwechselnd in einen alten Pantoffel, eine rohe Kartoffel, eine Lumpenmaus, einen Kochtopf von einem Spielzeugherd und in einen Büschel Löwenzahn.

Beifallskundgebungen kommen nicht von unseren kleinen Zuschauern, sondern auch von oben, von einer ganz besonderen Galerie. Das Johlen der Kinder hat die Erwachsenen auf die Balkone gelockt. Wie wir Jungen neulich auf dem Dach der Badeanstalt können sie jetzt von oben in unser Zirkuszelt gucken. Da gebe ich meinem Affen Zucker. Als nichtsahnender Leser hantiere ich geschickt mit der brennenden Zeitung. Der Beifall feuert mich an. Dieses Gefühl, wenn sie in die Hände klatschen. Ich weiß, jetzt habe ich meine Zuschauer am Strick, die kleinen und die großen.

Dieses Gefühl kannte ich. Ich hatte es zum erstenmal erlebt an meinem sechsten Geburtstag. Da hatten meine Eltern mir Kasperhandpuppen geschenkt. Und Hans Mersch, der große Nachbarsjunge aus dem dritten Stock, hatte mir dazu aus einem Persilkarton eine Puppenbühne gebastelt, meine Mutter die Vorhänge genäht. Und dann war die ganze Familie Mersch erschienen an meinem Geburtstag, um zu sehen, was ich wohl für ein Gesicht machte. Und Onkel Willy und Tante Minchen waren auch da. »Los, Helmut, spiel mal was!«

Und ich hatte zu spielen begonnen, so aus dem Stegreif. Mit Kasper, Teufel, Jäger, Großmutter und Prinzessin. Vor allem hatte ich eine wilde Keilerei vom Stapel gelassen. Mein beifalls-

trächtigster Einfall war es dabei gewesen, den Kasper als Schlag-
instrument gegen seine Widersacher unsere kleine Spiegeleier-
pfanne schwingen zu lassen. Das knallte so schön auf den Holz-
köpfen. Echte Vorkriegsware. Die konnten was vertragen. Zum
Abschluß gab es dann zwischen Kasper und der Großmutter ein
Walzertänzchen und einen Kuß für die Prinzessin. Da war mir der
Beifall der Geburtstagsgesellschaft sicher. »Nun guckt euch das
an, wie der kaspert!« hatte mein Vater gerufen. »Als er drei Jahre
alt war, habe ich ihn mal mitgenommen zu so 'nem Kaspertheater
auf dem Webermarkt. Bei mir auf der Schulter hat er gesessen,
und dann hat er immer gerufen: Papa, der Weiße soll nicht mehr
kommen, wenn der Tod mit dem Totenkopf auftrat, um die in den
Sarg zu legen, die der Kasper erschlagen hatte. Und dann ist der
Weiße doch noch gekommen, und der Junge hat mir vor Angst in
den Nacken gepinkelt.«

Unser Zirkusprogramm auf dem Rasen in unserem Deckenzelt ist
ein voller Erfolg gewesen, darüber sind Männe, Heinz und ich uns
einig. Denn ich hatte noch einen draufgesetzt in dem Sketch mit
dem gestörten Frühstück. Als ich die Zuschauer auf den Balkonen
bemerkt hatte, hatte ich, während ich mit der brennenden Zeitung
hantierte, nach oben gedeutet und gerufen: »Guckt mal, da oben
sind auch noch welche, die sind mondsüchtig!« Lautes Gelächter,
auch von einigen Balkonen, hatte den vermeintlichen Einfall
belohnt, den ich ja von dem Zirkusdirektor geklaut hatte.
Zwei Zuschauer auf einem der Balkonen hatten über meinen Spaß
offensichtlich gar nicht lachen können. Das erfahre ich aber erst
später, als ich meine Wolldecken von unserem Zirkuszelt in die
Wohnung zurückbringe. Da sitzt meine Mutter am Tisch in der
Wohnküche und zieht nervös an ihrer selbstgedrehten Zigarette.
Ihr Gesichtsausdruck ist eine Mischung aus Zorn und Traurigkeit.
Ich weiß nicht, was das bedeuten soll, aber bestimmt bedeutet es
nichts Gutes. »Die Weingartens«, sagt meine Mutter. Schon der
Name jagt mir den Schreck in die Glieder, obwohl ich mir diesmal
wirklich keiner Schuld bewußt bin. »Eben war Herr Weingarten
hier«, fährt sie fort, »er hat gesagt, du hättest gerufen, die
Weingartens sind mondsüchtig.« - »Aber, aber«, stottere ich und
schiele sicherheitshalber zur Schlafzimmertür, »aber ich habe
doch gar nicht gesagt die Weingartens.« - »Ich weiß«, sagt meine

Mutter, »ich war ja selbst auf dem Balkon und habe gelacht.« Und mir wird klar, warum sie noch nicht zum Klöpper gegriffen hat. »Herr Weingarten behauptet das aber. Und er sagt, du hättest seine Frau und ihn vor allen Leuten schwer beleidigt.« Ich kann nur mit den Schultern zucken. »Ich habe wirklich nicht ...« Meine Mutter unterbricht mich: »Trotzdem mußt du dich entschuldigen. Ich will das aus der Welt haben!« Ihre Stimme duldet keinen Widerspruch mehr. »Du gehst jetzt ins Badezimmer und wäscht dich gründlich, auch die Ohren! Dann gehst du rüber!«

Herr Weingarten öffnet mir die Haustür mit versteinertem Blick. »Dann komm mal mit rauf!« In der Wohnküche sitzt Frau Weingarten am Fenster. Ihr treten die Tränen in die Augen, als ich auf sie zugehe und ihr die Hand entgegenstrecke. »Ich wollte mich entschuldigen«, sage ich mit belegter Stimme. Herr Weingarten schüttelt den Kopf: »Das hätten wir gerade von dir nicht gedacht, Helmut, wo du doch auf die Schule gehst!«

Wie der einen durch seine Brille angucken kann! Ich stehe da mit hängenden Schultern und mache keine Anstalten, mich zu rechtfertigen. Ich will nur schnell wieder weg hier. Ich kann es nicht formulieren, aber ich fühle es irgendwie, daß hier zwei Menschen sind, die wegen ihrer Nazivergangenheit mit einer offenen Wunde leben müssen und deren schlechtes Gewissen sie dazu verleitet hat, meinen Spruch von den Mondsüchtigen ganz allein auf sich zu beziehen. »Ja, dann geh ich jetzt.« - »Warte mal!« sagt Frau Weingarten. Sie geht an den Schrank, holt einen schmalen Riegel amerikanischer Schokolade hervor und drückt ihn mir in die Hand. »Danke.«

»Guck mal«, sage ich zu meiner Mutter, als ich in unsere Wohnung zurückkomme, und halte ihr die Schokolade entgegen. Meine Mutter sieht mich fragend an. »Von Frau Weingarten«, sage ich. »Nanu«, sagt meine Mutter, »wo haben die denn Amischokolade her, das waren doch Nazis!« Sie geht zur Wohnungstür »Das muß ich Tante Minchen erzählen!«

Abends bekommt auch mein Vater die Geschichte von unserer Zirkusvorstellung erzählt. Er sieht mich ernst an, schüttelt den Kopf und sagt: »Wenn du mal aus der Schule gekommen bist, am nächsten Morgen, noch ehe die Sonne aufgeht, bringe ich dich in den Zirkus!«

»Das kann ja kein Mensch vertragen.«

»He, du, möchtest du mitmachen?« Mitmachen? Mitmachen ist gut. Ich bin der typische Mitmacher. In diesem Augenblick, in dem ich angesprochen werde, mache ich auch wieder mit.

Ich stehe an diesem Nachmittag im Frühsommer 1946 bis zur Hüfte in einer Erdgrube und bin mit einem Spaten beschäftigt. Am Rande meines Lochs stehen zwei Schuhe akkurat nebeneinander. Es sind nicht meine. Sie gehören zu einem Paar Röhrenhosen mit auffällig großem und farbigen Muster. In der Hose steckt ein Schüler der Oberstufe, den ich nur vom Ansehen her kenne. Der ist bestimmt schon achtzehn und sieht mit seiner großen Nase und seinen frühen Geheimratsecken schon sehr erwachsen aus. Er hat sich eine ungewöhnliche Gelegenheit ausgesucht, um Schüler für die Zusammenstellung einer Theaterspielschar auszusuchen. Im schmalen Vorgarten unserer Schule, der von einer niedrigen Mauer zum Bürgersteig hin abgegrenzt wird, werkele ich zusammen mit anderen Schülern mit Schüppen und Spaten. Wir heben etwa 80 Zentimeter tiefe Gruben aus, in denen der Trümmerschutt unserer zum Teil zerbombten Schule im wahrsten Sinne des Wortes beerdigt werden soll. Den Trümmerdienst verrichten wir freiwillig. Später sollten wir feststellen, daß wir uns mit der Tiefe unserer Gruben verschätzt hatten. Es gab mehr Trümmerschutt, als die Gruben aufnehmen konnten. So haben wir schließlich den gesamten Vorgarten bis zum Rand der Einfassungsmauer mit Schutt aufgefüllt, alles fein planiert und den Mutterboden wieder aufgetragen.

Theaterspielen? Ich war sofort Feuer und Flamme. »Ich mache mit.« Vom Theater und Theaterspielen habe ich allerdings nicht die geringsten Vorstellungen. Meine Vorstellungen von Schauspielen und Schaustellen beschränken sich auf Film, Zirkus und Puppentheater. »Gut«, sagt der junge Mann mit den Röhrenhosen, »wir treffen uns morgen nachmittag um fünf auf dem Schulhof.«

Am besagten Nachmittag versammelt sich eine Handvoll Schüler auf dem Schulhof. Aus meiner Klasse sind Werner, der blonde Junge mit dem zarten Mädchengesicht, sein Freund Karl-Heinz und Norbert, der Klassenälteste, dabei. Dazu kommen drei Jungen aus der Sexta. Sie sind bis drei Jahre jünger als wir aus der

Quinta, da sie ganz im Gegenteil zu uns im normalen Alter eingeschult worden sind. Norbert haut mir in die Seite:»Hätte ich mir denken können, daß du auch dabei bist.« In der Runde herrscht eine gespannte Befangenheit. Sie steigert sich noch, als der große Junge aus der Oberstufe den Schulhof betritt. Er betrachtet uns leicht amüsiert.»Ich heiße Heinz Brunkhorst. Na, dann woll'n wir mal!« Wieder hat er seine Röhrenhose mit dem auffälligen Muster an.

Heinz Brunkhorst geht zur Hausmeisterwohnung hinüber, deren Fensterscheibe ich Jahre später mit einem Fußball zerdeppern werde, und klingelt. Respektvoll sehen wir, wie der Hausmeister ihm einen Schlüsselbund aushändigt. Gemeinsam gehen wir ins Schulgebäude, in ein Klassenzimmer im zweiten Stock. Der Raum ist verhältnismäßig hell, denn nur wenige Fenster sind mit Brettern vernagelt.»Setzt euch!« Wir suchen uns einen Platz in den Klappbänken. Heinz Brunkhorst bleibt vor dem Lehrerpult stehen, wieder in seiner typischen Haltung, die Füße eng aneinandergestellt. Aller Augen richten sich auf ihn wie auf einen Lehrer.»Ich habe von der Schulleitung die Erlaubnis erhalten, eine Laienspielschar zu gründen. Wir werden Stücke einstudieren und sie aufführen vor Schülern und Eltern. Ihr wollt mitmachen. Darüber freue ich mich. Ihr solltet eure Aufgabe ernst nehmen. Ohne Fleiß und vor allem Disziplin wird es nicht gehen. Wer zugesagt hat, sollte auch dabeibleiben. Wer meint, das wäre doch nichts für ihn, der sollte das gleich nach unserem ersten Gespräch hier sagen. Denn wer zwischendurch abspringt, gefährdet die Proben und schließlich die Aufführung.« Beeindruckt nicken wir alle Zustimmung.»Und dann noch etwas.« Ein feines Lachen erscheint auf seinem Gesicht.»Vorhin auf dem Schulhof haben einige von Euch Sie zu mir gesagt. Das ist natürlich Unsinn. Ich bin Schüler wie ihr auch.«

Als Heinz uns nähere Einzelheiten erklärt, löst sich die Spannung. Mit seiner warmen, sonoren Stimme hat er so eine Art, uns in seinen Bann zu ziehen.»Jeder von euch kann bestimmt ein Gedicht aufsagen. Am besten ihr sagt jetzt reihum eine Strophe daraus auf, damit ich sehe und höre, was ihr so für Anlagen habt.« Geniertes Grinsen in der Runde.»Wer fängt an?« Zaudern. Schließlich beginnt Werner, der blonde, feingesichtige Musterschüler. Und er flötet mit seiner hellen Stimme:

»Es war, als hätt' der Himmel
die Erde still geküßt,
daß sie im Blütenschimmer
von ihm nur träumen müßt.

Die Luft ging durch die Felder,
die Ähren wogten sacht,
es rauschten leis die Wälder,
so sternklar war die Nacht.«

Heinz Brunkhorst hebt die Hand und nickt. »Wer macht weiter?«
Da lege ich los:

»Uund drräut der Winter noch so sehrr
mit trrotzigen Gebärrden,
und wirrft er Eis und Schnee umherr,
es muß doch Frühling werden.

Und drrängen die Nebel noch so dicht
sich vor dem Blick der Sonne,
sie wecket doch mit ihrem Licht
einmal die Welt zur Wonne.

Belast nur ihr Stürrme, belast mit Macht,
mir soll darrob nicht bangen ...«

Heinz Brunkhorst hebt den Arm. »Ist gut, ist gut! Bei dir weiß ich
schon, welche Rolle du in unserem ersten Stück spielen wirst.«
Triumphierend schaue ich in die Runde. »Du spielst den Bär.«
Den Bär? Ach so! Ich hatte gerade angefangen, mich zu Höherem
berufen zu fühlen.

Auch die anderen sagen ihre Gedichtstrophen auf. Nicht immer
geht es ganz glatt ab, und wir lachen. Doch Heinz legt immer
gleich den Finger auf den Mund. Und immer wieder sagt er: »Ist
gut!« und lacht sein feines, lautloses Lachen. Und dann sagt er
ernst: »Das müßt ihr euch abgewöhnen. Wenn ihr euch auf den
Proben bei jedem Versprecher gleich totlachen wollt, dann kommen wir zu nichts. Jeder hat das Recht, sich zu versprechen. Wir
können daraus nur lernen.«

Und er erklärt uns, daß wir als erstes das Märchen »Vom klugen
Schneiderlein« aufführen würden. »Aber vorher«, sagt er, »studieren wir nach den großen Ferien für die Weihnachtsfeier der
Schule ein Krippenspiel ein.« Wir verabreden ein Treffen nach
den großen Ferien, und dann sind wir entlassen.

Alle Jungen sind bei der Stange geblieben, als sich die Laienspielschar Ende Oktober nach einigen Vorbesprechungen zur ersten Probe für das Krippenspiel trifft. Wir heißen die Kleine Laienspielschar zum Unterschied zu der Großen Laienspielschar, die unter Leitung eines Lehrers aus Schülern der Mittel- und Oberstufe gegründet wird. Keine Frage, daß ihr auch Heinz Brunkhorst angehört.

Wir sitzen wieder in dem Klassenzimmer im zweiten Stock. »Hier, gebt das mal weiter!« Heinz verteilt Durchschläge in Maschinenschrift. Man sieht ihnen den häufigen Gebrauch des kostbaren Kohlepapiers an. Unser aus losen Blättern bestehendes Rollenbuch. Alle sehen wir so was zum erstenmal, einen dramatisierten Text, wie wir ihn später im Deutschunterricht in unseren Reclam-Heftchen wiedererkennen sollten. »Maria Stuart«, »Johanna von Orleans«, »Minna von Barnhelm«, gelesen als Rollenspiel, das liegt noch weit vor uns.

»Lest euch das jetzt erst mal in Ruhe durch.« Wir lesen es still. Dann liest Heinz es uns vor, gibt dabei jeder Rolle ihre Stimme, und der Text beginnt zu leben. Dabei raucht er - im Klassenraum! - selbstgedrehte Zigaretten, die er in einem Etui aufbewahrt. Und er raucht sie aus einer silbernen Zigarettenspitze. Aus der kann er den Stummel rauswerfen, indem er die silberne Hülse in das Mundstück hineindrückt. Das alles sehen wir wieder mit viel Respekt.

»Jetzt verteilen wir die Rollen«, sagt Heinz. Wer anders als Werner mit dem feinen Mädchengesicht könnte die Maria spielen! »Und du«, Heinz deutet mit seiner Zigarettenspitze auf mich, »du mit deiner tiefen Stimme spielst den Josef.« Dann brauchen wir noch einen Hirten, einen Engel und die Heiligen Drei Könige. Und alle malen wir uns schon schadenfroh aus, wie wir den kleinen Klaus, einen der Heiligen Drei Könige, schwarz anpinseln werden.

»Ich dachte schon, du müßtest den Engel spielen«, grinst Norbert und pufft mich auf der Treppe in die Seite, als wir nach Hause gehen. Er wird den Hirten spielen. »Und daß ihr mir beim nächstenmal alle eure Rollen könnt!« hatte Heinz zum Abschied gemahnt.

Erste Probe im Klassenzimmer. Ein über das andere Mal winkt Heinz mit seiner Zigarettenspitze ab. Es ist eine Sprechprobe, und wir sitzen dabei in unseren Bänken. »Nein, nein. So geht das nicht. Wie sprecht ihr denn!« Ja - wie sprechen wir denn? Wir sprechen, wie Jungen im Ruhrgebiet sprechen. »Ihr sprecht viel zu schnell, ihr macht keine Pausen! Und vor allem verschluckt ihr sämtliche Endkonsonanten.« Stimmt! Das sagt der Lehrer im Deutschunterricht auch immer. »Die Endkonsonanten müssen richtig ausklingen!« Und bei den Worten Konsonanten und ausklingen schwingen Heinz Brunkhorsts N's noch eine Weile im Raum nach. »Und es heißt nicht ›richtich‹, sondern ›richtig‹«! Wir grinsen uns an. Das hört sich alles so künstlich an. Aber es hilft nichts. »Noch einmal von vorn!« Wir bemühen uns. Aber jetzt klingt es noch künstlicher, noch gestelzter. Und das Lachen im Klassenzimmer ist nicht mehr aufzuhalten. Auch Heinz lacht. »Ihr könnt am Anfang ruhig ein bißchen übertreiben. Das kriegen wir mit der Zeit schon hin.«

Wir kriegen es hin, wie Heinz es vorhergesagt hat. Und bei den Stellproben heißt es immer wieder: »Spielen, spielen, nicht nur aufsagen!« Und zu denen, die gerade nicht sprechen: »Mitspielen, mitspielen! Nicht danebenstehen wie die Ölgötzen!« Und »Stichwort« hallt es oft durch den Klassenraum, wenn jemand pennt und seinen Einsatz verpaßt. Und allmählich kriegen wir es auch hin, uns nicht jedesmal schlappzulachen, wenn Werner, die Maria, seinen blonden Kopf schief legt und mit zärtlichem Mutterblick das imaginäre Baby in seinem Arm anschaut. Heinz macht dann jedesmal dem Spuk ein Ende, indem er ärgerlich mit dem Fuß aufstampft und mit seiner Zigarettenspitze Löcher in die Luft stößt.

Die Kostümprobe kurz vor Weihnachten im Zeichensaal, wo auch die Weihnachtsfeier stattfinden soll, führt dann noch mal zu Heiterkeitsausbrüchen. Jeder hat sich auf Anweisung unseres Spielleiters zu Hause mit einem Kostüm ausstaffieren lassen. Der Hirte Norbert steckt in einem Gewand aus Zuckersäcken und hat sich aus einem Gesträuch einen Riesenknüppel als Hirtenstab geschnitten. Ich stecke in einer Wolldecke, habe einen alten zerbeulten Hut auf dem Kopf und von Onkel Willy einen Spazierstock in der Hand. Engel Karl-Heinz guckt aus einem langen Nachthemd heraus, und seine Papierflügel auf dem Rücken knicken immer ab, wenn er sich zu hastig bewegt. Werner, die Maria, ist mit einem kunstvoll drapierten Bettuch gewandet und hat als liebes Jesulein eine Puppe im Arm. »Ist es nicht süß, ganz der Vater«, wird er gehänselt und: »So, wie du aussiehst, kannst du anschließend gleich ins Kloster gehen!«

In der Weihnachtsfeier im Zeichensaal, in der ein winziges Schülerorchester zum Mitsingen musiziert und ein Lehrer eine getragene Ansprache hält über die Rückbesinnung auf innere Werte, spielen wir unser Stück brav herunter. »Josef, lieber Josef mein, hilf mir wiegen mein Kindelein!« singt Werner mich an. Und ich singe mit tiefer Stimme - »Wer brummt da, bist du das schon wieder, Spiegel?« - zurück: »Wie soll ich dir denn dein Kindlein wiegen? Ich kann ja kaum selber die Finger biegen.« - »Schumschei, schumschei«, singen der Engel, der Hirte und die Heiligen Drei Könige. Natürlich ist nicht zu vermeiden, daß hier und dort im Saal diskret gekichert wird.

Dennoch klarer Fall: Die kleine Laienspielschar hat ihre Feuerprobe bestanden. Heinz Brunkhorst ist auch einigermaßen mit unserem Debüt zufrieden. »Nach den Weihnachtsferien fangen wir mit den Proben zum Märchen an.« Wir würden es auf der Bühne im Altenessener Kolpinghaus spielen. Auf einer richtigen Bühne! Wir sind jetzt schon voll stolzer Erwartung. Neben dem klugen Schneiderlein ist in dem Märchenspiel eine Prinzessin die Hauptperson. Es ist nun wirklich keine Frage mehr, wer die Prinzessin spielen wird. Und ich bekomm die Rolle des Bären, den das kluge Schneiderlein mit einer List außer Gefecht setzt, indem es ihm die Tatzen in den Schraubstock spannt. Zwei Jungen aus den unteren Klassen sind gar nicht entzückt darüber, daß sie die Hofdamen spielen müssen und nur jeweils ein und denselben Satz zu sagen haben. »Shocking, üble Prinzessinnenlaunen!« Karl-Heinz spielt das Schneiderlein, Norbert einen Jäger.

Trotz unseres gelungenen Auftritts in der Weihnachstfeier greift Heinz bei der Sprechprobe immer wieder korrigierend ein. »Denkt daran, daß wir auf einer Bühne spielen werden. Sprecht laut, ohne zu schreien. Auch in der letzten Reihe des Saales muß man euch verstehen können!« So lernen wir sogar, laut zu flüstern. »Und ...«, hebt Heinz wieder an. Ja, ja, wir wissen schon, die Endkonsonanten! Die erste Probe auf der Bühne des Altenessener Kolpinghauses bedeutet nach dem Krippenspiel für uns eine große Umstellung. Ging es bei dem Krippenspiel doch recht statisch zu.

»Ihr müßt den Raum nutzen. Und dreht beim Sprechen dem Publikum niemals den Rücken zu!«

War schon die Kostümprobe zu unserem Weihnachtsspiel ein Anlaß zur Heiterkeit, so gibt es bei der Kostümprobe im Kolpinghaus brüllendes Gelächter. Nein, diese Kostüme. Und in das Gelächter stimmen diesmal auch einige Zuschauer ein. Es sind die Mütter, die die Kostüme genäht haben. Aus Papier! Meine Mutter ist auch dabei. Sie, die Schneiderin, hatte das Kostüm für die Prinzessin genäht, aus Resten von Kreppapier, das wir von früheren Kinderschützenfesten übrigbehalten hatten. Beim Anziehen zupft sie hier und da etwas zurecht. »Nun steh nicht so steif da!«

Meine Rolle ist textlich die leichteste - abgesehen von den beiden Hofdamen -, aber vom Kostüm her die schwerste, im wahrsten Sinne des Wortes. Meine Mutter hat im ganzen Haus Teppichläufer ausgeliehen. Darin werde ich eingerollt. Das ist mein Bärenfell. Und dann bekomme ich eine selbstgebastelte Papiermaske über den Kopf gestülpt. Ich weiß nicht, ob ich wie ein Bär aussehe. Aber wenn man dem Volksmund Glauben schenken darf, schwitze ich unter meinen Teppichen wie ein Tanzbär. Zumal Norbert und Karl Heinz im Fundus hinter der Kolpinghausbühne zwei Hellebarden gefunden haben und damit auf mich eine Bärenjagd veranstalten. Bis Heinz Brunkhorst uns mit einem Stampfen des Fußes und mit einem durchdringenden Blick zur Ordnung ruft.

Beim Probedurchlauf prusten die Frauen im Parkett vor Lachen. »Nein«, sagte meine Mutter später, »wie die den Hofknicks gemacht haben und dabei die steifen Papierkleider hinten hochgingen! Und wie die gelatscht sind! So läuft doch keine Frau!«

Im Herbst dann die Aufführung. Groß ist die Spannung hinter dem Vorhang, bevor das Spiel beginnt. Immer wieder spähen wir durch den Spalt des Vorhanges. Unter Gemurmel füllt sich der große Saal. Schüler sind da, Eltern und Verwandte. Wir hatten eifrig Karten verkauft, und unsere Mütter hatten uns dabei unterstützt.

Nervös trete ich in meinem »Bärenfell« von einem Fuß auf den anderen. Das ist wirklich was anderes als so ein Krippenspiel! Aber so ist das mit mir. Bevor es losgeht, mache ich mir fast in die Hose vor Lampenfieber. Doch wenn ich dann die Bühne betrete, gehe ich ab wie ein alter Zirkusgaul.

Vorhang auf! Das Spiel beginnt. Mit dem Kichern beim Auftritt unserer papiernen Damen haben wir gerechnet. Aber ansonsten: Applaus, Applaus auf offener Szene. Die Menschen sind dankbar für etwas Abwechslung in diesen Tagen.

Heinz Brunkhorst steht in den Kulissen und dirigiert uns mit magischen Blicken. Eng hat er die Füße zusammengestellt. Er hat das Textbuch in der Hand und flüstert jedes Wort mit, das auf der Bühne gesprochen wird. Dabei artikuliert er mit den Lippen wie ein Taubstummenlehrer.

So verstehe ich auch gleich, was er von mir will, als ich die Tatzen in den Schraubstock gespannt bekommen habe und endlich dahinterkomme, daß das kluge Schneiderlein mich überlistet hat. Ich brumme unwirsch. Lauter! Lauter! bedeuten mir Heinz' Mundbewegungen. Ich brumme lauter. Doch dem Heinz ist das noch nicht laut genug. Da röhre ich wie ein Hirsch. Heinz lacht zufrieden und nickt mit dem Kopf.

Später, auf dem Nachhauseweg, sagt mein Vater, der mit in der Vorstellung gewesen ist: »Ein Bär? Du hast gebrüllt wie ein Stier.« - »Nun laß den Jungen! Die haben das ganz prima gemacht!« sagt meine Mutter stolz. Nachdem der Vorhang gefallen war, hatte Heinz uns alle umarmt. Er war klatschnaß geschwitzt.

»Wie bisher können wir nicht weitermachen«, sagt unser Spielleiter, als wir uns zu Beginn des Jahres 1948 treffen, um ein neues Stück zu besprechen. »Wir brauchen Mädchen!« Alle gucken sofort den blonden Werner an und grinsen. Werner grinst auch. Er befindet sich gerade in der Endphase seines Stimmbruchs. Richtige Mädchen also. Unsere Schule ist ein reines Jungengymnasium. Da gibt es keine Mädchen. »Drei Mädchen werden künftig bei uns mitmachen«, sagt Heinz, ich habe mit unserem Sportlehrer gesprochen. Seine Tochter hat bereits zugesagt. Sie ist auf der Luisenschule und bringt noch zwei Kolleginnen mit.«

Der Gedanke, daß ich demnächst mit Mädchen theaterspielen würde, elektrisiert mich. Bisher hatte ich über die früheren Spielereien auf unserem Hof - Völkerball, Stand an der Wand und Namenraten - hinaus mit Mädchen nichts im Sinn gehabt. Natürlich habe ich auch schon nach Mädchen geschaut und als Vierzehnjähriger in der Christenlehre am frühen Sonntagnachmittag zusammen mit einem Freund heimlich Pfennige zur Mädchenseite hinüber geworfen. So zack, unauffällig aus dem Handgelenk. Und dann haben wir hinüber geschielt und geguckt, wie die Mädchen überrascht waren.

Doch als ich in die Pubertät kam, war ich - völlig unaufgeklärt - scheu geworden gegenüber gleichaltrigen Mädchen. Zumal mir meine Mutter immer eingebleut hatte: »Männeken, erwische ich dich mit einem Mädchen, dann kannst du was erleben! Mit den Mädchen an der Ecke herumstehen wie die Proleten, das fehlte mir gerade noch!«

So bin ich bei der nächsten Zusammenkunft der Laienspielschar gespannt wie alle anderen auch. Wir treffen uns auf dem Schulhof, um die Mädchen, die ja nicht Bescheid wissen, in Empfang zu nehmen. »Auf die Ischen bin ich ja mal neugierig«, sagt Norbert, der Klassenälteste. Es hört sich an, als habe er schon Erfahrungen mit Mädchen. Wir anderen grinsen etwas befangen. Da biegen sie in den Schulhof ein, zusammen mit Heinz Brunkhorst.

Eine Schwarzhaarige mit dunklen, lustigen Augen, eine etwas Jüngere mit dicken mittelblonden Zöpfen und eine Schlanke mit hellblondem Haar, einem feinen, blassen Gesicht und großen blauen Augen. »Das ist Anne, die Tochter unseres Turnlehrers Herrn Prüfer.« - »Üppt, üppt!« sagt der in den Turnstunden anstatt »Übt, übt!«. Denn er ist aus Oberschlesien und sehr beliebt. - Anne ist die Schwarzhaarige mit den spöttischen dunklen Augen. »Das ist Bärbel.« Das ist die mit den dicken blonden Zöpfen; die scheint etwas jünger zu sein als die beiden anderen Mädchen, die ich auf vierzehn Jahre schätze. »Und das ist Klärchen.« Das ist die Schlanke mit den blauen Augen. Ich muß sie immerzu ansehen. Mensch, ist die hübsch! Nee, die ist richtig schön! Auch der Norbert hat sie ständig im Blick. Als er merkt, daß ich es merke, kneift er mir kumpelhaft ein Auge zu. »Nicht schlecht!« denkt der bestimmt.

Wir gehen in die Klasse hinauf. Heinz Brunkhorst erklärt uns das nächste Vorhaben der Laienspielschar. Wieder ist es ein Märchenspiel. »Die Prinzessin und die Hexe«. Es ist direkt für die Bühne geschrieben und zwar in Reimen. Heinz verteilt die Texte. »Lest euch das mal durch!« Wir lesen still die Texte. Manchmal grinst oder lacht jemand. »Mann, ist das viel Text! Und alles im Reim.«

Es ist das übliche Ränkespiel um die Prinzessin, um die ein Königssohn freit. Die Mutter der Prinzessin, die Königin, steht unter dem Einfluß einer Hexe. Und für die Komik sorgt der Hofastronom, der immer so borniert daherredet. Meine Ahnung trügt mich nicht. Als Heinz zu mir sagt: »Du spielst den Astronom!«, gucken mich alle an und grinsen. »Das kann ja kein Mensch vertragen!« ruft Anne. Lautes Gelächter, denn alle haben es gelesen. Jede Rede, die der Astronom in dem Stück von sich gibt, endet auf den Reim: »Nein, ich muß schon sagen, das kann ja kein Mensch vertragen!«

Heinz läßt uns gewähren und raucht aus seiner silbernen Zigarettenspitze. Gewiß gefällt es ihm, daß die Stimmung gleich beim ersten Zusammentreffen mit den Mädchen so locker ist. Er erklärt uns, daß die Mädchen in ihrer Schule auch schon Theater gespielt haben und unsere Gruppe mit ihren Erfahrungen bestimmt bereichern könnten. »Klar«, sage ich, »'ne richtige Hexe kann sowieso nur ein Mädchen spielen.« Klärchen lacht, aber Anne blitzt mich mit ihren dunklen Augen an. Die scheint ziemlich ernergisch zu sein. Die wird bestimmt die Hexe spielen. Doch da bin ich schwer auf dem Holzweg. Als die Rollen verteilt werden, erhält Anne den Part der Königin. Ausgerechnet! Doch bestimmt nur, weil sie die Tochter des Turnlehrers ist! Nun gut, dann wird Klärchen eben die Prinzessin spielen. Weit gefehlt! Bärbel spielt die Prinzessin. Da bleibt ja für Klärchen nur noch die Rolle der Hexe! Die und 'ne Hexe! Diese Elfe mit dem zarten Gesicht und den großen blauen Augen. Doch Heinz will es so.

Wenige Tage später fahre ich mit der Straßenbahn von Altenessen in die Innenstadt, zur Stadt, wie wir allgemein sagen, um bei Tante Hilde etwas für meine Mutter zu besorgen. Eingepfercht stehe ich in der proppenvollen Bahn auf dem Hinterperron des Anhängers.

»Noch jemand ohne Fahrschein?« Die Schaffnerin rudert durch die dichtgedrängt stehenden Fahrgäste heran. Ich krame in der Hosentasche nach den Groschen, die meine Mutter mir mitgegeben hat. Als ich mit dem Kopf wieder hochkomme, fällt mein Blick auf einen blonden Schopf etwa zwei Meter von mir entfernt. Ist sie es, oder ist sie es nicht? Sie muß es sein, denn neben ihr der schwarze Schopf, der gehört bestimmt zur Anne! Sie anzusprechen, wage ich nicht. Ich hätte ja auch rufen müssen, denn zwischen uns stehen Fahrgäste, Schulter an Schulter. Jetzt hebt das Mädchen mit dem schwarzen Schopf den Kopf. Zwei dunkle Augen quittieren spöttisch meine neugierigen Blicke. Es ist Anne. Jetzt sagt sie was zu dem blonden Mädchen. Das hebt auch den Kopf. Es lächelt mich an mit diesem offenen Lächeln, das zuerst in ihren blauen Augen beginnt. Ein nie gekanntes Glücksgefühl durchströmt mich. Sie hat mich erkannt! »Viehofer Platz!« Ich muß aussteigen und des Rest des Weges zur Tante Hilde zu Fuß gehen.

Zu Hause prahle ich vor meinen beiden jüngeren Spielkameraden Heinz und Männe: »Wir haben jetzt ein Mädchen in unserer Laienspielschar. Die ist so schön wie eine Filmschauspielerin!« Männe guckt mich groß an. Heinz wirft einen Blick zum Himmel und verdreht die Augen. Ich weiß, was er denkt: Bloß, weil einer aufs Gymnasium geht, muß er doch nicht gleich so spinnen!

Ebenso wie ich vor etwa zwei Jahren noch sind die beiden jüngeren Jungen der Meinung, Mädchen seien blöde Schicksen, mit denen man nichts Vernünftiges anfangen könne. Denn rennt man sie beim Kastenfangen um, heulen sie. Klatscht man ihnen beim Völkerballspielen den aus Packpapier zusammengeschnürten Ball auf den Bauch, heulen sie auch.

Ich sehe, daß ich mit meiner Feststellung, das Mädchen sei schön wie eine Filmschauspielerin, dem Vorstellungsvermögen meiner Kameraden zuviel zugemutet habe. Erstens sind Filmschauspielerinnen Frauen und keine Mädchen. Und überhaupt sieht keine normale Frau wie eine Filmschauspielerin aus. Das stimmt. Die Frauen, die wir bisher in unserem Nachkriegsleben kennengelernt haben, sehen wahrhaftig nicht wie Filmschauspielerinnen aus. Ausgenommen Tante Cläre vielleicht. Aber die kennen Heinz und Männe ja nicht. Klärchen sieht eigentlich auch nicht wie eine Filmschauspielerin aus. Aber sie ist schön wie eine. Ich merke, daß ich gegenüber Heinz und Männe wohl endgültig in eine andere Alterskategorie aufgedrückt bin.

»Sie sind vierzehn«, raunt Norbert mir in der nächsten Sprechprobe zu unserem neuen Stück zu. Natürlich meint er Anne und Klärchen. Wie der das wieder rausgekriegt hat?

Norbert spielt den König. Er darf ständig neben der Königin auf dem Thron sitzen. Eigentlich gar nicht so schlecht, daß Klärchen nicht die Königin spielt!

Wir haben viel Spaß bei den Proben. Das Stück ist flott und witzig geschrieben und hat nichts von der Betulichkeit eines üblichen Märchens. Heinz Brunkhorst lehrt mich, nach den Pointen meiner Sprechrolle eine Pause zu machen. »Damit das Publikum Zeit zum Lachen hat.«

Klärchen will mir in ihrer Rolle gar nicht gefallen. Wie sie als Hexe ihr schönes Gesicht zur Grimasse verziehen und ihre blauen Augen zu tückischen Schlitzen verengen muß! Aber Temperament hat sie. »Hui! Hui!« fegt sie wie eine moderne Ausdruckstänzerin durch die Probenszene. Als wir uns zu einer nächsten Probe treffen, sagt Norbert zu mir. »Beim letztenmal wollte ich sie nach Hause bringen.« Mir fährt der Schreck in die Glieder. Ich weiß sofort, wen er meint. »Aber sie wollte nicht«, vollendet Norbert seinen Satz. Na, Gott sei dank! Ich atme auf.

»Zogen einst fünf wilde Schwäne.«

»Wir fahren in den großen Ferien drei Wochen nach Rhade.«
Diese Ankündigung, die uns Heinz Brunkhorst an einem Proben-
nachmittag macht, schlägt ein wie eine Bombe. Die ganze Spielschar nach Rhade ins Schullandheim? »Die Mädchen auch?«
Heinz grinst »Die Mädchen auch!« Heinz steigt noch einmal in
unserer Hochachtung. Da kann man mal sehen, welches Vertrau-
en »Schöler« Brunkhorst beim »Chef« genießt.
In den Ferien in Rhade, einmal ohne Schulunterricht! Und dann
mit den Mädchen! Das ist ja kaum zu glauben! Norbert kneift mir
ein Auge zu. »Ich hoffe, daß ihr euch benehmt!« Heinz guckt nur
die Jungen an, als er das sagt. »Ich habe mich beim Chef für euch
verbürgt. Also haut mich nicht in die Pfanne! Natürlich wird ein
Lehrer als Aufsichtsperson mitfahren.« Natürlich. Wie hätte es
auch anders sein können.
Der Aufenthalt in Rhade ist für die drei ersten Wochen der großen
Ferien geplant. Meine Mutter hat nichts gegen die Fahrt nach
Rhade einzuwenden. In dieser Zeit macht niemand, den ich
kenne, mit der Familie eine richtige Ferienreise. Und für meine
Mutter bedeuten Ferien nur, daß sie mich auch vormittags zum
Schlangestehen schicken kann. »Du machst ja sonst doch nur
dummes Zeugs!« Ich habe ihr nicht erzählt, daß auch die Mäd-
chen mit nach Rhade fahren werden.
Wir fahren mit der Eisenbahn nach Rhade. Ab Katernberg Nord.
Schon im Zug herrscht ausgelassene Ferienstimmung. Die leichte
Befangenheit, die immer noch auf unseren Theaterproben zwischen Jungen und Mädchen geherrscht hat, ist wie weggeblasen.
Selbstverständlich haben Norbert und ich uns einen Platz in
jenem Abteil gesichert, in dem die Mädchen sitzen. Wir albern
und frozzeln. Und es gefällt mir, daß Anne und Klärchen uns
Jungen, vor allem dem frechen Norbert, keine Antwort schuldig
bleiben. Haben sie mich mit ihrer Schlagfertigkeit so erwischt,
daß ich den Groschen nicht mehr wechseln kann, ziehe ich mich
mit dem Zitat aus meiner Theaterrolle aus der Affäre: »Ich muß
schon sagen, das kann ja kein Mensch vertragen.«
Bei strahlendem Sommerwetter kommen wir in Rhade an. Wie
immer werden wir herzlich begrüßt von den Heimeltern. »Wie
cheit di datt?« fragt mich Mutter Kalvelage. Und ich antworte:

»Chutt cheit mi dat!« Die Jungen schlafen - auch »Schöler«
Brunkhorst gehört dazu - im Schlafsaal im ersten Stock, die
Mädchen in einem der Lehrerzimmer. Als Aufsichtsperson ist
Sportlehrer Prüfer, Annes Vater, mitgekommen.
Unbeschwerte Sommertage beginnen. Wir spielen Tischtennis
auf einem langen schmalen Tisch, der vor dem Haus im Freien
steht. Wir spielen Fußball - auch mit den Mädchen. »Mensch,
Bärbel, hast du 'ne Klebe!« Jeden Morgen machen wir draußen
Freiübungen nach den Kommandos unseres Sportlehrers, der
vorturnt. »Üppt, üppt!« ruft er, denn er stammt aus Oberschlesien.
Norbert kann sich mit seiner Ansicht, daß die Jungen vom
Küchendienst befreit sein müßten, da ja jetzt genug Mädchen
daseien, nicht durchsetzen. Ich mache gerne Küchendienst bei der
beleibt-gemütlichen Mutter Kalvelage. Zum Zeichen meiner
Würde knöpfe ich mir dann einen Topflappen ans Hemd. Und
vorwitzigen Topfguckern - »Was gibt es denn heute mittag?« -
begegne ich mit dem Ausspruch meiner Großmutter: »Priekeln
mit Uleneiern, eingemachte Kellertüren mit Fitzebohnenstan-
gen.« Wir machen Ausflüge zu den nahen Wasserschlössern.
Wobei Norbert und ich uns gegenüber den Mädchen als kenntnis-
reiche Fremdenführer aufspielen. Schließlich sind wir ja altge-
diente Rhadewanderer. - »O schaurig ist's, übers Moor zu gehen«. - Und wir proben unser Theaterstück unter blauem Himmel.
»Das muß sein«, sagt Heinz, »auch wenn Ferien sind.«
Und dann die Abende. Diese lauen Abende, an denen wir auf dem
großen Mühlenstein am Rande des Grundstückes sitzen und
singen. Dazu spielt Norbert die Mundharmonika und ich die
Waldzither, die ich selbstverständlich mitgenommen habe. Was
die Mädchen für Lieder singen können!
»Zogen einst fünf wilde Schwäne,
Schwäne leuchtend weiß und schön.
Sing, sing, was geschah.
Keiner ward mehr gesehn.«
Das geht ganz hoch hinauf im Ton. Da muß man auf der Waldzither schon sauber greifen, besonders wenn man Akkorde spielen
will. Mundharmonika spielen ist ein Kinderspiel dagegen! Bald
kann ich die Lieder auch alle. Auswendiglernen kann ich ja besser
als Mathematik. - »Du Schnutenfeger!« - Und mit dem Singen
habe ich auch keine Schwierigkeiten. Schließlich bin ich ja im

Schulchor. - »Wir sind ein Chor, Spiegel. Wenn ich Solisten brauche, sage ich dir Bescheid!« - Klärchen und Anne singen zweistimmig. Und ich weiß, ich strenge mich an auf meiner Waldzither. Denn eigentlich spiele ich nur für Klärchen. Ein nie gekanntes Hochgefühl überkommt mich an diesen Abenden. Glück und Sehnsucht zugleich. So ganz von innen heraus.

Manchmal bitten die Mädchen Norbert und mich, ihnen noch was zum Einschlafen zu spielen. Dann sitzen Norbert und ich, wir zwei Musikanten, im Schlafanzug auf der Holztreppe zum Schlafsaal. Dann können uns oben die Jungen und unten die Mädchen hören. Was spielen wir denn heute abend?« - »Gefangen in maurischer Wüste.« - »Ja los, das ist so schön traurig.« Eines Abends macht Annes Vater den Serenaden auf der Treppe ein Ende. Wütend kommt er aus dem Lehrerzimmer. Auch er ist schon im Schlafanzug. »Jetzt ist aber Feierabend! Wir sind doch hier nicht in einem Zigeunerlager!«

An einem Morgen in der dritten Woche unseres Rhadeaufenthaltes spielen draußen vor dem Haus Karl-Heinz, Werner und ich Elferschießen. Jeder schießt zehn Elfer auf ein Fußballtor, das wir mit Steinen markiert haben. Bei dem kleinen Tor sind unsere Elfer eigentlich nur Siebener. Wir haben die Distanz verkürzt. Wie soll man auch mit nackten Füßen einen Ball, den wir aus Packpapier zusammengeschnürt haben, aus einer Entfernung von elf Metern ins Tor befördern! Alle Mitspieler müssen sich auch reihum als Torwart betätigen. Wer von seinen zehn Schüssen die meisten ins Tor gehauen hat, hat gewonnen. Warum nur der Norbert nicht mitspielt? Wo steckt der überhaupt? Während wir spielen, putzen die Mädchen die Fenster. Das ist ja nun wirklich Frauenarbeit. Klärchen putzt von außen, Bärbel und Anne von innen.

Ich stehe gerade im Tor, da kommt Norbert aus dem Haus. Er schleppt eine primitive Holzleiter mit sich. Mit der macht sich der Kerl an Klärchen heran. »Wenn du auf die Leiter steigst, brauchst du dich nicht so zu recken.« Klärchen lacht unschlüssig. Norbert drängt: »Mach schon, ich halte sie auch fest.« Klärchen steigt tatsächlich auf die Leiter. Fachmännisch stemmt Norbert die Füße gegen die Enden der Holme. Nicht nur das. Er nimmt auch jedesmal den Wischlappen von Klärchen entgegen, spült ihn im Eimer aus und reicht ihn ihr wieder hoch. Ich tu so, als könnte mich das alles gar nicht kratzen. Karl-Heinz reißt mich aus meinen Träumen, als ich im Tor einen ziemlich flauen Schuß von Werner durchlasse. »Mensch, Vati, die Pflaume hättest du nun wirklich halten müssen!«

Seit der Geschichte mit der Leiter bekomme ich immer so ein merkwürdiges Ziehen in der Brust, wenn Norbert sich in Klärchens Nähe aufhält. Dennoch spiele ich betont den Gleichgültigen. Darum setze ich mich abends beim Singen erst immer dann auf den Mühlenstein, wenn Norbert sich seinen Platz gesucht hat. Er weiß es immer so einzurichten, daß er genau neben Klärchen sitzt. Doch wenn ich dann in die Saiten meiner Waldzither greife, wird meine Brust wieder frei. - »Zogen einst fünf wilde Schwäne ...« - Der soll mit seiner Mundharmonika erst einmal gegen mich anstinken! Doch Norbert gibt so leicht nicht auf.

An einem besonders heißen Tag kann er die Mädchen dazu überreden, mit uns zum Baden zum Mühlenteich zu gehen, in den wir Jungen bisher immer allein gesprungen sind. »Das Wasser ist gar nicht kalt«, lockt Norbert. »Kalt?« Anne verzieht verächtlich das Gesicht. »Ich gehe mit, komm auch mit!« Klärchen zieht mit der nackten Zehe Kreise in den Sand des Hofes. »Ich habe keinen Badeanzug mit.« Anne, die resolute Tochter des Turnlehrers, wirft Blicke zum Himmel. »Dann schwimmst du eben im Turnzeug!« Klärchen mault: »Wie soll ich wissen, daß es hier einen Mühlenteich gibt.« Doch Annes Blick erstickt weitere Argumente. Und ich, ich weiß nicht, ob ich mich darüber, daß Klärchen nun doch mitgeht, freuen soll oder nicht.

Erst abkühlen? Vor den Mädchen? I wo! Gleich rein mit einem flachen Startsprung. Norbert hat wohl die gleiche Idee. Aufplatschend landet er neben mir im Teich. Dort planscht er auffällig herum wie ein Walroß. Klärchen steht in Turnhemd und Turnhose am Rand bis zu den Knien im Wasser. Ihre blauen Augen blicken hilflos. »Es ist so glitschig hier.« Wie sie da steht! So dünn in der Flatterturnhose. Da nehme ich all meinen Mut zusammen. Und aus den Augenwinkeln sehe ich, daß ich mich beeilen muß. Aber Norbert kommt zu spät. Ich reiche Klärchen die Hand. »Komm!« Behutsam führe ich sie in eine Wassertiefe, in der sie schwimmen kann. Ich sehe es Norbert an, daß er wütend ist. Mit dem Handballen haut er aufs Wasser, um Klärchen naßzuspritzen. Klärchen quiekt. Ich schwimme dazwischen und fange Norberts Wasserschwall ab. Mit einem langen Blick sieht er mich an. Und er

schwimmt davon. Ich schwimme auch. Im Wasser und in Selig-
keit. Jetzt möchte ich es meiner Mutter sagen können, wie
glücklich ich bin. Und Anne, von der nur die Augen und der
schwarze Schopf aus dem Wasser schauen, grinst.

Die drei Wochen sind wie im Flug vergangen. Noch nie ist mir der
Abschied von Rhade so schwer gefallen. Abschied von traumhaft
schönen Tagen. Im Zug wird auf der Rückfahrt nicht gealbert wie
auf der Hinfahrt. Diesmal sitzen Klärchen und ich uns gegenüber.
Über mir im Gepäcknetz liegt die Waldzither. Dort bleibt sie
auch. »Zogen einst fünf wilde Schwäne ...« Vorbei! Je näher der
Zug dem Heimatbahnhof kommt, desto stiller werden wir beiden.
Die anderen nehmen wir schon lange nicht mehr wahr. Zum
Schluß schauen wir uns nur noch an. Sicher, wir würden uns zu
unseren Theaterproben wiedersehen, nach den Ferien in der
Schule. Aber in dieser Welt bestimmen dann wieder die Erwach-
senen. Wenn wir doch jetzt schon erwachsen wären! »Katernberg
Nord!« Aussteigen. Mit Händedruck verabschieden wir uns alle
voneinander.

Mit feinem Gespür hat unser Spielscharleiter, der Heinz, längst
gemerkt, was mit mir los ist. Er drückt mir besonders fest die
Hand und lacht: »Ich muß schon sagen, das kann ja kein Mensch
ertragen.« Als ich Klärchens Hand drücke, schaue ich ihr nicht ins
Gesicht. In alle Richtungen gehen wir auseinander. Ich sehe, wie
Klärchen vor einem kleinen Haus direkt am Bahnübergang mit
der Schranke steht und mit Anne spricht. Dann verschwindet sie
in dem Haus. Dort wohnt sie also. Ich biege von der Straße in den
Weg ein, der am Nordfriedhof entlang verläuft, diesen mit Bäumen bestandenen Weg. Hat der eigentlich einen richtigen Namen? Ich weiß es nicht. Bei uns zu Hause nennen wir ihn
Friedhofsweg.

Die ersten Tage zu Hause sind gräßlich. »Du läufst herum wie
Falschgeld«, sagt meine Mutter. Heinz und Männe wollen mich
mit ins Kino nehmen. »Fuzzy, der Banditenschreck«. Ich winke
ab. Heinz zieht die Achseln hoch, und sie gehen allein. Auch ihr
Vorschlag anderntags, mit unseren mühselig zusammengebastel-
ten Fahrrädern zum Kanal zu fahren, stimmt mich nicht froh. Was
ist schon der Kanal gegen den Mühlenteich in Rhade! »Wir
können ja so radfahren, irgendwohin«, höre ich mich plötzlich
sagen. »Wohin?« will Heinz sofort wissen. »Vielleicht mal nach

Katernberg.« - »Nach Katernberg?« Heinz und Männe sagen es wie aus einem Munde.»Was sollen wir denn in Katernberg?« will Heinz wissen. »Nur so«, sage ich möglichst gleichgültig. Ich schaffe es, die beiden tatsächlich mit nach Katernberg zu locken. Ich könnte ja allein nach Katernberg fahren. Doch alleine traue ich mich nicht. Wenn ich Klärchen in Begleitung von Heinz und Männe träfe - ach wenn ich sie doch träfe! - könnte ich so leichthin sagen: »Ach, du bist es? Wir kommen ganz zufällig hier vorbei.« Zielstrebig schlage ich mit dem Rad die Richtung zum Nordfriedhof ein. Sofort ruft Heinz hinter mir her: »Wo willst du denn hin? Ich meine, wir fahren nach Katernberg?« - »Natürlich«, rufe ich zurück, »wir fahren über Katernberg Nord. Da kommt man ja wohl auch nach Katernberg!« Ich weiß, daß Heinz' Stimmung jetzt allmählich dem Nullpunkt zustrebt. Er tut nicht gerne etwas, dessen Sinn er nicht erkennen kann. Aber das ist mir gleichgültig. Ich muß zu diesem kleinen Haus am Bahnübergang!

Auf dem Friedhofsweg wird mein Tempo immer schneller. »Willste 'nen Wettrennen?« ruft Heinz. Doch ich höre nicht hin. Ich biege nämlich gerade vom Friedhofsweg in die Straße ein. Da rechts ist der Bahnübergang, und da steht das kleine Haus. Im Vorüberradeln suche ich mit den Augen die Fenster ab. Ich sehe nur Gardinen. Die Lächerlichkeit meiner Chance, Klärchen zufällig hinter diesen Fenstern erspähen zu können, kommt mir gar nicht zu Bewußtsein. Am Ende der Straße, dort wo man in die Bruckmannstraße einbiegen müßte, um nach Katernberg zu gelangen, biege ich nicht ein, sondern drehe mit dem Rad auf der schmalen Fahrbahn enge, wackelige Kreise. Heinz und Männe steigen in die Rücktrittbremse. »Was ist?« fragt Heinz. Ich brauche einen Vorwand, um noch einmal an diesem kleinen Haus vorbeizufahren. »Wir fahren lieber doch nicht nach Katernberg«, sage ich, »laßt uns zum Kanal fahren. Wir gucken da mal am Stinneshafen.« Heinz senkt den Kopf und schaut zu Boden. Männe schaut unschlüssig mal Heinz und mal mich an. Ich weiß, daß Heinz jetzt bald die Schnauze voll hat. Schon als kleiner Junge konnte er beim gemeinsamen Spiel unvermittelt die Brokken hinschmeißen, wenn ihm was gegen den Strich ging. »Ich hau ab«, sagt Heinz. Keine Frage, der fährt jetzt nach Hause. Männe guckt mich noch einmal stumm an. Dann steigt auch er aufs Rad und fährt hinter Heinz her.

Jetzt, da ich allein bin, fahre ich wie unter Zwang auf der Straße hin und her. Immer wieder an dem kleinen Haus vorbei. Nach einer guten halben Stunde gebe ich es auf. Ich biege von der Straße in den Friedhofsweg ein, um nach Hause zu fahren. Etwa fünfzig Meter bin ich lustlos gestrampelt, als ich plötzlich vor Schreck fast vom Rad falle. Da kommt sie! Klärchen. Mit dem Fahrrad. Wenn doch jetzt bloß Heinz und Männe bei mir wären! Als Klärchen mich entdeckt, hält sie ihr Rad an, so wie Mädchen das machen. Sie springt einfach ab, trippelt noch ein paar Schritte nebenher, bis ihr Rad genau vor meinem zum Stehen kommt. »Wo kommst du denn her?« stottere ich. So als wäre es nicht die natürlichste Sache der Welt, daß sie nach Hause fährt. »Von Anne«, sagt sie, »und du?« Bestimmt werde ich jetzt rot. »Ich, ich«, stottere ich jetzt weiter, »ich wollte eigentlich zum Baden.« Klärchen lacht ihr schelmisches Lachen, bei dem sie einen Mundwinkel leicht herunterzieht und an ihrer Unterlippe knabbert. »Ich muß jetzt eigentlich nach Hause«, sagt sie, und ihr Gesicht ist wieder ernst. »Schade«, sagte ich, »ich bringe dich noch ein Stück.«
Mit unseren Rädern an der Hand gehen wir nebeneinander her. Am Ende des Friedhofweges, dort wo Klärchen in die Straße einbiegen müßte, drehen wir wie auf Verabredung um, gehen den ganzen Friedhofsweg zurück, drehen wieder um und gehen den Weg wieder hinauf. Und so gehen wir und gehen, immer den Weg hinauf und hinunter, unsere Räder an der Hand. Die Welt um mich ist versunken, und die Zeit vergeht. Und wir reden und reden. Natürlich von Rhade. - »Zogen einst fünf wilde Schwäne ...« - »Und weißt du noch ... und weißt du noch?« Bis Klärchen sagt: »Jetzt muß ich aber bestimmt nach Hause, sonst bekomme ich Krach mit meinem alten Herrn!«
Alter Herr nennt sie ihren Vater. So was habe ich bisher nur in Büchern gelesen. Schade, ich hätte noch stundenlang so gehen können. Sie reicht mir die Hand. Und ohne daß es mir bewußt wird, halte ich sie lange fest, bis sie sie mir sanft entzieht. Doch bevor wir auseinandergehen, hurra, hurra, verabreden wir uns. Für den nächsten Tag um drei Uhr auf dem Friedhofsweg. »Ich muß das Fahrrad mitbringen«, hatte Klärchen gesagt, »zu Hause werde ich sagen, daß ich zur Anne fahre. Die wollen immer wissen, wo ich bin.« Klar, Klärchen ist ja auch erst vierzehn. Ich

werde schon bald sechzehn. Wenn meine Mutter wüßte, daß ich mit einem Mädchen verabredet bin! - »Änne, Änne, versündige dich nicht!« - Heinz und Männe werde ich auch nichts davon sagen. Ich höre Heinz schon verächtlich fragen: »Gehste jetzt mit Schicksen?«

Am anderen Tag regnet es seit dem Mittag in Strömen. Meine Mutter schaut durch die Balkontür. »Das meimelt sich mal wieder richtig zu.« Bloß das nicht! Um drei Uhr will ich Klärchen auf dem Friedhofsweg treffen. Und wenn es dann immer noch so gießt, läßt meine Mutter mich bestimmt nicht weg. Ich hatte schon vorgesorgt mit der Bemerkung, ich wolle zu Alois fahren. »Seine Schwertträger haben jetzt bestimmt Junge.« Alois ist ein Klassenkamerad.

Es hört nicht auf zu regnen. Schnurgerade kommt der Sommerregen in dicken Fäden vom Himmel. Immer wieder gehe ich auf den Balkon. Hört das denn nicht endlich auf! Meine Mutter steht am Tisch in der Wohnküche. Sie schneidet einen Stoff zu. - »Junge, geh mir hinterm Hintern weg. Ich muß mich konzentrieren!« - »Hör auf, ständig auf den Balkon zu rennen! Das macht mich nervös«, ruft sie mir zu. Wenn die wüßte, wie nervös ich erst mal bin.

Viertel vor drei. »So, ich fahre jetzt zum Alois.« Meine Mutter sieht mich an und dann zur Balkontür hinüber. »Siehst du denn nicht, wie das gießt! Da kann man doch nicht mit dem Fahrrad raus! Nachher bist du wieder erkältet!« Im Grunde hat sie recht. Ich hole mir ja immer so leicht was, wie sie sagt.

Halb vier. »Es hört gleich auf. Ich fahre jetzt zum Alois.« Meine Mutter schaut wieder zur Balkontür. »Red nicht so'n dummes Zeugs. Du kommst noch früh genug zu deinem Alois. Die Fische laufen ja wohl nicht weg. Und renn nicht immer hinter meinem Rücken so rum!«

Viertel vor vier. Jetzt wird der Regen wirklich dünner. »Siehste, es hört auf. Dann fahre ich jetzt.« - »Na, meinetwegen, du Quälgeist.« Ich kann froh sein, daß meine Mutter mit Zuschneiden beschäftigt ist. Das erfordert ihre ganze Aufmerksamkeit. Schnell das Rad aus dem Keller und ab!

Es hat aufgehört zu regnen. Vor vier Uhr werde ich nicht auf dem Friedhofsweg sein. Eine Stunde später, als wir verabredet sind. In meinem Kopf ist kein Platz für den Gedanken, daß Klärchen jetzt eigentlich gar nicht mehr auf dem Friedhofsweg sein kann. Wo es doch so geregnet hat. Ich strample und strample. Ich weiß nur eins: Ich muß zum Friedhofsweg!

Da steht sie! Mitten auf dem Friedhofsweg, das Fahrrad an der Hand. Ich bin nicht einmal überrascht. Aber wie sie aussieht! Pitschnaß ist sie von Kopf bis Fuß. Die blonden Haare, in die der Regen dunkle Flecken gefärbt hat, hängen ihr in schweren Strähnen vom Kopf. Ihr knielanges, dünnes Sommerkleid klebt ihr am Körper und läßt ihre Gestalt noch schlanker erscheinen. Die goldfarbenen Spitzen ihre Kordesgürtels, die aussehen wie kleine Eistüten, baumeln lustlos herab. Aber Klärchen lacht. Sie lacht mit ihren blauen Augen. »Meine Mutter hat mich nicht rausgelassen. Der Regen«, sage ich. Klärchen nickt. »Bei uns war niemand zu Hause. Da konnte ich abhauen.« Sie lacht, schiebt die Unterlippe vor und bläst einen Regentropfen von ihrer Nasenspitze. Ich bin glücklich. »Eigentlich muß ich jetzt nach Hause«, sagt Klärchen, »guck mal hier!« Sie greift in ihr nasses Kleid und zieht es ein Stück vom Körper ab. »Ja, du holst dir sonst was!« sage ich. Und dann schieben wir unsere Fahrräder nebeneinander her. Den Friedhofsweg hinauf und hinunter, hinauf und hinunter. Und wir reden und reden von Rhade, von der Schule und davon, daß Klärchen kein Latein lernen muß auf der Luisenschule. Dafür kann sie sicher viel besser Englisch als ich.

»Jetzt muß ich aber!« Klärchen reicht mir die Hand. Und dann sagt sie: »Sonntag nachmittag kann ich. Anne holt mich um vier Uhr ab.« – »Anne, wieso denn Anne?« Klärchen lacht: »Doch nur so. Damit meine Eltern nichts merken.« Dann entzieht sie mir wieder sanft ihre Hand. Die ist ganz kalt.

Am Sonntag bin ich schon eine halbe Stunde früher auf dem Friedhofsweg. Diesmal ohne Fahrrad. Ist ja schließlich Sonntag. Dort spaziere ich hin und her. Die Zeit wird mir nicht lang. Ich genieße die Vorfreude. Seit dem Regentag weiß ich: Sie kommt bestimmt.

Punkt vier biegen die beiden Mädchen auf den Friedhofsweg ein, das blonde Klärchen und die schwarze Anne. Anne grinst mich schon von weitem an mit diesem unverschämten Grinsen. Ihr wissendes Grinsen hält auch an, als wir uns begrüßen. Bestimmt hat ihr Klärchen nicht viel erzählen müssen, wie das mit uns gekommen ist und so. Die Anne ist ganz schön helle. Und sie war ja schließlich in Rhade mit dabei. - »Zogen einst fünf wilde Schwäne ...« - »Gehen wir in den Kaiserpark«, schlage ich vor. Anne grinst wieder, als wir uns am Eingang zum Kaiserpark von ihr verabschieden. »Dann macht's mal gut, ihr beiden. Und daß mir keine Klagen kommen!«

Endlich können Klärchen und ich einmal normal nebeneinander hergehen, so ohne Fahrräder. Wir gehen spazieren, sitzen mal auf dieser, mal auf jener Bank. Und wir reden und albern, sind übermütig wie junge Kälber. Wir erzählen uns von den Filmen, die wir in letzter Zeit gesehen haben, und von den Schauspielern. Mit übertriebener Mimik verdreht Klärchen schwärmerisch die Augen. »Farley Granger, hm!« Ich ziehe wie Joel McCrea die Colts, so überkreuz aus der Hüfte. »Kch, kch!« Tödlich getroffen läßt Klärchen das Kinn auf die Brust sinken. Doch schnell ist sie wieder munter. Sie rafft mit der linken Hand ihren Kleiderrock, stöckelt über eine imaginäre Bartheke und singt wie Marlene in »Der große Bluff« mit heruntergezogenem Mundwinkel und verraucht-verruchter Stimme:

»Just see what the Boys in the backroom will have
and tell them I sighed,
and tell them I cried,
and tell them I died of the same.«

Mann, die kann viel besser Englisch als ich. Und wie sie beim Singen kokett die Hüfte herausstößt!

»And tell them I sighed, (zack!)
and tell them I cried, (zack!)
and tell them I died.« (zack!)

Wieder einmal ist es Zeit, nach Hause zu gehen. Als wir uns anschicken, den Kaiserpark zu verlassen, kommt uns ein junger Radfahrer entgegen. Es ist Bolle, der ja unmittelbar am Kaiserpark wohnt. Wie ein Cowboy sein Pferd stoppt er sein Rad abrupt und unmittelbar vor unseren Füßen. Er grinst breit und guckt Klärchen von oben bis unten an. »Das ist Bolle«, sage ich, »Klassenkamerad von mir.« Wir reichen uns die Hand. »Ist das deine Freundin?« fragt Bolle. »Na klar!« Bolle grinst gönnerhaft. »Dann macht's mal gut. Ich muß nach Hause.«

Unterwegs erzähle ich Klärchen von Bolle, was wir schon alles zusammen angestellt haben und daß der immer ein Ding auf Lager hat wie das mit dem aus dem Physiksaal geklauten Glasrohr, das sich als prima Pusterohr erwies. »Mit einer Holunderbeere hat er in der Zeichenstunde dem Norbert einen Winkelhaken in seine Zeichnung geballert, als der die gerade so vor das Fensterlicht hielt.« Klärchen lacht. »So etwas gibt es auf eurer Mädchenschule bestimmt nicht!« prahle ich. Sie schüttelt den Kopf.

Als wir in den Friedhofsweg einbiegen, unseren Friedhofsweg, schleicht sich wieder Rhade in unser Gespräch. Und dann kommt mir spontan die Idee, nein, es ist eher ein heißer Wunsch: »Sollen wir mal nach Rhade fahren, mit den Fahrrädern!« Klärchen schaut mich an. Sie ist gar nicht überrascht. Doch auf ihrem Gesicht spiegeln sich Freude und Zweifel wider. »Wäre prima«, sagt sie, »aber das dauert doch bestimmt einen ganzen Tag. Wie mache ich das denn zu Hause?« - »Anne«, sage ich, »Anne muß dir helfen. Vielleicht sagst du zu Hause, du machst mit Anne eine Radtour. Und ich sage zu Hause, ich mache mit Norbert eine Radtour. Meine Mutter weiß, daß der Pfarrjugendführer ist. Der macht so was öfter.« - »Aber das Rad«, sagt Klärchen, »den ganzen Tag? Es gehört eigentlich meiner Schwester.« - »Du machst das schon!« sage ich. Wieder halte ich beim Abschied Klärchens Hand fest, bis sie leise sagt: »Ich muß jetzt!«

Ich gehe den Friedhofsweg zurück. Allein mit meinen Gedanken. Ich weiß es bestimmt: Wir werden nach Rhade fahren. Und wir werden einen ganzen Tag lang zusammen sein. Nach Rhade!

Und wir fahren nach Rhade. An diesem letzten Feriensonntag. Unsere Eltern haben die Geschichten von der Radtour geglaubt. Morgens um zehn Uhr radeln wir los. Im Brotbeutel auf meinem Gepäckträger sind Brote, Kartoffelsalat und der schwarze Kaffee verstaut. Auch Klärchen hat einen Pack hinter sich auf dem Rad. Ab geht es, zunächst in Richtung Dorsten. Wir kommen gar nicht auf die Idee, den Radweg entlang der Straße zu benutzen. Dort kann man ja nicht nebeneinander fahren. Es ist leicht, den wenigen Autos auszuweichen, die an uns vorüberfahren oder uns entgegenkommen. Der Himmel ist blau, und wir sind übermütig. »Kannst du auch freihändig fahren?« rufe ich, »guck mal hier!« Klärchen versucht es, doch ihr Damenrad, in sich nicht so stabil wie ein Herrenrad, beginnt zu wackeln. Dafür tritt sie kräftig in die Pedalen und spreizt dann die Füße weit ab. Ich hebe mich in den Pedalen, rutsche nach hinten über den Sattel und setze mich auf den Gepäckträger. »Achtung, Kartoffelsalat«, ruft Klärchen.

Mensch, daran habe ich gar nicht gedacht! Schnell setze ich mich wieder ordentlich auf den Sattel. Klärchen fährt mitten auf der Straße im Takt eines langsamen Walzers Schlangenlinien und singt:

»I'll be loving you always,
with all love that's true, always.
When the things you've planned
need a helping hand,
I will understand always, always.
Days may not be fair always,
thats when I'll be there always;
not for just an hour,
not for just a day,
not for just a year,
but always, always.«

Mensch, kann die Englisch! Not for just an hour, not for just a day, not for just a year, but always, always. Immer, immer! Ich tanze mit auf meinem Rad und bin glücklich.

Zwischen Gladbeck und Dorsten wird Rast gemacht. »Jetzt haben wir fast die Hälfte. Hast du Hunger?« Wir sind in einen Feldweg eingebogen. Hier setzen wir uns an den Rand eines Kornfeldes und lassen die Beine in den Graben baumeln. Wir tauschen unsere Brote aus und nehmen einen Schluck aus der Kaffeebierpulle. Und wir verfallen wieder in eine unserer endlosen Plaudereien, die uns soviel Spaß machen, weil wir mit unseren Vorlieben und Ansichten auf derselben Welle liegen, vor allem die gleiche Musik mögen. Ein Landbriefträger kommt vorbei und lacht: »Na, ihr beiden!« Als er später den Weg zurückkommt, droht er uns schelmisch mit dem Finger: »Ihr seid ja immer noch da!« Jetzt erst merken wir, daß es Zeit ist weiterzufahren.

Irgendwo hinter Dorsten müssen wir uns dann verfranst haben. Doch das merken wir erst, als plötzlich durch die Bäume der Wasserspiegel des Halterner Stausees zu uns herüberleuchtet. An seinem Ufer herrscht lärmender Badebetrieb. »Mamaaaaaaaaa, der Andreas spritzt immer!« Was nun? »Wir können nicht mehr bis Rhade«, sagt Klärchen traurig, »das wird zu spät.« Schade! Aber sie hat recht. Zu Hause gäb's einen Mordskrach, würden wir erst am späten Abend eintrudeln. »Wir bleiben eine Stunde hier und fahren dann zurück nach Hause«, schlage ich vor. Klärchen nickt. Wir wollen aber nicht zwischen den vielen Menschen am Seeufer sein. Wir schieben unsere Fahrräder in einen kleinen Wald, der an das Ufer grenzt, suchen uns eine Lichtung, lehnen die Räder an einen Baum und setzen uns ins Gras. Das ist offenbar kein Platz für eine muntere Plauderei. Die Bäume um die Lichtung schaffen eine intime Abgeschiedenheit, die mich mit einer unruhigen Spannung erfüllt. Klärchen läßt sich nach hinten hinüber sinken, liegt ausgestreckt im Gras und schaut in die Baumkronen, durch die die Sonne auf ihr blondes Haar blinzelt. Ich lege mich neben sie. In sittsamer Entfernung, so, daß ich sie so eben mit der Hand berühren könnte.

So liegen wir schweigend da. Durch die Bäume gedämpft, dringen die Geräusche des Badebetriebes zu uns herüber. Am Ufer spielt ein Akkordeon. »Kleine Anuschka, süße kleine Anuschka, ich hab so Sehnsucht nach dir immerdar.« Klärchen hat die Augen geschlossen. Was die für lange Wimpern hat! Sicher ist sie müde von der Radtour.

Still liegen wir auf der Lichtung, und ich genieße den Anblick dieses für mich körperlosen Zauberwesens. Irgendwann reiße ich einen langen Grashalm aus und kitzele sie damit sanft an der Nase. Nicht eine Sekunde denkt sie daran, daß der Störenfried ein Insekt sein könnte. »Schlimmer Mann«, sagt sie, »läßt die Frau nicht schlafen!« Ihre Augen hält sie dabei geschlossen. Frau und Mann, denke ich. Und ich liege neben ihr und bin selig.

Wir wissen nicht, wieviel Zeit vergangen ist. Beide haben wir keine Uhr. »Wir müssen zurück«, sage ich, »es ist bestimmt schon spät.« Schweigend führen wir unsere Räder aus dem Wald. Schweigend machen wir uns auf den Heimweg. Klärchen fährt vorneweg. Es ist wie im Zug, denke ich, wie im Zug auf der Rückfahrt von Rhade.

Wir albern nicht auf der Heimfahrt. Und Klärchen singt nicht. »Wir fahren bestimmt noch mal nach Rhade«, versuche ich, ein Gespräch anzuknüpfen. »Kann schon sein«, sagt Klärchen einsilbig. »Hast du was?« – »Nein, ich bin nur müde.« – »Sollen wir unterwegs Rast machen?« – »Nein, ich muß nach Hause!«

Wir wissen nicht, wie spät es ist, als wir am Friedhofsweg ankommen. Unserem Friedhofsweg. Es ist noch nicht dunkel. Sommerzeit. Aber bestimmt ist es schon spät. Der Abschied ist kurz. »Wann treffen wir uns wieder?« – »Kann ich jetzt noch nicht sagen«, antwortet Klärchen, »die Schule fängt ja wieder an. Aber wir sehen uns ja auf der Probe.« Irgendwie war er heute anders, der Abschied auf unserem Friedhofsweg.

Auf der Theaterprobe unserer Spielschar ist Klärchen wieder so munter wie immer. Und wir verabreden uns. »In der Woche kann ich aber jetzt kaum noch«, sagt Klärchen, »mein alter Herr hat geknurrt, weil ich in den Ferien nichts für die Schule getan habe. Mein Herbstzeugnis war nicht besonders gut.« - »Meins auch nicht«, grinse ich. Und es macht mir in diesem Augenblick gar nichts aus, obwohl meine Mutter geschrien hat, sie würde das Ding zerreißen.

»Ich kann höchstens für zwei Stunden«, sagt Klärchen, als wir uns am Sonntag treffen. Ich nicke. Ich bin ja so froh, daß sie da ist. Auf unserem Friedhofsweg. »Wir gehen mal zum Kanal«, schlage ich vor, »da bin ich schon viel drin geschwommen. Warst du da auch schon mal drin?« Klärchen schüttelt den Kopf. »Ist das Wasser denn nicht schmutzig?« - »Habe ich nichts von gemerkt. Aber schmutzig war ich mal.«

Und ich erzähle ihr die Geschichte, wie ich durch den frischen Teeranstrich an der Bordwand auf den Schleppkahn geklettert bin. Und von Männe erzähle ich und davon, wie er mit dem runden Balken im Wasser umgekippt ist. Ich male es richtig aus. »Das hättest du sehen sollen!« Und Klärchen lacht und lacht. Und ich bin glücklich.

Auf der Ostseite der Straßenbrücke zwischen Altenessen und Karnap setzen wir uns am Altenessener Ufer auf die Ufersteine nahe am Wasser. Auf dieser Seite der Brücke ist der Badebetrieb nicht so groß wie auf der Westseite. Wir schauen den paar Schwimmern zu und den vorüberfahrenden Schleppzügen, werfen Steine ins Wasser und plaudern und plaudern.

»Da, guck mal!« Ich zeige zur Brücke hinüber, von der wir ungefähr hundert Meter entfernt sind. Auf dem Brückengeländer steht ein Junge in der Badehose, so in meinem Alter. Er hebt die Hände über den Kopf. Gleich wird er herunterspringen. Jetzt stößt er sich kräftig ab. Dazu gehört Mut. Weit breitet er die Arme aus, als er im Kopfsprung heruntersegelt. »Flügelsprung«, sage ich sachverständig. Kurz über der Wasserfläche schließt der Junge die Arme über dem Kopf und taucht ein. »Sauber«, sage ich. Klärchen nickt nur. Na ja, Mädchen verstehen wohl nicht viel davon.

Der Springer ist wieder aufgetaucht. Er schwimmt aber nicht ans Ufer, sondern mitten im Kanal auf uns zu. Ab und zu hebt er den Arm aus dem Wasser und winkt. Jetzt erkenne ich ihn. »Bolle«, rufe ich, »es ist Bolle!« Zehn Meter vor uns steigt Bolle aus dem Wasser und balanciert grinsend die Ufersteine hinauf. Er setzt sich zu uns und schnauft ein bißchen. »Was macht ihr denn hier? Wollt ihr nicht ins Wasser?« Ich schüttele den Kopf. »Wir gucken nur. Müssen gleich wieder nach Hause.« Bolle grinst. »Wir können ja mal zusammen schwimmen gehen.« Und zu Klärchen gewandt: »Du kannst doch auch schwimmen?« - »Natürlich kann sie schwimmen«, komme ich Klärchens Antwort zuvor. »War Klasse, dein Flügelsprung«, sage ich. Bolle hebt geringschätzig die Hand. »Ist doch keine Höhe!«

Warum werde ich eigentlich rot, als ich Klärchen ansehe? Die sagt nichts. Sie guckt nur stumm den Bolle an. Und der grinst wieder und schlägt mit dem Kopf eine nasse Haarsträhne zurück. »Dann macht's mal gut! Ich hau wieder ab. Muß noch Schula machen. Hast du die Matheaufgabe raus?« Ich schüttele den Kopf. »Hab noch gar nicht angefangen.« Bolle balanciert die Ufersteine hinunter. Er steigt aber nicht ins Wasser, sondern sucht mit den Füßen auf einem dicken Stein einen festen Halt und hechtet von dort mit einem ganz flachen Sprung ins Wasser. »Startsprung«, sage ich fachmännisch, »weißt du, da mußt du mit der Brust ganz flach aufkommen, damit du nicht zu tief eintauchst und gleich Fahrt kriegst. So als ob du einen Stein über die Wasseroberfläche flitschen läßt.« Ob Klärchen das wohl verstanden hat?

Auf dem Nachhauseweg erzähle ich ihr wieder von Bolle, wie wir durchs Fenster in unsere Turnhalle gestiegen sind, als dort ein kleiner Familienzirkus überwintert hat, und wie wir auf dem Drahtseil balancierten und wie Oberstudienrat Hermkes fast einen Herzanfall gekriegt hat, als wir beiden in der Klasse am Ende der Pause zur Religionsstunde die Tür zugehalten haben und die anstürmende Klasse die Tür aus dem Rahmen gebrochen hat. »Da haben sie unseren Eltern einen Brief geschrieben.« - »Änne, Änne, versündige dich nicht!«

Auf dem Friedhofsweg halte ich wieder lange Klärchens Hand beim Abschied. Und ich sehe ihr nach, bis sie um die Ecke zur Straße verschwunden ist. Um diese Straßenecke dürfen wir nicht gemeinsam gehen. Dort könnte man uns von dem kleinen Haus aus schon sehen.

»Nicht schlecht, deine Freundin«, sagt Bolle in der Schule, »geht ihr eigentlich immer nur spazieren?« Wie meint der das? Ich beeile mich, ihm von der Radtour nach Rhade zu erzählen, die am Halterner Stausee endete. Bolle grinst: »Verfahren habt ihr euch? Stellst du dich immer so dumm an?« - »Na und?« sage ich, »wir fahren bestimmt noch mal. Und dann nach Rhade!« - »Wir können doch mal zusammen wohin fahren«, sagt Bolle, »muß ja nicht gleich nach Rhade sein. Wir fahren zu viert. Ich bringe auch 'ne Freundin mit. Oder meinst du, ich hätte keine?« Habe ich ja gar nicht gewußt, daß der auch 'ne Freundin hat.

Der Gedanke der Fahrt zu viert gefällt mir. Ich sonne mich in der Vorstellung, daß ich Bolle gegenüber mit meiner schönen Freundin und Klärchen gegenüber mit solch 'nem tollen Kumpel angeben kann. Klärchen ist von der Idee sofort angetan, als ich ihr auf einer Theaterprobe davon erzähle. »Bolle meint, wir sollten zum Schwimmen an die Ruhr fahren. Dort sei das Wasser sauberer als im Kanal. Und er wüßte eine Stelle, wo nicht so viele andere sind, so zwischen Werden und Kettwig.« - »Zwischen Werden und Kettwig? Wie sollen wir denn dahin kommen?« - »Mit dem Fahrrad natürlich!« Klärchen schüttelt den Kopf. »Mit dem Fahrrad geht nicht. Meiner Schwester ist ein Schlauch geplatzt. Mein alter Herr sagt, der gehe nicht mehr zu flicken. Da müßte man einen neuen haben. Und bis Sonntag geht das bestimmt nicht.« Scheiße! »Ich werde mal mit Bolle sprechen. Vielleicht machen wir was anderes.« Klärchen nickt.

In der Schulpause lacht Bolle. »Klärchen hat kein Fahrrad? Na und? Lore hat auch keins.« Lore? Ach so. Das ist sicher seine Freundin. »Und jetzt?« - »Ganz einfach«, sagt Bolle, »wir nehmen die Mädchen vor uns auf die Stange. Und wenn ihnen der Hintern weh tut, machen wir eine Pause.« Das wäre mir aber gar nicht recht, wenn Klärchen der Hintern weh täte. Die Mädchen auf die Stange nehmen? Da müßte man ganz schön strampeln! Aber was der Bolle kann, kann ich auch. Und der Gedanke, daß Klärchen unmittelbar vor mir auf der Radstange sitzen würde, bringt mich in freudige Erregung.

Am Sonntagmorgen radeln wir los. Getroffen haben wir uns am Kaiserpark, nachdem ich Klärchen vom Friedhofsweg abgeholt habe. Ich habe es gleich ausprobiert, wie das ist, das Radfahren, wenn Klärchen vor mir auf der Stange sitzt. Natürlich bin ich schon radgefahren mit Wolfgang oder Herbert auf der Stange. Aber das sind Kinder. Klärchen ist ein Mädchen und fast so groß wie ich. Beim Fahren könnte ich mein Kinn auf ihren blonden Scheitel vor mir legen. Doch das wage ich nicht. Aber wenn wir uns in die Kurve legen, kann ich meinen Kopf ganz nahe an den ihrigen bringen. Das fällt gar nicht auf.

»Das ist Lore.« Das ist Bolles Freundin? Mensch, die ist ja mindestens siebzehn! Händeschütteln. Bolle sieht mein verdutztes Gesicht und kneift mir ein Auge zu. Hübsch ist sie ja mit ihrem pechschwarzen Haar. Aber die sieht richtig erwachsen aus! Täusche ich mich, oder sieht Klärchen das Mädchen etwas feindselig an? Ist ja auch kein Wunder, wo die Lore schon so alt ist! Doch unterwegs nach Kettwig - den Seumannsberg hoch müssen wir uns ganz schön ins Zeug legen - zerstreut Lore meine Bedenken mit einer fröhlichen und selbstsicheren Unbefangenheit. Sie lacht sich halb tot über meine schlimmen Kalauer, die ich mit etwas aufgesetzter Fröhlichkeit mache. Und als Bolle sagt: »So schreibt der in der Schule auch seine Aufsätze« und als Lore anerkennend zu mir herüber nickt, sind meine Vorbehalte endgültig im Fahrtwind verflogen.

Als wir den Werdener Berg erreicht haben, ist der schwerste Teil unserer Strampelei mit doppelter Last geschafft. Die Kurven des Bergs hinunter und die Strecke in Richtung Kettwig rollen die Räder fast von allein. Bolle steuert an der Ruhr eine Stelle an, an der eine kleine Kieszunge in den Fluß hineinragt. So müssen wir zum Baden nicht durch das sumpfige Ufer ins Wasser staken.

»Los, umziehen!« Alle vier verschwinden wir in einem Weidengesträuch. Seit unserem Aufenthalt in Rhade sehe ich Klärchen zum zweitenmal in Badekleidung. Dünn steckt ihr Körper in dem einteiligen Badeanzug. Ihre Haut ist blaß und zart. Lore dagegen ist braun gebrannt. Und einen richtigen Busen hat die auch.

Bolle läuft die Kieszunge entlang. Seine Füße spritzen das Wasser auf. Platsch, ist er weg mit diesem flachen Kopfsprung. Ich laufe hinter ihm her. Abkühlen? Bloß nicht! Ich laufe, bis mich der eigene Schwung im schenkelhohen Wasser umwirft. Bolle und ich planschen und prusten und sehen uns nach den Mädchen um. Die stehen im kniehohen Wasser. Lore stippt ab und zu mit

dem Hintern auf die Wasseroberfläche. »Was ist?« ruft Bolle.
»Wir gehen nicht weiter rein!« ruft Lore zurück, »in der offenen
Ruhr sind immer Strudel.« - »Und bestimmt Schlingpflanzen«,
ergänzt Klärchen. »Quatsch!« ruft Bolle. Er schwimmt auf Lore
zu. Bestimmt will er sie holen. Doch Lore hat die Absicht erkannt.
Quietschend und platschend läuft sie die Kieszunge hinauf.
Klärchen sofort hinterher. Ich schaue Klärchen nach. »Laß sie
doch!« rufe ich Bolle zu. Der grinst und befindet, daß es ganz gut
wäre, wenn wir etwas hätten, von dem wir herunterspringen
könnten. »Sonst ist es ja langweilig.« - »Da mußt du schon vom
Baum springen.« Ich zeige auf die Weiden an Ufer. Bolle grinst.
»Wir bauen uns was.« So schnell gibt der nicht auf.
Als wir aus dem Wasser steigen, sitzen Klärchen und Lore in der
Sonne. »Gebt mal die Steine her!« sagt Bolle und zieht sie den
Mädchen unter dem Hintern weg. »Was soll das?« mault Lore.
»Brauchen wir«, sagt Bolle nur kurz. Und zu mir: »Hol auch
welche!« Die Mädchen haben sich auf den Kiesboden gesetzt und
sehen zu, wie wir im flachen Wasser Steine aufeinandertürmen.
»Was gibt das, wenn das fertig ist?« fragt Klärchen. »Sprungturm«, erkläre ich, und Bolle nickt mir zu. »Erst mal versuchen«,
sagt Bolle, als wir den Steinhaufen etwa vierzig Zentimeter hoch
aufgestapelt haben. »Halt mich mal!« Er stützt sich auf meine
Schulter und steigt auf den Steinhaufen. Kaum hat er beide Füße
oben, bricht das ganze Gebäude zusammen. Bolle springt mich an
und klammert sich mit den Beinen um meine Hüften. Der Schwung
wirft mich um, und beide kullern wir im flachen Wasser über die
Kiesbank. Die Mädchen haben im Sitzen die Hände um die Knie
geschlungen. Jetzt wiegen sie ihre Oberkörper auf und nieder im
Takt ihrer Lachsalven. »Ihr seid zirkusreif«, sagt Klärchen.
Wenn die Mädchen jetzt denken, damit sei die Sache mit dem
Sprungturm erledigt, kennen sie Bolle schlecht. »Wir brauchen
mehr Steine! Er muß unten breiter sein.« Wir suchen neue Steine
hinzu, bauen eine breitere Basis und türmen unseren Turm wieder
auf. Lore schüttelt sehr erwachsen ihren Kopf. Mit meiner Hilfe
macht Bolle wieder die Standprobe. »Der hält jetzt!« - »Du mußt
aber ganz flach aufspringen, so wie beim Startsprung!« sage ich,
»du weißt ja, das Wasser ist nicht sehr tief.« Als Bolle meine
stützende Schulter losläßt, beginnt sein Sprungturm doch zu
wackeln. Aber Bolle will es diesmal wissen. Er stößt sich mit den

Füßen von dem Steinhaufen ab. Der bricht im selben Augenblick zusammen, in dem Bolle springt. Der Sprung gerät viel zu kurz. Bolle knallt in das flache Wasser. Das hört sich gar nicht gut an. Klärchen ist aufgesprungen. Und Lore sagt: »Ich hab es kommen sehen!« Und ich sage: »Scheiße!« Bolle rappelt sich hoch und grinst sein Grinsen. »Nichts passiert!« Na, prima. Wenn nichts passiert ist, woher kommt denn dann das Blut, das ihm vom rechten Knie über das Schienenbein fließt!

Die Mädchen sind zu Bolle hinüber gelaufen. »Man muß es verbinden«, sagt Lore. »Halb so schlimm«, sagt Bolle und schaut an sich herunter. Das stimmt nicht, denn das Blut fließt aus einer klaffenden Fleischwunde unterhalb des Knies. Klärchens blaue Augen sind ganz groß und rund. Lore bindet ein Taschentuch auf die Wunde. Sofort ist es rot durchtränkt. »Das genügt nicht«, sagt Klärchen. Sie holt ihr Unterhemd, kniet sich vor Bolle hin und bindet es ihm um das Knie. Das sieht komisch aus, so ein Hemd um Bolles Bein. Ich lache laut. Doch das Lachen bleibt mir im Halse stecken, als Bolle Klärchen leicht auf die Wange küßt. »Hast du prima gemacht, Krankenschwester.« Mir läuft eine heiße Welle über den Körper. Ich sehe zu Lore hinüber. Tut die so, als hätte sie nichts gesehen? »Wir sollten nach Hause fahren«, sagt sie vernünftig, »die Wunde muß richtig verbunden werden.« Bolle wiegelt ab. Doch im Grunde wissen wir alle, daß Lore recht hat. Und wie recht sie hat! Auf dem Heimweg färbt sich Klärchens Hemd an Bolles Bein rot.

Wir haben nicht viel gesprochen unterwegs, bis wir am Kaiserpark angekommen sind. Klärchen und ich verabschieden uns von Lore und Bolle. Was wird Bolle mit Klärchens Hemd machen? Er kann es ja wohl nicht zu Hause vorzeigen. Und was wird Klärchen sagen, wenn ihre Mutter sie fragt, wo sie ihr Hemd gelassen hat. Ich wage nicht, Klärchen danach zu fragen. Überhaupt sprechen wir nicht viel, als ich Klärchen mit dem Fahrrad zum Friedhofsweg bringe. Und wenn wir sprechen, dann darüber, was der Bolle wohl für ein verrückter Hund ist.

Abschied auf dem Friedhofsweg. »Wann treffen wir uns wieder?« - »Ich weiß noch nicht. Die Schule. Mein alter Herr hält jetzt den Daumen drauf. Du weißt ja, Mathe!« Mathe, ich weiß, da hab ich selbst so meine Schwierigkeiten. Und ich erzähle ihr, wie der Bisinger sich vor einen hinstellt mit seinem dicken Drehbleistift.

Immer auf die Stirn. Immer auf dieselbe Stelle. »Du Roß, du schäbiges Fickadellchen!« Klärchen lacht. Aber sie lacht nicht wie sonst. Ihre blauen Augen lachen nicht mit. Sie läßt ihre Hand nicht lange in meiner Hand. »Ich weiß nicht, wann ich kann. Wir sehen uns ja auf der Probe.« Auf der Probe. Das ist ja erst in zwei Wochen!

Ich stehe da mit dem Fahrrad an der Hand und warte, bis Klärchen um die Ecke biegt. Sie sieht sich nicht mehr um. Ich steige auf das Rad. Meine Beine sind schwer. Es ist, als hielte mich etwas auf der Stelle fest, auf unserem Friedhofsweg. Am liebsten würde ich jetzt hinter ihr herfahren, mich auf den Treppenstein des kleinen Hauses setzen und warten, bis Klärchen irgendwann wieder herauskommt. - »Zogen einst fünf wilde Schwäne ...«

Zwei Tage halte ich es zu Hause aus. Dann weiß ich: Ich muß zum Friedhofsweg! Um drei Uhr steige ich auf mein Rad. Wie in Trance fahre ich, biege am Ende des Friedhofsweges in die Straße mit dem kleinen Haus ein, fahre bis zum Ende der Straße, drehe die enge Kurve, fahre an dem Haus vorbei, drehe wieder die enge Kurve.

Und ich fahre und fahre, immer wieder über den Bahnübergang, schaue immer wieder zu den Fenstern des kleinen Hauses und merke nicht, wie die Zeit vergeht. Bis ich wie aus einem Traum erwache. Ab nach Hause. Es hat ja doch keinen Sinn. Traurig mache ich mich auf den Heimweg.

Als ich in den Friedhofsweg einbiege, springe ich abrupt vom Rad. Von weitem kommen mir ein blondes Mädchen und ein blonder Junge auf Fahrrädern entgegen. Der Junge trägt einen Verband um das rechte Knie. Sie sehen mich nicht. Sie sind mit sich selbst beschäftigt. Der Junge fährt von hinten an das Mädchen heran, faß mit der Hand den Gepäckträger ihres Rades, hebt das Hinterrad hoch, so daß das Mädchen ein paar Meter auf dem Vorderrad weiterfährt und dann laut lachend abspringt. Der Junge steigt auch vom Rad. Und sie sehen sich an und reden und lachen. Auf unserem Friedhofsweg. Nein, auf meinem Friedhofsweg! Was soll ich tun? Soll ich zu ihnen hinüberfahren und ganz lässig sagen: »Na, ihr beiden, wo kommt ihr denn her?« Oder soll ich dem Bolle gleich eine scheuern? Der ist stärker als ich. Aber das wäre mir jetzt egal. Vielleicht schlägt er mich blutig. Dann würde Klärchen aber gucken!

Doch ich tu nichts von alledem. Ich stehe da und sehe, wie sie reden und reden. Und ich verstehe und will nicht verstehen. Still schleiche ich mich davon mit meinem Rad und fahre über die Karlstraße nach Hause. Und in all meinem Kummer steigt ein schizophrener Stolz in mir auf. Daß der Bolle, der bestimmt viele Freundinnen haben kann, sogar siebzehnjährige, daß der sich ausgerechnet an mein Klärchen herangemacht hat. Ist doch klar. Eine so schöne Freundin möchte der natürlich auch haben!

Zu Hause setze ich mich in meinem Zimmer auf mein Bett. Soll ich meiner Mutter sagen, daß ich krank bin und vorläufig nicht zur Schule gehen kann? Ich bin krank. Abends kann ich nicht einschlafen. Und morgens bin ich unaufmerksam in der Schule. Ich Roß, ich schäbiges Frikadellchen. Auf der Probe der Laienspielschar muß ich mich zusammennehmen. Klärchen gibt mir zur Begrüßung die Hand und schaut an mir vorbei. Klärchen weiß, daß Bolle es mir gesagt hat. Und ich weiß, daß Bolle es mir gesagt hat. Kurz und bündig: »Ich soll dir von Klärchen bestellen, es ist aus.« Aus!

Auf der Theaterprobe bemühe ich mich, besonders gut zu sein. Und ich bin komisch wie nie zuvor. »Du mußt nicht in jeder Situation komisch sein«, sagt Heinz Brunkhorst. »Denk daran, wenn du an dem Schreibpult stehst, mit dem Federkiel in der Hand, da mußt du richtig würdig dreinschauen. Schließlich bist du ja der Hofastronom!« - »Ich muß schon sagen, das kann ja kein Mensch vertragen!«

Daß der Bolle so eine schöne Freundin haben will, ist doch klar. Aber was Klärchen nur an dem Bolle findet! Schauspielern kann der bestimmt nicht! Und Waldzither spielen kann der auch nicht! - »Zogen einst fünf wilde Schwäne ...«

Kostümprobe auf der Bühne des Kolpinghauses. Heinz Brunkhorst hat für mich ein Kostüm aus einem Theaterfundus besorgt. Was der so alles fertigbringt! Ich trage samtene Kniebundhosen, ein rotes Wams und ein Barett mit Feder. Heinz Brunkhorst schaut mich an. »Du brauchst einen dicken Bauch«, sagt er, »bring zur Vorstellung ein Sofakissen mit!«

Wieder haben wir für die Vorstellung fleißig Karten verkauft. Der Saal des Kolpinghauses ist bis auf den letzten Platz gefüllt. Heinz Brunkhorst steht wieder mit bloßen Nerven in der Kulisse. »Ich muß schon sagen, das kann ja kein Mensch vertragen.« Ich lese es von seinen Lippen ab. Aber ich bin nicht darauf angewiesen. Ich will gut sein auf der Bühne.

Und ich bin gut. Ich bin es, der die Zuschauer, die Eltern, die Mitschüler und die Lehrer zum Lachen bringt. »Ich muß schon sagen ...« Und der ganze Saal vollendet jedesmal: »Das kann ja kein Mensch vertragen.« Und sie lachen und applaudieren. Und sie lachen über mich, den Bajazzo.

Vorhang, Applaus, Vorhang. Heinz Brinkmann ist als einziger naß geschwitzt. Zu dritt und zu viert packt er uns und umarmt uns. Sogar Mathelehrer Bisinger war in der Vorstellung gewesen. Ich weiß, ich war gut. Aber Klärchen war auch gut. Sie war hinreißend. »Hui, hui«, war sie mit ihrem wehenden roten Hexenmantel wie ein Irrwisch durch die Szene gefegt mit ihrem schlanken geschmeidigen Körper.

Meine Mutter - mein Vater war nicht mit in der Vorstellung, er hatte Mittagschicht bei Krupp - wartet auf mich nach der Vorstellung. Auf dem Nachhauseweg sagt sie zu mir: »Du hast prima gespielt. Aber die Hexe war auch nicht schlecht.« - »Ja«, sage ich, »die Hexe war sehr gut!«

Zu Hause knipst meine Mutter den kleinen schwarzen Volksempfänger an. Dann dreht sie sich eine Zigarette »He, wo bist du denn?« Ich sitze in meinem Zimmer auf dem Bett. Die Tränen laufen mir das Gesicht herunter. »Was ist denn, was ist denn los mit dir?« Und ich erzähle, erzähle ihr die ganze Geschichte.

Meine Mutter sitzt an dem kleinen, mit Fußbodenfarbe lackierten Tisch, den mein Vater aus dem Holz vom Zwangsarbeiterlager gebaut hat, hört zu und unterbricht mich nicht. »Hast du das Mädchen richtig lieb gehabt, so ganz hier drin?« Und sie zeigt auf ihre Brust. Ich nicke. Und ich schaue meine Mutter an, und ich sehe, die heult wahrhaftig auch. Da werfe ich mich in ihre Arme. Sie streicht mir übers Haar und sagt: »Weißt du, Junge, die Liebe und die Diarrhö, die machen beide Schmerzen. Die eine tut im Hintern weh, die andere in dem Herzen.« Kann ich gar nicht drüber lachen.

»Komm«, sagt meine Mutter, »wir rauchen jetzt eine zusammen. Du hat doch schon heimlich geraucht, nicht?« Meine Mutter dreht zwei Zigaretten. »Willst du selbst am Papier lecken?« Ich schüttele den Kopf. Meine Mutter fährt mit der Zunge über das Zigarettenpapier. Dann zeigt sie eine Spanne zwischen Daumen und Zeigefinger: »Sieh mal, was du da erlebt hast, das war so ein kleiner Hügel. Du bist noch so jung. So'n großer Berg kommt noch in deinem Leben.« Und sie zeigt mit beiden Händen einen großen Berg. Dann fragt sie: »Welches Mädchen war das denn in eurem Spiel?« - »Die Hexe«, sage ich, »es war die Hexe.«

Aus dem kleinen Volksempfänger in der Wohnküche kommt die Stimme von Doris Day:

»Gonna take a sentimental journey,
gonna set my heart at ease.
Gonna make a sentimental journey,
to renow old memories ...«

Mit dem neuen Tag beginnt für mich ein neuer Lebensabschnitt. Nahezu zehn Jahre meiner ganz normalen Kindheit und Jugend sind vorüber, dieser ganz normalen Kriegs- und Nachkriegszeit. Nicht nur ich, auch die Zeiten haben sich verändert. Mit der Währungsreform war nicht nur neues Geld, sondern auch neues Fühlen und Denken in die Zeit gekommen. Zwei Mark hatte meine Mutter mir als Taschengeld vom »Kopfgeld« gegeben. Auf dem Altenessener Markt an der Badeanstalt hatte ich mir knackige rote Kirschen davon gekauft. Ihre Steine hatte ich in die Straßenbahnschienen gespuckt.

Was ist mir geblieben von dieser ganz normalen Zeit? Der Geruch ist mir geblieben. Nicht der Geruch von Klärchens Haar. Nur einmal hätte ich die Chance gehabt zu riechen, wie ihr Haar riecht. Das war, als sie vor mir auf der Stange meines Fahrrades gesessen und ich ihren blonden Schopf genau vor meiner Nase hatte. Aber da war ich viel zu besoffen vor Glück, um zu riechen, wie ihr Haar riecht. Geblieben ist mir der Geruch von verkohlten Balken, angeschmorter Teerpappe und Mörtelstaub. Noch viele Jahre später, wenn ich bei meinen Eltern zu Besuch war und ich nachts in meinem alten Kinderzimmer auf der Couch lag, kam im Sommer durch das offene Fenster dieser Geruch zum Zimmer herein. Obwohl es da schon längst keine verkohlten Balken, keine angeschmorte Teerpappe und keinen Mörtelstaub mehr gab.

Gesamtverzeichnis beim
Verlag Henselowsky Boschmann
Kiek ut 20, 45359 Essen